David Sieveking

Vergiss mein nicht

Das Buch

Ein mutiges und schmerzhaftes Buch. Zärtlich und realistisch – und immer wieder von entwaffnender Komik. David Sieveking erzählt die bewegende Geschichte seiner an Alzheimer erkrankten Mutter Gretel und entdeckt dabei auch die Liebesgeschichte seiner Eltern neu. Ein erstaunliches Kunststück ist hier gelungen: Über Schweres leicht, ja fast heiter zu sprechen. Eine Erzählung, die den Umgang mit dem Sterben nicht ausspart – und gerade deshalb voller Leben steckt: Liebe in Zeiten von Alzheimer. Das Taschenbuch zum international gefeierten Dokumentarfilm, der begeistert aufgenommen wurde und bereits im ersten Jahr über 100.000 Menschen berührt – und zum Lachen und Weinen gebracht hat.

»*David Sieveking macht die eigene Vergänglichkeit bewusster und animiert dazu, die begrenzte Lebenszeit so voll wie nur möglich auszukosten. Und das ist schön.*« (NZZ) »*Die zärtlichste Liebeserklärung des Jahres, rührend, melancholisch und so brillant ...*« (BILD) »*Sieveking zeigt, anhand von Gretels Ehrlichkeit, ihrer Spontaneität, auch ihres Witzes und ihrer unmittelbaren Emotionalität, dass, über den Einzelfall hinaus, am Ende des Erinnerns eine Essenz des Menschseins bleibt.*« (Deutsches Ärzteblatt)

Der Autor

David Sieveking, geb. 1977 in Friedberg/Hessen, erfolgreicher Dokumentarfilmer. Der Film über seine demenzkranke Mutter erhielt zahlreiche auch internationale Auszeichnungen.

David Sieveking

Vergiss mein nicht

Wie meine Mutter
ihr Gedächtnis verlor
und ich meine Eltern
neu entdeckte

FREIBURG · BASEL · WIEN

Gewidmet meiner Mutter
Gretel Sieveking
(geb. Margarete Schaumann)

Inhalt

Kapitel 1	Kinderfragen	7
Kapitel 2	Film ohne Ende	13
Kapitel 3	Die letzte Lasagne	21
Kapitel 4	Delirium	39
Kapitel 5	Leichte kognitive Beeinträchtigung	57
Kapitel 6	Hoffnungsanker Depression	72
Kapitel 7	Vergessen zu vergessen	89
Kapitel 8	Bitte nicht totmachen!	107
Kapitel 9	Aspiration	122
Kapitel 10	Im kranken Haus	142
Kapitel 11	Irrtum zweiter Klasse	161
Kapitel 12	Die Mächte des Lichts	174
Kapitel 13	Bauchgefühl und Magensonde	191
Kapitel 14	Der letzte Reigen	207
Kapitel 15	Die Amsel	223

Meine Eltern
kurz nach ihrer Hochzeit 1966 in Hamburg

Kapitel 1

Kinderfragen

Ich kann es kaum fassen: Meine Mutter läuft wieder! Mit wallendem weißen Haar kommt sie schnell auf mich zu, vor sich her schiebt sie eine Gehhilfe auf Rädern.

»Hallo Gretel«, spreche ich sie an.

»Nein, wieso«, antwortet sie verwundert, »ich bin nicht hier.« Sie streckt mir die Zunge heraus und sieht für einen kurzen Moment aus wie Albert Einstein auf dem berühmten Foto mit der Grimasse. Ohne mir Beachtung zu schenken, schiebt sie den Rollator an mir vorbei.

»Wo gehst du denn hin?«

»Zum Wichtigsten.«

Zum Wichtigsten? Meint sie meinen Vater? Zielstrebig steuert sie auf eine breite Treppe zu, die sich in einer weiten Biegung in die Tiefe windet und deren Ende nicht abzusehen ist. Meine Freude, dass sie ohne Rollstuhl auskommt, verfliegt, als sie beginnt, die Gehhilfe vor sich her die Treppe hinunterzustoßen.

»Warte, Gretel!«, rufe ich und renne ihr nach. Doch schon rollert sie mitsamt dem Gerät die Treppe hinab: *Klank, klank, klank*. Es sieht halsbrecherisch aus. Ich nehme mehrere Stufen gleichzeitig, doch ihr Vorsprung bleibt. Plötzlich sehe ich ein kleines Kind, das allein ist und versucht, auf das Geländer der Treppe zu klettern. Vielleicht ist es ein, zwei Jahre alt und es scheint noch nicht allzu sicher auf den Beinen. Ich zögere einen Moment: Soll ich meiner Mutter folgen oder mich um das Kind kümmern? Hastig wende ich mich dem Treppengeländer zu, an dem sich das Kleine mittlerweile emporgezogen hat. Als ich fast bei ihm bin, wendet es sich erschrocken um, und ich versuche, es festzuhalten. Doch das Kind weicht zurück, verliert den Halt und fällt hintenüber. Ich stürze zum Geländer vor, versuche verzweifelt nach ihm zu greifen, aber es ist zu spät. Ein dumpfer Aufprall ist zu hören. Der kleine Körper liegt regungslos unten am Boden.

Mir ist schwindelig, ich fühle mich schuldig.

Dann wache ich auf und es dauert eine Weile, bis ich begreife, dass ich geträumt habe, dass kein Kind zu Tode gefallen ist. Ich liege in meiner Wohnung in Berlin-Kreuzberg, Schneeflocken fallen auf die Dachfenster über mir und verwandeln sich auf der Scheibe in Tropfen. Ich habe Tränen in den Augen.

Leider kann meine Mutter nur noch im Traum laufen. Seit ihrem Sturz vor gut einem Monat hält sie sich nicht mehr gut auf den Beinen, zu Weihnachten saß sie im Rollstuhl. Nur manchmal macht sie jetzt noch ein paar Schritte mit einer Gehhilfe. Den Namen meines Vaters erinnert sie nicht mehr, aber nennt ihn wie im Traum ihren »Wichtigsten«. Auch mich hat sie früher ab und zu so genannt, aber mittlerweile ist es bei unseren Begegnungen oft so, als würde sie mich übersehen. Ich spiele keine große Rolle mehr. Natürlich liegt das auch daran, dass ich mich in letzter Zeit kaum habe blicken lassen.

Eigentlich ist meine Mutter bei meinem Vater und der Pflegerin, die mittlerweile bei meinen Eltern wohnt, in guten Händen. Aber seit sich ihre Verfassung in der Zeit zwischen den Jahren so verschlechtert hat, kriege ich bei jedem Anruf von zu Hause einen Schrecken.

»Wir müssen alle einmal sterben«, sagte mein Vater neulich düster am Telefon, »aber Gretel ist die Nächste. Sie hat den

Fernseher abgeschaltet.« Als ich das hörte, verstand ich zuerst nicht und dachte: ›Na, wenn sie es noch schafft, selbstständig den Fernseher abzuschalten, kann es ja nicht so schlimm sein!‹ Erst im Laufe des Gesprächs begriff ich, dass mein Vater das Bewusstsein meiner Mutter gemeint hatte. In einem ihrer wachen Momente sagte sie ihm vor Kurzem: »Wenn ihr nicht mehr da seid, bin ich tot.«

Mein Traum hinterlässt bei mir das Gefühl, etwas versäumt zu haben und für etwas Schreckliches verantwortlich zu sein. Was hat das Kind zu bedeuten, das vom Geländer stürzte? Bevor meine Mutter ihr Gedächtnis verlor, hatte sie mich nie direkt auf Kinder angesprochen. Ich bin ihr Jüngster und als einziger unter meinen Geschwistern noch kinderlos. Als sie vor zwei Jahren schon große Teile ihres Sprachvermögens eingebüßt hatte und völlig desorientiert in den Tag hinein lebte, wurde das Thema plötzlich ganz zentral.

»Wie geht's dir, Gretel?«, fragte ich sie eines Morgens.

»Du bist da! Dieses, dass du da bist, das find' ich sehr angenehm. Aber sonst – also ich hab' keine Tiere und keine kleinen Kinder, mit denen ich was machen kann. Ich geh' mit denen auch gerne mal ein bisschen rum, wenn die das auch gerne machen, gell. Und du?«

»Ich? Na, ich hab' halt noch gar keine Kinder«, antwortete ich zögernd.

»Du hast keine Kinder, behauptest du! Und ich denk' immer, du kriegst andauernd Kinder.«

Ich musste lachen: »Wieso glaubst du, dass ich andauernd Kinder bekomme?«

Doch Gretel schien keine Zweifel zu haben: »Die haben es relativ gut, finde ich. Findest du nicht auch?«

»Ich habe wirklich kein einziges Kind.«

»Oh, wieso? Man hat doch meistens schon Kinder gehabt!«

Ähnlich schwierig, wie sie von meiner Kinderlosigkeit zu überzeugen, war es, ihr unser verwandtschaftliches Verhältnis klarzumachen.

»Wer bist denn du?«

»Ich bin dein Sohn.«

»Mein Sohn?« Sie blickte mich erstaunt an.

»Ja, und du bist meine Mutter.«

»Das wäre schön«, seufzte sie sehnsüchtig.

»Aber es stimmt, Gretel! Ich bin dein Kind. Du hast mich geboren.«

»Ich? Dich? Ach Quatsch! Du bist doch viel zu groß!«

»Bei meiner Geburt war ich natürlich viel kleiner!«

Doch sie blieb skeptisch. »Und wie alt bist du?«

»Zweiunddreißig.«

»Und wo sind deine Kinder?«

»Ich habe noch keine Kinder.«

»Nicht? Und ich wollte schon sagen, schau mal nach deinen Kindern. Die hätten dich nämlich bestimmt sehr gerne. Aber du weißt ja vielleicht, was man dafür machen müsste, wie man das anstellen könnte.«

Oft kamen mir die Tränen bei dem Gedanken daran, dass ich meine Mutter wohl nicht mehr mit Enkelkindern würde beglücken können und dass meine Kinder sie wahrscheinlich nicht mehr erleben würden.

»Du hast probiert, es zu schaffen, gell?«, fragte sie mich eines Abends augenzwinkernd.

»Was meinst du?«

»Das ist gar nicht so leicht. Da muss man halt ein bisschen warten, bis es soweit ist, dass man das hinkriegt. Wenn es einem überhaupt gefällt, welche zu kriegen.«

»Ach so! Du meinst Kinder?«

»Ja, das glaub' ich. Also, jetzt im Moment hast du keine Kinder. Da direkt auf der Nase hast du gerade keine, aber du könntest sie eigentlich da auch haben. Dann bräuchtest du nur deine Zähne ein bisschen vorzeigen und die Augen dazu, dann ist ja alles da.«

Auf dem Dachfenster über meinem Bett hat sich mittlerweile eine kleine Schneeschicht gebildet. Ich stehe auf und versuche unter der Dusche das mulmige Gefühl aus meinem Albtraum wegzuspülen. Da fällt mir siedend heiß ein, dass ich ganz vergessen habe, heute Morgen mein Handy einzuschalten!

Tatsächlich bestätigt sich meine böse Ahnung: Ich habe eine Nachricht auf der Mailbox. Meine ältere Schwester spricht betont ruhig, aber der Inhalt hat es in sich. Gretel sei gestern in der Küche hingefallen, die Pflegerin habe beim Versuch, sie aufzuheben, einen Hexenschuss erlitten. Mein Vater habe die ganze Nacht kein Auge zutun können, da er dem Hausarzt bei einer ambulanten Operation von Gretels wundgelegenem Rücken assistiert habe. Mir jagen dramatische Bilder durch den Kopf: Skalpell, Schere, Tupfer, ein blutiges Laken. Hoffentlich haben sie Gretel ein starkes Schmerzmittel gegeben!

Im Einvernehmen mit uns Kindern und dem Hausarzt hatte sich mein Vater dafür entschieden, Gretel die Einweisung in ein Krankenhaus möglichst zu ersparen. Aber eine Wund-OP im Schlafzimmer mit meinem Vater als Krankenschwester? Häusliche Pflege hatte ich mir anders vorgestellt.

Ich rufe zu Hause an, aber erreiche nur den Anrufbeantworter. »Hallo, hier ist Familie Sieveking«, ertönt die Stimme meiner Mutter aus längst vergangener Zeit. »Leider sind wir zur Zeit nicht da, aber wir freuen uns über Ihre Nachricht und rufen sobald wie möglich zurück.«

Ich suche beim Hören im Geist nach zugehörigen Bildern, doch die Erinnerungen an die gesunde Gretel sind längst von den intensiven Erfahrungen mit der neuen Gretel verstellt, die einen solchen Text gar nicht mehr auswendig aufsagen könnte. Wird es mein Vater jemals über das Herz bringen, eine neue Nachricht aufzusprechen? Ich versuche, ihn auf seinem Handy zu erreichen, aber auch dort nimmt er nicht ab. Es grenzt schon an ein Wunder, wenn er mal an sein Mobiltelefon geht. Ich spiele mit dem Gedanken, einfach alles stehen und liegen zu lassen und mich sofort in den Zug nach Bad Homburg zu setzen. Allerdings liegt das fast 600 Kilometer entfernt, und ich habe die ganze Woche wichtige Termine.

Die letzten Monate habe ich fieberhaft daran gearbeitet, meinen neuen Film fertigzustellen, um die Premiere noch mit meiner Mutter zu erleben. Aber ich war nicht schnell genug. Das Leben hat mich rechts überholt, und auch der schnellste ICE kann das jetzt nicht mehr aufholen.

Mein Handy klingelt und holt mich in die Gegenwart des Zugabteils zurück. Draußen rauscht die nasskalte deutsche Januarlandschaft vorbei. Ich bin unterwegs nach Frankfurt am Main, wo mich früher meine Mutter immer vom Bahnhof abgeholt hat. Meine ältere Schwester, die mir auf die Mailbox gesprochen hatte, ist am Telefon. Sie berichtet, dass die Lage zu Hause seit gestern Nacht relativ stabil sei. Sie könne selber leider nicht kommen, da sie in Arbeit ertrinke und sich um ihre Tochter kümmern müsse. Ich erzähle ihr von meinem Traum, in dem Gretel wieder laufen konnte und eine Treppe herabstürzte. Sie ist ganz perplex, denn auch sie hat von Gretel geträumt. Auch in ihrem Traum konnte sie wieder laufen. Sie ging auf einem Wanderweg flink vorneweg, meine Schwester und der Rest der Familie hinterher. Das Gelände war leicht abschüssig, und der Weg endete am Steilhang einer dunklen Lehmgrube. Gretel lief immer schneller auf den Abgrund zu, wendete sich dann noch einmal um und rief:

»Ich bin die Erste!«

Dann verschwand sie in der Untiefe.

Kapitel 2

Film ohne Ende

Parallel zu den Dreharbeiten meines Debütfilms *David wants to fly*, die sich über mehrere Jahre hinzogen, entwickelte meine Mutter immer deutlichere Anzeichen einer Demenz. Es wurde schwerer, ihr zu erklären, woran ich da gerade arbeitete. Die Handlung meines Dokumentarfilms war schon für Nicht-Demente verwirrend genug: Ich hatte mich als Regisseur und Protagonist vor der Kamera einer ziemlich abgehobenen Meditationsbewegung angeschlossen, deren Gründer, ein gewisser Maharishi Mahesh Yogi, Ende der 60er-Jahre als Guru der Beatles weltberühmt geworden war.

Meine Mutter fand es, schon bevor sich ihre Verwirrung zeigte, schwer nachvollziehbar, warum ich mich einer religiös anmutenden Organisation anschloss, die einem indischen Guru huldigte. »So was macht doch bei uns keiner«, sagte sie befremdet. Sie hatte mich autoritätskritisch erzogen, war aus der Kirche ausgetreten und Esoterik lag ihr fern. »Wie geht es deinem Gurishi?«, fragte sie mich, nachdem wir 2008 die Beisetzung des gerade verstorbenen Maharishi in Indien gedreht hatten.

Bei der Premiere von *David wants to fly* auf der Berlinale 2010 konnte sich meine Mutter schon gar nicht mehr erklären, was ihr Sohn da auf der Leinwand verloren hatte. Sie blieb zwar während der ganzen Dauer des Films aufmerksam im Saal sitzen, aber als wir uns nach dem Film vor dem Kino begrüßten, fragte sie mich ganz verwundert:

»Was machst du denn hier?«

Sie hatte schon wieder vergessen, dass ich gerade noch vor einem bis auf den letzten Platz gefüllten Kinosaal als Regisseur und Autor des Films vorgestellt worden war und Publikumsfragen beantwortet hatte. Sie wusste jedoch instinktiv, dass hier etwas Wichtiges für einen ihrer »Wichtigsten« geschehen war, und flüsterte mir zu: »Du hast Glück.«

Doch leider war das Glück nicht von Dauer! Bald nach der glanzvollen Premiere herrschte gähnende Leere auf meinem Konto, und ich musste mir dringend ein neues Filmprojekt suchen. Gleichzeitig merkte ich, wie die Situation zu Hause meinem Vater über den Kopf wuchs. »Ich komme mit der Frau nicht klar«, sagte er mir resigniert am Telefon.

Meinen Geschwistern und mir fiel es nicht leicht, meine Eltern zu unterstützen. Wir sind alle berufstätig und wohnen über Deutschland verstreut. Zudem haben meine beiden sieben und zehn Jahre älteren Schwestern eigene Kinder. Auch meine Filme sind extrem hungrige Zeitfresser, die sehr viel Aufmerksamkeit und Zuwendung brauchen, bis sie endlich alleine ›laufen‹ können. Während der jahrelangen Arbeit an meinem Debütfilm hatte ich sehr wenig Zeit für meine Eltern, und ich fragte mich, wie ich das beim nächsten Projekt ändern könnte. Ließen sich nicht Beruf und Familie verbinden, indem ich einen Film über meine Mutter drehte? So könnte ich zwei Fliegen mit einer Klappe schlagen: Einerseits hätte ich die Chance, mich intensiv um Gretel zu kümmern, andererseits könnte ein Film entstehen, der für meinen Lebensunterhalt sorgte. Der Plan klang verführerisch, und mein Vater war einverstanden. Aber ich musste zunächst herausfinden, wie meine Mutter reagieren würde.

2010 reisten mein Kameramann und ich für einen Probedreh zu meiner jüngeren Schwester nach Darmstadt. Jedes Jahr zu Ostern veranstaltet sie ein großes Fest mit Freunden und Familie. Gretel war unter den zahlreichen Gästen und der Schar von Kindern recht verloren und hielt sich eng an meinen Vater. Der war allerdings heilfroh, mal eine kleine Auszeit von seiner Frau zu nehmen, und so versuchte ich, Gretel ins Schlepptau zu nehmen, um sie auf andere Gedanken zu bringen. Doch sobald mein Vater aus ihrem Blickfeld war, fragte sie unentwegt: »Wo ist Malte? Wo ist mein Mann?«

Außerdem war sie höchst besorgt, wie sie wieder nach Hause gelangen würde: »Ich hab überhaupt kein Geld, überhaupt kein Geld mehr.«

Ich versuchte, sie so gut es ging zu beruhigen. Um uns herum suchten die Kinder nach Ostereiern. Meine Mutter dagegen suchte ihren Mann. Hatte er sich hinter einer Hecke versteckt? Das gemeinsame Treiben mit den Kindern ließ sie nach einer Weile vergessen, was genau ihr fehlte.

»Ich werde wieder Kind«, murmelte sie und drang in einen verwilderten Teil des Gartens vor. Ein paar Sonnenstrahlen brachen durch die Wolkendecke und beleuchteten ihr weißes Haar, das ihr Gesicht umwehte wie ein Heiligenschein, als sie vor einem dichten Busch haltmachte. Sie beugte sich zu einer Astgabel vor und holte ein kleines goldenes Osterei aus seinem Versteck. »Ich hab's!«, triumphierte sie und steckte sich das Ei mitsamt der Verpackung in den Mund. Mir gelang es mit einiger Mühe, das Ei aus ihrem Mund und die Schokolade aus der Alufolie zu befreien. Doch jetzt hatte sie sich im Gestrüpp verfangen und machte keine Anstalten, wieder hervorzukommen.

»Komm, lass uns zu Malte gehen!«, versuchte ich sie zu locken. Doch erst als ich ihr das Schokoladenei anbot, kam sie wieder hervor. Zur Belohnung bekam sie das Ei, das sie freudig verschlang, und ich fragte sie:

»Wollen wir jetzt mal sehen, wo Malte ist?«

»Ist das dein Freund?«

»Das ist dein Mann.«

»Nein, ist er nicht.«

»Aber ihr habt doch geheiratet.«

»Nein, haben wir nicht. Das glauben die Leute immer. Ich wollte aber nicht, weil das muss man dann immer bleiben.«

Nach diesem Probedreh wusste ich, dass ich den Film mit meiner Mutter machen konnte. Ich wusste aber auch, dass die Zeit sehr knapp war, da sich ihr Zustand rapide verschlechterte. Im folgenden Sommer begannen wir mit dem Dreh, der in mehreren Etappen über ein Jahr verteilt stattfand. Da ich auch zwischen den Drehblöcken bei meinen Eltern wohnte, verbrachte ich in dieser Phase gut ein halbes Jahr bei ihnen. In der Gegenwart von Kamera-, Tonmann und mir, drei jungen Männern, die sich stark für sie interessierten, blühte meine Mutter richtiggehend auf.

»Die beste Therapie für Gretel sind David und der Film!«, fand mein Vater.

Eines Morgens vor Drehbeginn ging ich in das Zimmer meiner Mutter, um sie zu wecken.

»Du bist das Kind, das ist prima!«, strahlte sie mich an. »Wie geht's dir denn?«

»Gut!«

»Das ist schön. Du bist jemand, dem gefällt, was er macht, und ich weiß nichts Neues, was ich nicht wusste.«

Ihr war zwar nicht klar, was wir vorhatten, aber das schien ihr nichts auszumachen. Immer wieder fragte sie beim Drehen neugierig, wer denn eigentlich die beiden Herren mit den

Geräten in den Händen seien und warum sie denn so ernst dreinblickten.

»Guck mal, hinter dir schießt einer!«, warnte sie mich vor dem Kameramann. Und wenn er sie dann anschaute, wunderte sie sich: »Warum guckt er denn so ernst?« Sehr interessant fand sie auch das Mikrofon mit dem grauhaarigen Windschutz, das an der langen Tonangel hing: »Was ist denn das für ein Tier?«, wunderte sie sich und streichelte das flauschige Mikro. Wenn der Tonmann versuchte, ihr das an der Angel hängende Mikrofon von oben zu nähern, hatte sie Angst, das ›behaarte Viech‹ könne auf sie herabfallen.

Einmal betrachtete sie den Tonmann mitleidig, der seine Angel zu ihr ausgestreckt hielt und bemerkte: »Oh je, der Mann ist ja ganz müde. Setzen Sie sich doch bitte!«

Als wir dann versuchten, ohne Tonmann zu drehen, um für weniger Ablenkung zu sorgen, wurde es auch nicht einfacher. Da ich nun die Tonaufnahmen machte und nicht mit der Ausrüstung im Bild stehen wollte, versuchte ich, einen Platz hinter der Kamera zu finden. Sobald meine Mutter aber mein vertrautes Gesicht sah, versuchte sie, in meine Nähe zu gelangen. So entstanden zahlreiche Aufnahmen, in denen die Kamera ihr so lange hinterher schwenkte, bis ich nicht weiter vor ihr zurückweichen konnte und sie mich mit den Worten »Ich will dich haben« in die Arme schloss, während ich versuchte, eine saubere Tonaufnahme zu machen. Dabei hatte sie ermunternde Worte für mich: »Das gefällt mir so, was du machst und wie du es machst. Das macht einfach Spaß. Da hätte ich gerne noch mehr. Mach' ruhig weiter!« Es war allerdings nicht so einfach, weiterzumachen, während ich mit Kopfhörer und der sperrigen Tonangel in der Hand versuchen musste, mich aus ihrer Umarmung zu befreien.

Wir wurden mit der Zeit erfindungsreicher. So wollten wir zum Beispiel einmal filmen, wie meine Mutter in einer Demenz-Tagesstätte zurechtkam. Ich stattete Gretel mit einem Funkmikrofon aus und versteckte mich mit Empfänger und Aufnahmegerät im Nebenraum, damit mein Anblick nicht ihre mütterlichen Gefühle weckte. So saß ich den halben Tag in einer kleinen, dunklen Besenkammer – meinen Traumberuf als Regisseur hatte ich mir etwas anders vorgestellt!

Bei Interviews drehte Gretel oft den Spieß um und begann, mir die Fragen zu stellen:
»Was machst denn du zur Zeit gerade?«
»Na, jetzt mach' ich gerade einen Film.«
»Und muss ich da auch wieder irgendwas?«
»Du musst nichts Besonderes machen. Du bist einfach drin.«
»Das ist wirklich interessant. Und wie weit bist du jetzt? Musst du das dann an einer Stelle aufhören oder wie ist das?«
»Na, ich filme erst eine Weile lang, und dann muss ich sehen, was daraus wird. Ich bin noch lange nicht fertig.«
»Was du machst, das würd' ich alles gerne machen, wirklich. Irgendwann möcht' ich mal sehen, was du da gemacht hast.«

Meine Mutter wäre nie auf die Idee gekommen, dass aus mir mal ein Filmemacher werden würde, aber sie hat meine Laufbahn, so lange sie konnte, tatkräftig unterstützt. Früher machte sie sich große Sorgen, ob ich in der unsicheren Filmbranche auch meinen Lebensunterhalt würde verdienen können. Leider setzte ihre geistige Verwirrung genau zu dem Zeitpunkt ein, als ich begann, finanziell auf eigenen Füßen zu stehen. Sie wäre bestimmt stolz auf meine beruflichen Erfolge gewesen, wenn sie sie noch hätte begreifen können. Als ich die monatlichen Überweisungen von zu Hause nicht mehr brauchte, rief sie eine Zeit lang immer zum Monatswechsel an, um zu fragen, wie viel Geld sie mir schicken sollte. Jedes Mal erklärte ich ihr, dass das jetzt nicht mehr nötig sei und hatte oft das Gefühl, sie zu enttäuschen. Ironischerweise schaffte sie es durch ihre Demenz dann schließlich doch noch, mir finanziell unter die Arme zu greifen, indem sie der Inhalt meines Films wurde.

Als wir vor knapp einem halben Jahr den Hauptteil der Dreharbeiten abgeschlossen hatten, fuhr ich nach Berlin zurück. Meine Unterstützung war zu Hause auch nicht mehr so nötig, da sich die Situation mit einer festen Pflegekraft bei meinen Eltern mittlerweile gut eingependelt hatte.

Beim Schneiden des Materials zeigte sich, wie schwierig es war, Aufnahmen meiner Mutter aus verschiedenen Zeitabschnitten der letzten Jahre zu mischen. Ihre Demenz schritt derart schnell voran, ihr geistiger und körperlicher Zustand veränderte sich so stark, dass sich schon bei ein paar Wochen Zeitunterschied deutliche Anschlussfehler ergaben.

Nach zwei Monaten Schnitt fiel uns ein, dass dringend noch pressetaugliche Fotos gebraucht wurden. Mein Kameramann, der auch als Fotograf arbeitet, reiste bei nächster Gelegenheit mit mir zu meinen Eltern. Dort wurde uns klar, dass es schwierig war, eine Gretel zu fotografieren, die noch zu der Gretel passte, die wir im Sommer zuvor gefilmt hatten. Den größten Teil des Tages saß meine Mutter apathisch herum und war nicht ansprechbar. Mit Mühe und Not gelang es uns, für ein paar Aufnahmen eine wache, lächelnde Gretel einzufangen, aber ihre lichten Momente waren auf die Dauer eines Schnappschusses zusammengeschrumpft.

Als wir beim Abendessen saßen, entdeckte ich an ihrem Handgelenk einen Bluterguss, der sich bis über ihren Ellenbogen hinaufzog. Die Pflegerin erklärte, Gretel sei vom Stuhl gefallen, als sie beim Essen schlagartig eingeschlafen war.

Bei meinem nächsten Besuch saß sie schon im Rollstuhl. Musste ich diese bestürzende Entwicklung nicht noch in meinen Film mit aufnehmen?

Als ich Anfang des Jahres von meinem Vater erfuhr, dass Gretel wohl nicht mehr lange leben würde, hatten wir eigentlich schon seit einem halben Jahr abgedreht und seit einem Monat den Schnitt abgeschlossen. Der Film endete jetzt mit einer Reise meiner Eltern nach Hamburg, die sie letzten Sommer unternommen hatten, um den Ort zu besuchen, an dem sie sich einst verliebt und geheiratet hatten.

Am liebsten hätte ich die Zeit da angehalten.

Doch solche romantischen Happy Ends gibt es leider nur in Hollywood.

Kapitel 3

Die letzte Lasagne

Meine Mutter hatte eine hohe Meinung von mir. Um meinen zwölften Geburtstag herum sprachen wir über meine Zukunft, und sie konnte sich gut vorstellen, dass ich einmal Richter werden würde. Sie fand, ich ginge mit Freunden und Mitschülern auffallend fair um und hätte ein ausgeprägtes Gefühl für Gerechtigkeit. Ich war dafür bekannt, auch mit unbeliebten und schwierigen Kindern gut zurechtzukommen, und bei Konflikten war ich immer auf Ausgleich bedacht. Aber musste ich deswegen gleich Richter werden? Ich hatte ja nichts dagegen, für Gerechtigkeit einzutreten, allerdings sah ich mich eher nachts als *Batman* Verbrecher jagen oder à la *Indiana Jones* Tempelschätze vor Grabräubern bewahren. Wie kam meine Mutter darauf, mir ein trockenes Jurastudium zuzumuten? Klar, ich hatte schon einige Erfahrung als Gesetzeshüter gesammelt, indem ich als Sheriff auf diversen Kindergeburtstagen und Faschingsfeiern für Ordnung sorgte. Und ich wusste aus meiner Lieblingsserie *Ein Colt für alle Fälle*, was ein Kautionsflüchtling ist. Doch meine Berufswünsche hatten eigentlich in ganz andere Richtungen gewiesen: Baggerfahrer, Kranwagenführer, Pilot und schließlich Astronaut. Als mir in der Grundschule Brille und Zahnspange verpasst wurden, hieß es, ich würde den strengen Auswahlkriterien der NASA nicht genügen können, und die hochfliegenden Pläne zerschlugen sich. So kamen meine Berufsziele alsbald wieder auf den Boden und gewannen mehr

Tiefgang: Fallschirmspringer, Baumkronenforscher, Archäologe oder Tiefseetaucher.

Disneys *Dschungelbuch* war dann ein Erweckungserlebnis. Der Zeichentrickfilm machte tiefen Eindruck auf mich und irgendwann zwischen *Star Wars*, *E.T.*, *Die Wüste lebt* und *Zurück in die Zukunft* stand für mich fest, dass Filmregisseur der ideale Beruf sei, da man hier alles Erdenkliche erleben konnte, ohne sich je auf einen einzigen Job festlegen zu müssen.

Mich jahrelang durch Gesetzesbücher und Paragraphen zu wühlen, um in einem Gerichtssaal zu arbeiten, klang für mich abwegig. Für meine Mutter wiederum war mein Gedanke, Regisseur zu werden, nicht gerade naheliegend. In meiner Familie gab es weit und breit keinen Filmemacher, und Künstler musste man im Stammbaum mit der Lupe suchen. Dagegen wimmelte es bei Sievekings nur so von Juristen. Sicherlich dachte meine Mutter auch an ihren Schwiegervater, der nach dem Krieg zum Bundesrichter aufgestiegen war. Auch ein Bruder meines Vaters arbeitete nebst Frau und Tochter als Richter. In den Augen meiner Mutter war mir die juristische Laufbahn quasi in die Wiege gelegt worden.

Bis eines Tages zu Hause das Telefon klingelte und eine fremde Stimme sich bei ihr meldete. Es war die Marktleiterin einer Drogerie in der Fußgängerzone von Bad Homburg. Sie erklärte meiner Mutter, dass ihr Sohn beim Ladendiebstahl erwischt worden war. Gretel konnte das nicht fassen und beteuerte, dass es sich da um eine Verwechslung handeln müsse. Und obwohl ihr die Marktleiterin meinen vollen Namen sowie das Geburtsdatum nannte, blieb meine Mutter beharrlich dabei: »Das kann nicht mein Sohn sein.« Erst als ich selbst am Hörer kleinlaut meine Anwesenheit bestätigte, hörte Gretel auf zu widersprechen und erklärte nüchtern, sie werde sich sofort auf den Weg machen, um mich abzuholen.

Eigentlich hatte ich längst Routine beim Stehlen von CDs in der Musikabteilung dieses Ladens entwickelt, aber diesmal hatte ich mich wohl zu sehr in Sicherheit gewiegt. Das Klauen verlangte schon einiges Geschick, denn die CDs hatten eine Diebstahlsicherung. Ein dünner Alustreifen war auf der Rückseite angebracht und löste beim Hinausgehen Alarm aus, wenn er nicht an der Kasse entfernt worden war. Aber was die Kassiererin konnte, konnte ich schon lange!

Zu meiner Ausstattung gehörte eine alte, grüne Jägerjacke mit riesigen Innentaschen, die eigentlich für Kaninchen, Enten oder sonstige Beutetiere bestimmt waren. Meine Jagdgründe waren die Regale der Musikabteilung. Hatte ich mich für eine CD entschieden, tat ich so, als ob ich weiter suchte und löste heimlich den Streifen mit der Diebstahlsicherung ab, die ich auf den Boden warf. Die Beute wanderte in meine Jackentasche. Um nicht etwa dadurch aufzufallen, dass ich nach einem langen Besuch mit leeren Händen ging, hatte ich diesmal zwei billige CDs aus einem Sonderangebot gekauft. Gerade als ich mit pochendem Herzen die Ausgangstür des Ladens öffnen wollte, sprach mich ein grau gekleideter türkischer Herr Mitte 40 in gebrochenem Deutsch an:

»Entschuldigung, darf ich mal Blick in Taschen werfen?«

Ich reagierte verwirrt, vor allem, da mir der Mann ein Foto von sich zeigte. Ich schüttelte den Kopf und ging einfach weiter, doch der Typ packte mich am Arm und hielt mir sein Foto ganz nah unter die Nase. Einen Moment lang dachte ich, der Mann sei geistesgestört, dann erst erkannte ich, dass das Foto zu einem Ausweis gehörte, der den Mann als Ladendetektiv identifizierte. Wahrscheinlich war ihm aufgefallen, dass ich trotz sommerlicher Temperaturen als einziger Kunde eine Jacke trug. Mir brach der Schweiß aus, was nicht weiter auffiel, da ich sowieso schon schwitzte. Meine Beteuerungen, die neue CD in meiner Jackentasche hätte ich nicht geklaut, sondern mitgebracht, nützten nichts. Er zeigte mir den Klebestreifen, den er hinter mir vom Boden aufgesammelt hatte.

»Kommst du mit mir, ab!«, befahl er mir und führte mich in ein fensterloses Büro, um meine Personalien aufzunehmen. Bald darauf erschien die gestrenge Marktleiterin, eine Frau Mitte 50 mit langen roten Fingernägeln und viel Schminke im Gesicht.

»Warum hast du denn bloß geklaut, mein Junge?«, fragte sie mich sehr ernst.

»Weil die CDs viel zu teuer sind!«, erwiderte ich trotzig und erklärte ihr: »Das Geld steckt sich die Plattenindustrie in die vollen Taschen, um sich und ein paar Superstars zu bereichern, während andere geniale, aber arme Künstler nicht bekannt werden können, weil sich die CDs keiner leisten kann!«

Es führte in diesem Moment zu weit, ihr zu erklären, dass ich die geklaute Musik in der Schule dann an meine Mitschüler verschenkte – natürlich erst, nachdem ich sie mir überspielt hatte. So konnte ich einerseits meine Beliebtheit steigern und außerdem verkannten oder vergessenen Musikern zu größerer Popularität verhelfen. Die Marktleiterin ließ meine Identität als ›Rächer der Entehrten‹ und meine Vorstellung vom ›gerechten CD-Diebstahl‹ dann arg ins Wanken geraten, als sie in meinem Portemonnaie genügend Geld fand, mit dem ich die CD hätte kaufen können: »Was heißt hier, die CDs sind zu teuer?«, bohrte sie wütend nach.

Die Marktleiterin hatte insofern recht, als dass ich nicht aus materieller Not heraus gehandelt hatte. Aber mein Geld hatte ich mir zumindest selbst als Zeitungsausträger und Aushilfskraft im Supermarkt ehrlich verdient. Meine Eltern waren nämlich alles andere als reich, zumindest für Bad Homburger Verhältnisse, wo eine der höchsten Millionärsdichten Deutschlands besteht. Mein Vater arbeitete als Mathematikprofessor an der Universität in Frankfurt, und meine Mutter unterrichtete Deutsch für Ausländer an einer Sprachschule. Als Akademikerkind der bürgerlichen Mittelschicht war ich ohne Mangel, aber auch ohne großen Luxus aufgewachsen.

Meine Mutter hatte mich, nachdem meine beiden Schwestern schon auf einer eher ›alternativen‹ Schule gewesen waren, auf das humanistische Gymnasium von Bad Homburg geschickt, die altehrwürdige *Kaiserin-Friedrich-Schule,* wo Latein und Griechisch auf dem Lehrplan ganz oben standen und deren Direktor von englischen Boarding-Schools träumte. Für meine Schwestern war es einfach die ›Bonzenschule‹. Tatsächlich gab es dort jede Menge Kinder reicher Eltern in teuren Klamotten. Es dauerte eine Weile, bis ich die Codes der Markenlogos verinnerlicht hatte und die Bedeutung des kleinen Bäumchens auf einem Schuh, des winzigen Krokodils oder Polo-Reiters auf einem Hemd entschlüsselt und verstanden hatte, dass eine Hose oder ein paar Turnschuhe doppelt so viel wie mein Fahrrad kosten konnten. Da mich meine Mutter ausschließlich auf Flohmärkten einkleidete und meine Hosen so lange wieder zusammennähte, bis sie vollends auseinanderfielen, hatte ich automatisch eine gewisse Außenseiterrolle. Während meiner Schulzeit bin ich auch kein einziges Mal bei einem Friseur gewesen, das erledigte selbstverständlich meine Mutter. Genauso wenig gingen wir jemals in ein Bad Homburger Restaurant. Allein den Gedanken daran fand meine Mutter befremdlich:

»Wieso? Das können wir doch zu Hause selber machen!«

Von meinem Vater wurde ein lässiger Landstreicher-Look gepflegt. Wahrscheinlich war der Schmuddel-Stil Teil seiner Rebellion gegen den stets tadellos gekleideten Vater, der gerne Hüte und Krawatten trug und als Bundesrichter zur Verhandlung in roter Robe auftrat. Malte dagegen ging in abgetragener Outdoorhose, löcherigem T-Shirt und Trekking-Sandalen zur Vorlesung an die Uni.

Die letzte Lasagne

Als ich während eines einjährigen Aufenthaltes meiner Familie in Südamerika auf eine deutsche Schule in Ecuador ging, hatte ich mich an eine Schuluniform gewöhnen müssen. Die passte zwar nicht richtig und war kratzig, aber rückblickend fand ich das weitaus weniger schlimm als die hemmungslose Markenorgie auf dem Gymnasium in Bad Homburg. Grundsätzlich leuchtete mir ein, dass meine Mutter dem Preis-Leistungsverhältnis eines Flohmarktes den Vorzug gab, aber der Überfluss an teurer Ware bei meinen Mitschülern und deren völlige Verknappung bei mir führten zu einer übersteigerten Sehnsucht. Manchmal lief ich stundenlang durch die Fußgängerzone und spähte in den Schaufenstern nach den ersehnten Kleidungsstücken mit den verheißungsvollen Logos. In einer Auslage entdeckte ich eines Tages eine grüne Jacke, die ich unbedingt haben wollte. Meine Mutter ließ sich erweichen und kam mit, um das Objekt der Begierde näher in Augenschein zu nehmen: »Die sieht ja aus wie eine Polizeijacke!«, urteilte sie. Damit war die Sache für sie erledigt.

Das fand ich nicht fair: Zwar wollte sie, dass ich Richter werde, aber wie ein Polizist durfte ich nicht herumlaufen? Stattdessen kaufte sie mir beim nächsten Flohmarkt die besagte grüne Jägerjacke mit den riesigen Innentaschen. Es war Ironie des Schicksals, dass die konsumkritische Kleidungspolitik meiner Mutter den Boden für meine diebischen Eskapaden bereitete.

Die Robin-Hood-Karriere in grüner Jacke nahm jedoch mit der peinlichen Verhör-Szene im Drogeriemarkt ein jähes Ende. Beim Gedanken an meine Mutter und ihre hohe Meinung von meinem Gerechtigkeitssinn, an all ihre Sorgen und Mühen um meine Erziehung, wollte ich vor Scham im Boden versinken: Anstatt eines noblen Richters hatte sie jetzt einen feigen Ladendieb zum Sohn!

Doch als Gretel schließlich zusammen mit meinem Vater

auftauchte, war die angespannte Atmosphäre sofort verflogen. Malte verstand sich prächtig mit der Marktleiterin, und der Ladendetektiv stellte fest, dass er meine Mutter noch von einem Deutsch-für-Ausländer-Kurs kannte. Die Marktleiterin sagte, sie müsse den Fall zwar zur Anzeige bringen, aber könne sich gut vorstellen, dass man von einer Vorstrafe absehen würde, wenn ich mich einsichtig zeigte.

Man kam überein, dass ich die geklaute CD regelgerecht kaufen sollte. Da es mir aber bodenlos peinlich war, nach dem Vorfall vor die Kassiererin zu treten, die alles mitbekommen hatte, stellte sich der Ladendetektiv in die Schlange und kaufte das Diebesgut für mich ein. Mir wurde, wie in solchen Fällen üblich, ein Jahr Hausverbot erteilt, doch zum Abschied hieß es augenzwinkernd: »See you next year!«

Die Marktleiterin erwies sich als äußerst geschäftstüchtige Frau, die es so verstand, aus einem Dieb einen treuen Kunden zu machen, denn ich kaufe dort noch heute gerne CDs.

Aus der Haft in der Drogerie befreit, lief ich auf dem Rückweg durch die Fußgängerzone heiter und beschwingt zwischen meinen Eltern. Ich konnte mich gar nicht daran erinnern, wann wir das letzte Mal so gemeinsam unterwegs gewesen waren. Zur Einschulung oder zu wichtigen Hockeyspielen war eigentlich immer nur meine Mutter gekommen. Die war jetzt sehr erleichtert, dass ich so glimpflich davongekommen war, und auch Malte war guter Stimmung. Freimütig erzählte er uns, dass er als Schüler auch mal beim Klauen erwischt worden war. Allerdings war es kein Tonträger, sondern ein Mercedes gewesen, den er sich damals Ende der 50er-Jahre hatte ›leihen‹ wollen, um eine Frau zu beeindrucken. Auf einem Münchner Parkplatz stieg er einfach in einen 170er Mercedes, in dem der Schlüssel steckte, und fuhr los, um seine Cousine abzuholen – den Führerschein hatte er gerade erst gemacht. Unglücklicherweise fuhr er aber genau am

Besitzer des Wagens vorbei, der sofort den Parkwächter alarmierte. Noch bevor mein Vater den Parkplatz verlassen hatte, wurde er festgenommen. Er kam für eine Nacht in Untersuchungshaft, war aber bald wieder auf freiem Fuß – dank seinem Vater und dessen guter Verbindungen als Bundesrichter. Die Begründung für das gelinde Strafmaß, das die Münchner Kollegen meines Großvaters verhängten, war angeblich, dass Malte durch den besonders für einen Hamburger äußerst ungewohnten bayerischen Fön-Wind geistig verwirrt war und so zum Zeitpunkt der Tat als nicht voll zurechnungsfähig eingestuft werden musste.

Wie gut, dachte ich, Juristen in der Familie zu haben! Meine Tante war damals Jugendrichterin und stand mir mit Rat und Tat zur Seite, als ich ein reumütiges Schreiben als Reaktion auf die Strafanzeige für meinen Diebstahl aufsetzte. Ich schrieb von einer ›unentschuldbaren Tat, die durch nichts zu rechtfertigen sei‹, und aufgrund meiner ›klaren Schuldeinsicht‹ wurde daraufhin von einer Vorstrafe abgesehen. So stand eigentlich meiner juristischen Karriere und dem Richterberuf nichts mehr im Weg. Aber meine Mutter zeigte gar keine Ambitionen mehr, meine Laufbahn zu lenken, und ich konnte mich voll auf meine eigenen Ziele konzentrieren.

Ein weiterer Effekt der kleidungsbedingten Außenseiterrolle in der Schule war, dass ich versuchte, durch extravagante Kunstprojekte Anerkennung zu erlangen. Als wir im Kunstunterricht das Thema *Dadaismus* durchnahmen, kam für mich der Durchbruch. Wir durften eine Arbeit formal völlig frei gestalten, und ich drehte mit einem Klassenkameraden einen Videofilm, den wir mit einer Live-Performance kombinierten. Die Show kam derart gut an, dass wir bald eine Fortsetzung drehten und unsere Film-Happenings vor wachsendem Publikum in der Schule aufführten. Dann kamen wir auf die Idee, eine Dokumentation über den Abiturs-Jahrgang zu drehen, vom Schulalltag über den Showdown der letzten Prüfungen bis zum Happy End der ausschweifenden Abi-Fete. Den Film boten wir dann beim Abschlussball zum Verkauf an, und ein Großteil der Jahrgangsstufe kaufte eine VHS-Kassette als Andenken. Mit den Einnahmen konnten wir uns eine bessere Kamera leisten oder einen neuen Videorekorder anschaffen. Der ›Abi-Film‹ wurde für ein paar Jahre eine feste Einrichtung, nebenher drehten wir auch einige Kurzfilme und ich gewann einen hessischen Jugendfilmpreis.

Nach dem Zivildienst machte ich mich auf, um meiner Kindheitsbegeisterung für das *Dschungelbuch* nachzugehen und schlug mich für vier Monate als Backpacker in Indien durch. Ich sah Tiger, ritt auf Elefanten, kämpfte gegen Kakerlaken und nahm diverse bewusstseinserweiternde Substanzen. Dabei wurde ich beraubt, nach Strich und Faden betrogen und lernte schräge Vögel aus aller Herren Länder kennen. Ein britischer Astrologe, der in Goa ein Buch über Jesus schrieb, prophezeite mir schließlich eine glänzende Karriere als Filmemacher. Allerdings würde ich dann oben auf der Karriereleiter schrecklich arrogant werden, in einem Cabrio herumdüsen, meine Freunde vergessen und mich selbst verlieren. Kein Problem, dachte ich mir: Jetzt war ich ja gewarnt!

Mit jeder Menge Ideen im Gepäck kehrte ich nach Deutschland zurück und wollte an einer Filmhochschule studieren. Zuerst aber machte ich es mir wieder bei meiner Mutter gemütlich. Die empfing ihren Jüngsten nur allzu gerne mit seinem Lieblingsessen: Mamas Lasagne und als Nachtisch Milchreisauflauf mit Apfelmus und Zimt und Zucker. Zu Hause gab es reichlich Platz für mich, schließlich waren meine beiden Schwestern längst ausgezogen. Auf Anraten meiner Mutter schrieb ich mich in Frankfurt an der Uni für Englisch und Geschichte ein, zwei Fächer, die sie selber studiert hatte. Aber anstatt wie sie ein Examen mit summa cum laude zu machen, glänzte ich als Scheinstudent par excellence, indem ich zwei Jahre lang keine einzige Vorlesung besuchte. Ich wollte lieber das Filmhandwerk lernen und begann mit Praktika in Filmproduktionen, arbeitete als Set-Runner bei Werbedrehs und wurde Schnittassistent bei einer Krimiserie.

Gretel ließ sich von meiner Filmbegeisterung anstecken, und wir gingen ein- oder zweimal die Woche ins Kino. Danach tranken wir ein Gläschen Wein und diskutierten den neusten Woody Allen oder kamen überein, dass Kubrick doch unübertroffen war. Die Jahre verflogen, und ich dachte: ›Moment mal! Jetzt bist du 22 und immer noch bei Mami zu Hause?‹ Doch das Problem war, dass ich gar keine Probleme zu Hause hatte. Es war einfach zu schön bei Muttern.

Meine Kindheit verlief im Allgemeinen überhaupt konfliktfrei und harmonisch. In der Mittelstufe hatte ich gegenüber meinen Freunden sogar das Gefühl, ich sei uncool, weil ich gar keinen Ärger zu Hause hatte, nie geschlagen wurde und gar keinen echten Groll gegen meine ›Alten‹ hegte, wie es bei den anderen angesagten Typen in meiner Schule der Fall zu sein schien. Als Zwölf- oder Dreizehnjähriger schenkte ich also meiner Mutter dann eine Zeit lang keine Aufmerksamkeit mehr, strafte sie ohne ersichtlichen Grund mit Nichtachtung, einfach um einmal nicht das liebe Muttersöhnchen zu sein. Tatsächlich reagierte Gretel verstört und forderte mich eines Tages auf, sie gefälligst anzugucken, wenn wir miteinander redeten. Ich nuschelte dann etwas wie: »Aber wir reden doch gar nicht miteinander.« Da verlor sie die Fassung, gab mir ein sanfte Ohrfeige und brach in Tränen aus. Auch ich weinte bitterlich und wir lagen uns daraufhin in den Armen. Puh! Jetzt hatte ich auch mal richtig Zoff zu Hause gehabt und konnte endlich wieder lieb zu meiner Mami sein.

Wogegen hätte ich auch wirklich rebellieren sollen? Ich fand meine Eltern generell super und habe ihre Art des Zusammenlebens nie weiter hinterfragt. Ich hatte zwar mitbekommen, dass die meisten anderen Eltern in einem Ehebett schliefen, aber mir erschienen getrennte Schlafzimmer wie bei uns zu Hause durchaus sinnvoll: Gretel und Malte begegneten sich, wenn sie es wollten, und nicht, weil es unvermeidlich war. Ich dachte auch, dass es bei uns keine Geheimnisse gebe und über alles offen und ehrlich geredet werde.

Bis mich meine Mutter, als ich gerade volljährig geworden war, zu einem Gespräch in die Küche bat und mir klar wurde, dass doch nicht alles so rosig war bei uns. Gretel begann damit, mir ihre allgemeinen Ansichten über die Liebe darzulegen. An lebenslange romantische Partnerschaft zweier Menschen glaube sie nicht. Sie sei mit Malte zusammengeblieben, weil sie gemeinsam eine Familie gegründet hatten. In ihren Augen sei eine Beziehung dann gut und gesund, wenn keiner auf Kosten des anderen lebte. Dabei hätten mein Vater und sie sich von Anfang an auch außereheliche Affären zugestanden, unter der Bedingung, zusammenzubleiben und zur Familie zu stehen. Für mich klang das erst einmal vernünftig, ich kannte den Begriff ›offene Ehe‹ von meinem Vater und fand das völlig selbstverständlich – sollte eine Ehe etwa ›geschlossen‹ sein? Bei ›offen‹ hatte ich bisher zwar eher an Offenheit im Sinne von ›offen und ehrlich miteinander reden‹ gedacht, aber wenn es denn unvermeidlich war, dass die Liebe zwischen zwei Menschen irgendwann aufhörte, sollte man dem anderen doch nicht verbieten, seinen Bedürfnissen nachzugehen. Die Sorge, dass ihr Partner im Verlauf seiner Liebschaften auf die Idee käme, sie zu verlassen, schien meine Mutter nicht umzutreiben. Und wenn sich meine Eltern so geeinigt hatten, war ja alles in Ordnung.

Doch dann kam meine Mutter auf eine Episode in meiner Kindheit zu sprechen, und es zeigte sich, dass ihr Lebenskonzept durchaus Probleme verursacht hatte. Als ich vielleicht neun Jahre alt war, hatten wir uns mit einer befreundeten Familie zu einem Urlaub in Italien verabredet. Ich kannte die Kinder aus dem Kindergarten und unsere Mütter standen in engem Kontakt. Kurz vor der Abreise sprangen meine Eltern aus unerfindlichen Gründen plötzlich ab. Ich fuhr dann alleine mit der Familie meiner Freunde in die Ferien. Das Ganze wurde nie aufgeklärt und blieb ein Mysterium für mich. Wir Kinder sahen uns dann immer sporadischer und der Kontakt unserer Mütter brach ab. Ich hinterfragte das nie und dachte, wir hätten uns wohl auseinandergelebt.

Ein Jahrzehnt später war ich erwachsen, und meine Mutter erklärte mir in dem ›Aufklärungsgespräch‹ am Küchentisch, was hinter dem plötzlichen Bruch mit der befreundeten Familie gestanden hatte. Mein Vater hatte damals mit Gretels Freundin eine Affäre gehabt, von der Gretel gewusst und die sie toleriert hatte. Die Freundin meiner Mutter lebte allerdings nicht in einer offenen Ehe, und als die Geschichte aufflog, fand ihr Mann das gar nicht lustig. Im Endeffekt überstanden beide Ehen die Krise, aber an gemeinsame Familienurlaube war nicht mehr zu denken.

Meine Mutter erzählte mir das nüchtern wie eine Nachrichtensprecherin, und ich nahm es zur Kenntnis, ohne weiter nachzuhaken. Später fragte ich mich, ob Gretel das Verhalten meines Vaters nicht als Grenzüberschreitung empfunden hatte. War sie damals wirklich nicht eifersüchtig gewesen? Von ihr hatte ich mal den Spruch gelernt: ›Eifersucht ist eine Leidenschaft, die mit Eifer sucht, was Leiden schafft.‹

Jahre später befragte ich meine Mutter in einem Interview für ein Dokumentarfilm-Seminar über ihre Haltung zu Liebe und Partnerschaft: »Ich habe sowieso etwas gegen Eifersucht«, erklärte sie mir, »und bin eigentlich mit Malte immer der Meinung gewesen, dass man durchaus Seitensprünge machen kann. Man soll sie nur nicht so machen, dass man den anderen dabei beleidigt, überhaupt nicht berücksichtigt oder über Leichen geht. Aber warum sollte man eifersüchtig sein, angesichts der doch überhaupt nicht zu übersehenden Tatsache, dass sich der Partner auch für jemand anderen interessieren könnte? Das muss doch eine Möglichkeit sein, die einem eingeräumt wird, und ich möchte auch, dass sie mir eingeräumt wird. Das habe ich auch selber ausgenutzt – jetzt schon lange nicht mehr, nun bin ich darüber hinaus.«

Ich habe meine Mutter nie als Opfer gesehen, aber ihre Ehe konnte man seit längerem eigentlich nur noch ›halboffen‹ nennen. Doch auch wenn Gretels Bedürfnis nach Affären seit längerem erloschen war, wollte sie ihren Partner nicht in seinen Freiheiten einschränken.

Meine Schwestern sahen die Beziehung meiner Eltern immer deutlich kritischer als ich. Im Interview mit meinem Vater versuchte ich damals diesem Groll nachzuspüren: »Glaubst du, dass eure Art der offenen Partnerschaft den Kindern gut bekommen ist?«

»Man muss diese Sache mit der offenen Ehe klug behandeln«, vertraute er mir an, »indem man nicht immer alles in der Gegend herumposaunt. Aber ob das die Kinder geärgert oder irgendwie geschädigt hat, das weiß ich nicht. Ich glaube eher nicht. Natürlich ist es, wenn die Tochter den Vater mit einer anderen Frau im Bett erwischt, ein Schreck für das Kind, weil es denkt: ›Jetzt geht die elterliche Ehe kaputt‹. Dann hat das Kind Existenzangst, das ist klar. Aber wenn sichergestellt ist, dass diese Angst nicht begründet ist? Ich meine, natürlich muss man wissen, was das für ein Risiko ist. Aber Gretel und ich haben ja unsere Ehe immer als ein Unternehmen aufgefasst, um Kinder zu haben und aufzuziehen. Und bei allen Eskapaden haben wir das nie in Frage gestellt.«

Erst Mitte 20 fiel mir auf, dass Malte eigentlich nie eine Vaterrolle gespielt hatte. Während meiner Kindheit und Jugend hatte ich ihn nicht viel gesehen, er war für mich eher wie ein netter großer Bruder. Ab und zu stibitzte ich mir ein Kondom aus seinem Zimmer, ohne zu überlegen, was er eigentlich damit machte und warum ich manchmal auch eines in seiner Jackentasche fand. Eigentlich konnte ich ja froh sein, dass er mich in Ruhe ließ und mir nicht väterlich ins Gewissen redete.

»Ich bin kein guter Lehrer«, klagte er einmal, als er über seine Lehrtätigkeit an der Uni sprach. »Wahrscheinlich habe ich in meinem ganzen Leben noch nie jemandem etwas beigebracht.« Den Unterricht, den er als Professor geben musste, fasste er als notwendiges Übel auf. Viel lieber hätte er sich ganz auf die Forschung konzentriert.

Wenn mich Malte mit in die mathematische Fakultät nach Frankfurt nahm, geschah das nicht aus fachlichen Gründen, sondern weil dort im obersten Stockwerk eine Tischtennisplatte stand. Während langer, intensiver Ballwechsel konnte ich dann außer dem Topspin doch so einiges von ihm lernen. Zum Beispiel machte er mir deutlich, dass es immer wichtiger sei, gute Fragen zu stellen, als richtige Antworten zu finden. Ich war fasziniert von seinem breit gefächerten Wissen und seiner unbändigen Neugier auf praktisch alles.

Ursprünglich wollte er Maler werden, begann dann aber Philosophie zu studieren, wobei ihn aber bald störte, dass jeder Denker zu versuchen schien, die vorangegangene Weltanschauung umzustoßen, um die eigene zu etablieren. Nach zwei Semestern wechselte er in die Mathematik, wo die Sätze des Euklid auch noch nach über 2000 Jahren gültig waren.

Im Gegensatz zu meinem Vater stand meine Mutter viel direkter in meinem Leben. Wenn sie fand, dass ich am Wochenende nicht aus den Federn kam, erschien sie tänzelnd in meinem Zimmer und zwitscherte: »Oh wie schnell, oh wie schnell, ist der ganze Tag vorbei«, und zog die Vorhänge auf. Als ich einmal mit einem Mädchen im Bett lag und sie zu unserer Überraschung plötzlich im Zimmer erschien, gewöhnte sie sich an, mich nur noch in dringenden Fällen zu wecken und dann auch erst anzuklopfen. Sie fiel aber immer mal wieder mit der Tür ins Haus. Beim Frühstück überraschte sie mich und meine Freundin eines Morgens mit der Frage:

»Ihr benutzt doch Kondome, oder?«

Im ersten Jahr meiner Filmhochschul-Bewerbungen blitzte ich überall ab. Von den Kommissionen in München und Berlin hieß es, ich sei noch zu jung und naiv für das Filmstudium.

Nach zwei Jahren ohne höhere Ausbildung begann meine Mutter sich ernstlich Sorgen zu machen und trug in ihre Agenda ein: ›Wann wird David endlich untergebracht? Seine Freunde haben schon alle einen Studienplatz!‹ Ich sah das nicht so dramatisch. Mir ging es ja gut und ich freute mich darauf, mindestens noch ein weiteres Jahr von meiner Mutter bekocht zu werden. Mir gefiel auch, dass sie jetzt noch ehrgeiziger in meine Bewerbungsarbeit mit einstieg. Während ich meinen Vater als Darsteller in meinen Bewerbungsfilmen einsetzte, kümmerte sich meine Mutter um die Texte. Sie korrigierte nicht nur die Rechtschreibfehler, sondern lektorierte auch meine Filmkritiken und schrieb sogar eine autobiografische Liebesgeschichte, die als Vorlage für ein Kurzfilmdrehbuch diente. Die Erzählung handelte von Gretels unmöglicher Liebe zu einem britischen Bademeister und beschwor ihre melancholische Stimmung, als sie für einen Sommer Ende der 50er in einem südenglischen Hotel arbeitete.

Als ich schließlich meine Sachen packte, um nach Berlin zu ziehen, lag über dem Abschied eine unausgesprochen traurige Stimmung, ähnlich wie in ihrer Geschichte. Ironischerweise hatte Gretel durch ihre tatkräftige Unterstützung bei der nun erfolgreichen Bewerbung dazu beigetragen, dass wir uns nun trennten. Sie wusste, dass sie mich loslassen musste, damit ich mich entfalten konnte. Ich erinnere mich an keine größere Abschiedszeremonie und leider sagte ich ihr nicht mal, wie lieb ich sie hatte und dass ich sie vermissen würde.

Mein Vater hatte ganz andere Sachen im Kopf, als er mich im vollgepackten Wagen nach Berlin kutschierte. Wir kamen auf meine damalige Freundin zu sprechen. Ich hoffte, sie würde auch bald einen Studienplatz in Berlin bekommen und war mir nicht sicher, wie lange wir eine Fernbeziehung aufrechterhalten konnten, wenn sie weiter in Frankfurt wohnen bliebe. Doch Malte erteilte mir daraufhin keinen klugen Ratschlag, wie man es in einem Vater-Sohn-Gespräch erwartet hätte, sondern schüttete mir stattdessen sein eigenes Herz aus. Er sei gerade auch sehr unglücklich, weil nämlich eine Frau, mit der er sich sehnlichst eine Affäre gewünscht hatte, ihm einen Korb gegeben hatte. Er hatte ihr Briefe geschrieben und sie zu Konzerten eingeladen, in denen er sich über ihr lautes Lachen freute. Doch vor Kurzem hatte sie ihm überraschend erklärt, sie hätte jetzt einen neuen Freund, nämlich einen türkischen Programmierer, den sie über eine Kontaktanzeige kennengelernt hatte und mit dem sie bald nach Afrika zöge.

Ich hätte die Geschichte zum Lachen gefunden, wäre mir nicht meine Mutter in den Sinn gekommen, von der wir uns gerade mit großer Geschwindigkeit entfernten. Für geraume Zeit schwiegen wir. Was sollte ich auch sagen? Ich wollte von den Affären meines Vaters gar nichts wissen. Zum ersten Mal erschien mir diese ganze Offene-Ehe-Geschichte irgendwie brutal: Da wusste man den geliebten Partner in fremden Betten und musste dann auch noch offen darüber reden und sogar Mitgefühl zeigen, wenn es einmal nicht klappte.

Die 68er-Ideologie meiner Eltern besagte, dass man in der Liebe bloß keine Besitzansprüche zeigen sollte. Aber meine Mutter zeigte durchaus solche ›bürgerlichen‹ Gefühle. Zum Abschied hatte sie mir einen eleganten muschelförmigen 50er-Jahre-Sessel geschenkt, den sie von ihrer Mutter geerbt hatte und den sie für mich hatte neu polstern lassen. Mir wurde erst bewusst, wie sehr ihr dieser Sessel am Herzen lag, als sie bei ihrem ersten Besuch in meiner Berliner Studentenbude feststellte, dass der Sessel nicht bei mir, sondern bei meinem Mitbewohner im Zimmer stand. Sie wollte den Sessel dann am liebsten gleich wieder mit nach Hause nehmen. Ich wunderte mich über ihre beleidigte Reaktion und stellte das gute Stück wieder zurück in mein Zimmer. So offenkundig verletzt hatte ich sie selten erlebt.

Während die Beziehung zu meiner Freundin in Frankfurt langsam aber sicher in die Brüche ging, blieb der Kontakt zu meiner Mutter beständig. Wir telefonierten mindestens einmal die Woche, und für mich war es ganz natürlich, dass sich mein Erstjahresfilm an der Filmakademie um meine Mutter drehte – schließlich war sie doch die Frau meines Lebens. In dem Kurzspielfilm ging es um die Abnabelung eines jungen Mannes von seiner ›Übermutter‹. Die Beziehungskomödie war frei erfunden, aber viele Details und die grundlegenden Konflikte waren der Realität entlehnt. Der Sohn im Film wurde von mir selbst gespielt, während meine Mutter von einer Schauspielerin gemimt wurde.

Die Geschichte beginnt damit, dass der Sohn von seinem Studienort nach Hause kommt und eigentlich nur eben das elterliche Auto ausleihen will, um seine Freundin abzuholen.

Die Mutter hat sich jedoch den Besuch ihres Sprösslings etwas anders vorgestellt und als ›Köder‹ sein Lieblingsessen vorbereitet: Lasagne alla Mamma. Obwohl die Freundin ungeduldig auf ihn wartet, kann der Sohn nicht Nein sagen und bleibt zum Essen. Er erfährt von seiner Mutter, dass sein Vater das Wochenende über bei einem Tanzworkshop ist und sie sich um den Kater sorge, der seit einiger Zeit an einer Fressstörung leide und kein Essen annehme. Der Sohn ist kurz angebunden und genervt von den vielen Fragen seiner Mutter. Die Situation spitzt sich zu, als ein Anruf der Freundin sie beim Essen unterbricht und er abrupt aufbrechen will:

MUTTER: Ich finde es unverschämt von ihr, dir nicht mal Zeit zu geben, ein paar Worte mit deiner Mutter zu wechseln!
SOHN: Oh Mann, was bitte ist dein Problem, verdammte Scheiße?
MUTTER: Merkst du nicht, dass sie deine Gutmütigkeit nur ausnutzt?
SOHN: Wenn du nicht willst, dass wir dein Auto nehmen, dann sag's einfach! Sag einfach ja oder nein oder lass es von mir aus, oder – ach, vergiss es!
(Er geht verzweifelt Richtung Tür. Dann wendet er sich um.)
Sie kann dich übrigens auch nicht leiden!
(In diesem Moment kommt der KATER in die Küche gelaufen und steuert zielstrebig seinen Fressnapf an. Er fängt gierig an zu fressen. MUTTER und SOHN beobachten ihn. MUTTER kniet sich hin und streichelt ihn.)

Ich fand, dass sich der Film trotz einiger Überspitzungen angemessen mit unserer Mutter-Sohn-Beziehung auseinandersetzte, aber meine Mutter fühlte sich offen herausgefordert. Sie stand nach der Premiere entrüstet im Publikum auf und rief: »Ab jetzt gibt's keine Lasagne mehr!«

Kapitel 4

Delirium

(von lat. de-lirare: ›aus der Furche geraten‹;
›Irresein, Verwirrtheitszustand‹)

Der Lasagne-Entzug meiner Mutter traf mich hart; ich hatte nicht damit gerechnet, dass sie meine filmische Verarbeitung unserer Beziehung derart in den falschen Hals bekommen könnte. Glücklicherweise waren von ihrem Boykott nicht die Nachspeisen betroffen, ich konnte also weiterhin mit meinem geliebten Milchreisauflauf rechnen, und alsbald verlegte sie sich von Lasagne auf eine leckere selbstgemachte Pizza, die wir fortan mit Vergnügen gemeinsam belegten.

Als Gretel sich ein paar Jahre später an Ostern auf einmal nicht mehr an ihr klassisches Hefezopf-Rezept erinnerte, beunruhigte das niemanden. Zwar hatte sie normalerweise den Zopf immer gemeinsam mit Kindern und Enkelkindern gebacken und das Rezept stets auswendig gewusst, aber sie konnte so viele Kochanleitungen auswendig, dass es ganz natürlich war, auch einmal etwas zu vergessen. Wenn wir uns damals Sorgen um Gretel machten, ging es um ihre Hüfte und Knie, nicht um ihre geistigen Fähigkeiten.

Ein Jahr zuvor hatte sie einen Fahrradunfall gehabt und litt seitdem unter starken Schmerzen beim Laufen. Während ihrer morgendlichen kleinen Radtour durch den Stadtwald war sie in einen Graben am Wegesrand gestürzt und hatte großes Glück gehabt, dass ein Jogger, der gerade des Weges kam, einen Krankenwagen verständigte. Nach ein paar Wochen konnte sie wieder auf Krücken verzichten, aber sie humpelte fortan und nahm regelmäßig Schmerztabletten ein.

Ein Jahr nach dem Unfall, im Sommer nachdem Gretel ihr Rezept entfallen war, wunderte ich mich zum ersten Mal ernsthaft über Gretels Gedächtnis. Es war kurz vor ihrem 68. Geburtstag, als sie während eines Telefonates Felix, meinen besten Freund aus Schulzeiten, mit dem Mann meiner Schwester verwechselte – die beiden haben zwar denselben Vornamen, aber aus dem Kontext heraus war völlig klar, dass ich meinen alten Spielkameraden meinte. Es ging in dem Gespräch um eine Bluesband, in der ich früher gemeinsam mit ihm gespielt hatte, und damit konnte nicht mein Schwager gemeint sein. Besonders befremdlich war die Verwechslung, da dieser Freund immer ein spezieller Liebling meiner Mutter gewesen war. Als ich meiner Schwester davon erzählte, berichtete sie, dass auch sie neulich ganz erstaunt gewesen wäre, da Gretel sich nicht erinnern konnte, dass meine Schwester und ich viele Jahre lang bei den Pfadfindern gewesen waren.

Zu ihrem Geburtstag wünschte sich Gretel von ihrer Schwiegermutter *Tebonin*, ein Ginkgo-biloba-Präparat, das die geistige Leistung fördern soll. Meine Oma mit ihren 92 Jahren war geistig völlig klar und wunderte sich über diesen Wunsch. Sie selber dachte nicht im Traum daran, so etwas zu nehmen. Anscheinend hatte Gretel nach dem Tod ihrer demenzerkrankten Mutter Angst selber Alzheimer zu bekommen und hoffte, das Extrakt aus den Blättern des Ginkgo-Baumes könne einem solchen Schicksal vorbeugen.

Doch trotz dieses ›Gehirn-Dopings‹ fiel es meiner Mutter ein halbes Jahr nach ihrem Geburtstag schwer, dem Vortrag bei der Verabschiedung meines Vaters zu folgen. Malte hatte im Sommer 2005 seine letzte Vorlesung als Mathematik-Professor an der Goethe-Universität in Frankfurt am Main gehalten und wurde nun Ende des Jahres feierlich pensioniert. Der Seminarraum war dicht gefüllt, und ein Kollege gab nach einer Begrüßung ein paar biografische Hinweise – als Statistiker hielt er sich streng an Zahlen und Fakten:

»1940 geboren in Hamburg, Volksschule in Hamburg '46–'52, dann altsprachliches Gymnasium '52–'57 ebendort, anschließend Gymnasium Berlin Steglitz mit Abitur 1959 ...«

Ich stand ganz hinten im Raum, schräg hinter meiner Mutter, die in der letzten Stuhlreihe saß, und wunderte mich, dass sie sich laufend Notizen machte, wie eine fleißige Studentin. Um sie herum hörten die anderen dem Vortrag mehr oder weniger aufmerksam zu. Mittlerweile hatte ein anderer Freund und Kollege meines Vaters das Wort übernommen, der mit ihm in den 70er-Jahren in Zürich an der Uni gearbeitet hatte. Unter dem Titel ›Sievekings Beitrag zur Algorithmik‹ erklärte er, welche Ideen meines Vaters in der Informatik eine Rolle spielten. Seinen Ausführungen konnten aber nur Leute vom Fach folgen, der Rest verstand nur Bahnhof. Trotzdem machte sich meine Mutter weiterhin intensiv Notizen. Ich machte neugierig einen Schritt auf sie zu und versuchte, über ihre Schulter zu blicken. Vor ihr lagen drei Zettel, von denen schon zwei komplett gefüllt waren. Was in aller Welt schrieb sie sich da so konzentriert auf während dieses unverständlichen Vortrags, in dem es nur noch um abstrakte Formeln ging? Ich konnte es aus der Entfernung nicht erkennen.

Der abschließende Beitrag kam von Ulli, einem Studienfreund meines Vaters, mit dem er 1965 in Hamburg sein Diplom gemacht hatte. Damals galt Malte als ›Genie‹ aus gutem Hause, während sein Kommilitone den Ruf eines mathematischen ›Rockers‹ hatte. Ulli strich sich zu Beginn seines Vortrags die halblangen Haare aus der Stirn, schaltete den Overheadprojektor ein und legte seine erste Folie auf, die eine

Widmung trug: *Für Malte Sieveking, Mathematiker, Philosoph, Freund*. »Das Besondere an ihm ist, dass er nicht im typischen Muster denkt«, begann er. »Man redet mit ihm über A und er kommt mit B. Und wenn man dann über B sprechen will, bringt er plötzlich C rein. Das findet man im ersten Moment vielleicht doof, aber dann stellt sich raus, dass das gar nicht so blöd ist.« Er berichtete, wie mein Vater im Bereich angewandter Mathematik geforscht und mit Chemikern und Ökonomen zusammengearbeitet hatte. Ulli schlug meinem Vater vor, nach seiner Pensionierung zusammen mit ihm über ›Konvergenz‹ zu forschen, beispielsweise zu untersuchen, wie sich eine kollektive Meinung während einer Konferenz bildet. Er begann dann diese spezifische Fragestellung der Schwarm-Theorie auszuführen, und auch dieser Vortrag wurde für Nicht-Mathematiker unverständlich. Gretel schrieb aber immer noch fleißig irgendetwas mit. Ich trat jetzt ganz nah an sie heran und reckte meinen Hals. Gerade war sie dabei, auf den dritten Zettel ein seltsames Tier zu zeichnen, eine Art Nasenbär, neben den sie $n=3$ geschrieben hatte (dies war unter den Gleichungen vorgekommen, die Ulli gerade an die Wand projiziert hatte). Auf dem zweiten Zettel umrankte ein kryptisches Netzwerk aus Punkten und Linien die Worte *Mathematiker, Freund* und auf dem ersten Zettel hatte sie notiert: *'63 Vordiplom, '65 Hauptdiplom in Hamburg*. Was ging in ihrem Kopf vor? Hatte sie vergessen, wo ihr Mann sein Diplom gemacht hatte?

Hamburg war Gretels Traumstadt: Hier hatte sie ihre erste eigene Wohnung gehabt, neben dem Studium ihren Lebensunterhalt verdient und meinen Vater kennengelernt. Die Liebesgeschichte meiner Eltern in den Swinging Sixties stellte ich mir wie einen coolen Nouvelle-Vague-Film vor. Auf den Fotos von damals sehen die beiden wie ein verwegenes Paar in einem Schwarzweiß-Kultfilm aus: Gretel ein existentialistischer Vamp im Juliette-Greco-Look, daneben mein Vater als schelmischer Alain-Delon-Verschnitt. Von ihren Kommilitoninnen wurde Gretel die ›Schaufrau‹ genannt, in Anlehnung an ihren Geburtsnamen ›Margarete Schaumann‹. Malte war damals vom Anblick meiner Mutter derart fasziniert, dass er ihr aus einer Straßenbahn heraus folgte. Vor einem kleinen Tabakladen, in dem sie sich Zigaretten kaufte, traute sich mein Vater, sie anzusprechen und zum Essen einzuladen. Malte konnte sich nach dieser Begegnung kaum noch auf sein Studium konzentrieren, er war wie süchtig nach Gretel und ging ständig zu ihr anstatt zu lernen. Gretel hatte großen Spaß daran, seine mathematischen Übungsaufgaben zu lösen und liebte besonders Dreieckskonstruktionen. Ihre anderen Verehrer fanden allerdings weniger Gefallen an ihrer ›Geometrie der Liebe‹ und strichen einer nach dem anderen die Segel. Malte konnte sich gar nicht erklären, warum sich die viel umschwärmte und deutlich reifere Gretel gerade für ihn entschied. In ihrem illustren Freundeskreis wurde Malte ›das Jüngelchen‹ genannt. Auch beruflich behielt Gretel die Nase vorn. Als Malte sein Diplom machte, hatte sie ihr Staatsexamen mit summa cum laude schon zwei Jahre in der Tasche und arbeitete beim *Norddeutschen Rundfunk* als Autorin. Sie machte zunächst Radiobeiträge und bekam dann im gerade neu gegründeten dritten Fernsehprogramm eine eigene Sendung, die sie selbst moderierte und auch redaktionell betreute: ›Deutsch für Deutsche mit Margarete Schaumann‹ – quasi die Geburtsstunde des Schulfernsehens –, wo sich Gretels Interesse für Linguistik niederschlug. Die Sendung lief wöchentlich zur besten Sendezeit vor der Tagesschau, und eigentlich hatte sie wenig Ambitionen, Malte in die bayerische Provinz zu folgen, als dieser eine Assistentenstelle in Erlangen bekam. Sie verdiente gutes Geld beim Fernsehen und schenkte Malte ein Auto, damit er sie in Hamburg besuchen kommen konnte. Doch als er um ihre Hand anhielt und sie schwanger wurde, ließ sie sich erweichen, entschied sich gegen ihre Karriere und folgte dem Ruf der Familie. 1966 heirateten sie in Hamburg und bald darauf kam in Erlangen ihr erstes Kind auf die Welt.

30 Jahre später feierten meine Eltern Hochzeitstag mit ihren drei mittlerweile erwachsenen Kindern. Die Feier des Jubiläums war nicht ihre eigene Initiative gewesen, denn die beiden waren keine Romantiker. Ich erinnere mich nicht, sie einmal Händchen haltend oder miteinander kuschelnd erlebt zu haben. Auch Kosenamen wie ›Schatz‹ oder ›Liebling‹ wurden bei uns nicht benutzt. Alle redeten sich bei uns mit Vornamen an. Meinen Vater hatte ich nie mit ›Papa‹, sondern schon immer mit ›Malte‹ angesprochen, Gretel allerdings nannte ich in meinem Kindertagebuch heimlich ›Mami‹.

Die Idee, den Hochzeitstag zu feiern, kam von meinen Schwestern und sollte meine Eltern, im Angesicht der Tatsache, dass ihre Kinder nun erwachsen und wohl bald alle aus dem Haus waren, an den Bund ihrer Liebe erinnern. Wir hatten unter Beteiligung der Verwandten ein Geschenk für das Paar organisiert: Eine Reise nach Venedig zu zweit.

Doch zehn Jahre später, als mein Vater pensioniert wurde, hatten die beiden ihre Reise immer noch nicht angetreten. Wie befürchtet, hatten sie, nachdem wir Kinder aus dem Haus waren, immer weniger gemeinsam unternommen. Ohne Nachwuchs verbrachten sie ihre Urlaube getrennt. Malte wollte grundsätzlich lieber arbeiten als in Ferien gehen, und wenn schon, dann lieber etwas Sportliches und keine organisierten ›Bildungsreisen‹, wie Gretel es sich vorstellte. Malte machte noch ein paar Mal mit meiner Schwester und mir einen Felskletter-Urlaub in den Alpen, was für Gretel rein körperlich schon undenkbar war. Sie verreiste lieber mit einer Freundin oder einer Schwester, um andere Kulturen kennenzulernen. Da sich Gretel und Malte aber nie beklagten, sah ich kein Problem in ihren getrennten Wegen. Nur als vor ein paar Jahren erst meine Mutter mit ihrer Schwester nach Ischia in Italien fuhr und anschließend nicht mal einen Monat später mein Vater mit Freunden an genau denselben Ort reiste, war ich doch etwas befremdet. Hieß das: ›Hauptsache nicht zusammen‹? Ich hoffte, dass sich die Dinge nun, da Malte im Ruhestand war, ändern würden.

»Was hast du jetzt eigentlich vor als Pensionär?«, fragte ich meinen Vater bald nach seiner Verabschiedung. Er räusperte sich und holte aus: »Mein Lebenswerk ist ja noch gar nicht getan. Ich habe an der Uni neben der Lehre kaum Zeit gefunden, das zu erforschen, was ich eigentlich wollte, und ich hatte auch nicht die Freiheit der Themenwahl, die ich jetzt habe. Ich möchte noch ein schönes Stück Forschung machen. Wir Mathematiker sagen: ›Einen Satz beweisen.‹ Als Mathematiker hast du die Chance, dass du einen Satz beweist, der nachher im Lehrbuch steht. So kann man ein bisschen über seinen Tod hinaus weiterleben.«

Malte hatte auch Ambitionen, wieder ins Ausland zu gehen, um dort an der Uni zu lehren, zum Beispiel in Kolumbien, wohin er gute Kontakte hatte. Gretel war nicht Teil dieses Plans, denn ihr war das zu unsicher. Sie war gut über die politische Lage in Lateinamerika informiert und kannte Kolumbien von einer Reise mit einer Freundin. Nirgends auf der Welt wurden damals mehr Entführungen registriert, besonders gerne wurden Ausländer verschleppt. »Da komm' ich nicht mit!«, hatte sie zu ihm gesagt. Während Gretel täglich zum Einkaufen humpelte und das Hüten der Enkelkinder zu ihrem größten Vergnügen erklärte, wünschte sich Malte Abenteuer und

Veränderung in seinem Leben und schlug mir ernsthaft vor, wir könnten doch mal zusammen den *Mont Blanc* besteigen.

Doch es zeichneten sich schon bald ganz andere Herausforderungen für meinen Vater ab. Nach seiner Verabschiedung an der Uni erklärte meine Mutter an Weihnachten, sie habe keine Lust mehr, für uns alle zu kochen. Ich verstand das als Reaktion auf die Pensionierung meines Vaters. Der hatte sich Zeit seines Arbeitslebens nie weiter um den Haushalt gekümmert. Gretel wurde bald 70, und dass es ihr an Weihnachten zu viel wurde, konnte ich gut verstehen. Schließlich war die Familie mittlerweile noch um drei Enkelkinder angewachsen, außerdem waren Schwiegermutter und Schwiegersohn zu Besuch. Doch auch als Pensionär fühlte sich mein Vater zunächst nicht für Heim und Herd berufen. So waren jetzt also wir Kinder mal an der Reihe und wechselten uns über die Feiertage mit Kochen ab.

Während meines weihnachtlichen Kochdienstes schaute ich mir zum ersten Mal die ›Zettelwand‹ meiner Mutter genauer an. Sie hatte zwei Küchenschranktüren mit allerhand Merkzetteln übersät, die sich auch schon auf eine dritte Schranktür ausbreiteten. Die Zettel hatten sich ganz allmählich über die Jahre vermehrt und waren für meine Mutter so typisch wie die Halbbrille auf ihrer Nase. Neben diversen Adressen mit Telefonnummern hingen dort Kleinanzeigen, ausgeschnittene Zeitungsartikel, Rezepte, Termine und Zitate aus dem Radio. Ein paar Zettel sprangen mir ins Auge:

– *Des Papsts ›letzte Worte‹: »Ich bin froh, seid ihr es auch!«*
– *G. W. Bush: »This nation is at war with terrorists. They are Muslim fascists who want to destroy those who love freedom.«*
– *Mami: »Ich hab keine Lust mehr zu leben und Geld zu kosten.«*
– *Dr. Kawashima, »Train Your Brain«, Penguin*

Ich betrachtete die Zettel neugierig und mit einem Schmunzeln, aber für meine Schwestern waren sie Grund zur Besorgnis. Gretels ›Zettelwirtschaft‹ nehme langsam überhand. Nicht nur die Schranktüren in der Küche und das Telefonregal waren fast vollständig mit Zetteln ausgekleidet, auch auf ihrem Schreibtisch wimmelte es von Notizen und Erinnerungen. Uns waren die ›Zettele‹ von Gretels Mutter nur in allzu guter Erinnerung, denn ihr ›Alzheimer‹ hatte sich damals durch ausufernde Zettelwirtschaft angekündigt. Und ähnlich wie Gretel hatte auch sie die Angewohnheit gehabt, alle möglichen ›Sächelchen‹ zu horten. Kleine Schachteln, praktische Tüten, diverse Arten von Schnürchen, Gummibändchen, Deckeln und Korken. Meine Großmutter hatte irgendwann eine kleine Kiste, die, wie sich eines Tages beim Öffnen herausstellte, nur einen Zettel enthielt, auf dem stand: ›Zur Zeit leer.‹

Bei Gretel hielt sich jedoch alles noch im Rahmen, und es war keine Rede von Demenz oder Alzheimer. Sie war ja auch noch zehn Jahre jünger als ihre Mutter zum Zeitpunkt ihrer Erkrankung gewesen war. Ich verbuchte Gretels geistige Schwächen jedenfalls als ganz normale Altersvergesslichkeit und dachte, wenn man bei diesen harmlosen Anzeichen schon gleich Alzheimer vor Augen habe, müsse auch ich mir ernsthaft Sorgen machen: ›Oma hatte es, bei Muttern bahnt es sich an – wann wird es mich erwischen?‹ Hatte man diesen Gedanken einmal gehabt, war er nicht mehr zu verscheuchen. Ich wurde misstrauisch und fragte mich zum Beispiel, warum ich kein einziges der vielen Gedichte mehr konnte, die ich mal auswendig gelernt hatte. Mein Vater war Ende 60 und konnte noch Griechisch und Latein aus seiner Schulzeit, dazu viele Gedichte und Liedtexte auswendig. Sein Vater war noch mit weit über 80 ein wandelnder Almanach gewesen und wusste zu jeder Lebenslage ein passendes Zitat.

Und ich? Ich konnte nicht mal das eine Suppenrezept, das ich von meiner Mutter gelernt hatte, aus dem Kopf. Eine Salatsoße war so ziemlich das Einzige, was ich ohne nachzuschauen hinbekam. Oft wunderte ich mich, wenn ich mit Freunden zusammensaß, wie detailliert sie aus ihrer Kindheit berichten konnten. Ich wusste nicht einmal mehr genau, was ich am vergangenen Wochenende gemacht oder was ich vor drei Tagen zu Abend gegessen hatte.

Eines Morgens fuhr ich mit meinem neuen Fahrrad zum Supermarkt und lief anschließend mit den Einkaufstüten in den Händen zurück nach Hause. Am nächsten Tag stellte ich bestürzt fest, dass mein Rad nicht mehr im Hof stand, wo ich es doch ganz sicher abgestellt hatte. Jemand musste es geklaut haben! Ich erstattete Anzeige und gab den Verlust bei der Versicherung an. Ich besorgte mir dann wieder genau das gleiche Fahrrad und fuhr einige Zeit später wieder zum Einkaufen. Als ich das Rad anschloss, wunderte ich mich über ein Fahrrad, das genau gleich aussah wie meines und mit einem genau gleichen Schloss angeschlossen war. Der Doppelgänger entpuppte sich als mein vermeintlich geklautes Fahrrad, das ich damals in meiner Zerstreutheit hatte stehen lassen. Waren das nicht deutliche Anzeichen geistigen Verfalls? Misstrauisch lernte ich in der folgenden Zeit Gedichte auswendig und überprüfte, ob ich sie am nächsten Tag noch erinnerte. Das Ergebnis war durchwachsen. Im Internet recherchierte ich, dass für die medizinische Diagnose einer Demenz neben der Gedächtnisschwäche auch deutliche Orientierungsprobleme auftreten und die Alltagsfähigkeiten eingeschränkt sein müssen. Natürlich war meine Sorge, als nicht einmal 30-Jähriger dement zu werden, ziemlich paranoid, aber ich war auf der Hut und beobachtete meine Mutter aufmerksam.

Im Frühjahr nach Gretels weihnachtlichem Koch-Stopp kamen meine Eltern zu Besuch nach Berlin. Die beiden wohnten beim Bruder meines Vaters und an einem Abend gingen wir in Kreuzberg bei mir um die Ecke zusammen ins Kino. Nach der Vorstellung wollte mich meine Mutter nach Hause fahren und noch ein Gläschen Wein bei mir trinken. Wir waren den Weg vom Filmtheater zu mir nach Hause in den letzten Jahren schon ein paar Mal gefahren, aber als wir nach einer grünen Ampel links abbiegen wollten, hielt Gretel plötzlich den Wagen mitten auf der Kreuzung an und sagte, sie wisse nicht, wie sie fahren müsse. Mein Vater saß seltsam teilnahmslos auf dem Beifahrersitz und mischte sich nicht ein, als ginge ihn die Sache nichts an. Auf der Gegenfahrbahn warteten Autos auf ihr Ampelzeichen zum Losfahren. »Gretel! Du kannst hier nicht stehen bleiben. Fahr weiter!«, forderte ich sie energisch auf. Das kam gar nicht gut an, in der Aufregung würgte Gretel den Wagen ab und wir blieben auf der Gegenfahrbahn liegen. Jetzt bekam der Gegenverkehr grün, die Autos setzten sich, teils wütend hupend, in Bewegung und wir konnten weder vor noch zurück. Wir wurden in Schlangenlinien umfahren. Als die Blechlawine vorbeigerollt war, ließ Gretel den Wagen wieder stotternd an, und wir zuckelten langsam von der Kreuzung. Eigentlich war es nur noch ein Katzensprung zu mir und man konnte nichts falsch machen, aber Gretel war völlig geschafft und benötigte ganz exakte Instruktionen. Ich lotste sie in meine Straße, wo sie rückwärts in eine Lücke zwischen zwei Autos einparken wollte. Aber plötzlich hatte sie größte Angst, von vorbeifahrenden Autos gerammt zu werden. Mein Vater war wieder wie gelähmt und unfähig zu helfen. Auch ich reagierte falsch: Anstatt meinen Vater aufzufordern, mit meiner Mutter das Steuer zu tauschen, stieg ich entnervt aus und verabschiedete mich. Gretel wollte schnell wieder losfahren, um die nervenaufreibende Situation hinter sich zu lassen. Einfach geradeaus fahren konnte sie gut, bloß nicht weiter einparken! So ließ ich die beiden ziehen und erst ein paar Minuten später, als ich meine Wohnung aufschloss, erinnerte ich mich, dass wir doch eigentlich noch einen Wein in meiner Küche hatten trinken wollen.

Mein Vater bestritt am nächsten Tag, dass es sich bei der nächtlichen Autofahrt um eine gefährliche Situation gehandelt habe, und spielte das Problem herunter. Ich fragte ihn, warum er sich nicht verantwortungsvoller verhalten habe. »Weißt du, Gretel und ich im Auto, das ist so ein Thema ...«, wich er aus. Er fand das Ganze harmlos, aber ich hatte seitdem große Sorge, wenn ich hörte, dass Gretel alleine im Auto unterwegs war. Bei meinem nächsten Besuch zu Hause fiel mir ein Schreiben meiner Mutter in die Hände, das sie vorsorglich für ihre Versicherung verfasst hatte:

Bericht über einen Vorfall, der eine Schadensanzeige gegen mich zur Folge haben könnte: Am Freitag, 2.9., in der Zeit zwischen 18.10 und 18.30 Uhr habe ich beim Einparken in der Gervinusstraße in Frankfurt/M. ein unangenehmes Erlebnis gehabt: Ich war auf der linken Seite der Einbahnstraße in eine Lücke, die groß genug für meinen Kangoo war, zu steil reingefahren und wollte einen zweiten Versuch machen, wurde aber am Rausfahren gehindert durch einen Fahrer mit großem offenem Wagen, der neben mir auf halber Höhe hielt und mir Zeichen machte ... Der Fahrer rief mir zu, ich sei auf das Nummernschild aufgefahren. Obwohl ich beim Zurücksetzen keinen Stoß gespürt oder gehört, aber womöglich das Schild leicht touchiert hatte, stieg ich aus, konnte aber keine Verbiegung daran entdecken, auch der selbsternannte Sheriff nicht. Für den Herrn Obergutachter »könnte jedoch eventuell eine indirekte Folgeerscheinung vorliegen«, und er verlangte meine

Papiere. Ich war durch den langen Disput sehr verspätet und vergaß in der Eile und dem ohnmächtigen Ärger über den selbstgerechten Richter mir Namen, Autotyp und Wagennummer aufzuschreiben. Meine Vorahnung, dass es noch weiteren Ärger geben wird, hat mich veranlasst, diesen Bericht sofort zu schreiben, obwohl er nur das subjektive Erlebnis wiedergibt.

Bad Homburg, 3. Sept. 05

Zwar bestätigte der Bericht meinen Eindruck, dass Gretel sich im Verkehr nicht mehr so sicher fühlte, aber die Art, wie sie schrieb und die Situation mit ihrem Humor reflektierte, beruhigte mich auch: Hieraus sprach ganz die alte Gretel, und vielleicht machte ich mir doch übertriebene Sorgen!

Im Sommer nach Maltes Verabschiedung entschloss sich Gretel zu einer Hüftoperation. Sie hatte dies lange vor sich hergeschoben, aber die zwei Jahre seit ihrem Unfall hatte sie nur unter regelmäßiger Einnahme von Schmerzmitteln ausgehalten. Nun folgte sie dem dringenden Rat der Ärzte, sich ein künstliches Hüftgelenk einsetzen zu lassen. Die Entscheidung fiel ihr nicht leicht, denn sie war kein Freund von Krankenhäusern und hatte Angst, nach der Operation nicht mehr aufzuwachen.

Gretel hatte in ihrem Leben keine guten Erfahrungen mit Operationen gemacht. Abgesehen von zahlreichen schmerzhaften Zahnbehandlungen hatte sie sich mit Anfang 50 aufgrund verdächtiger Zysten und der Gefahr einer ›Absenkung‹ die Gebärmutter entfernen lassen. Der Eingriff schien gut verlaufen zu sein, doch drei Monate nach der OP wankte sie eines Morgens ins Zimmer meines Vaters und brach bewusstlos zusammen. Im Krankenhaus wurde ein lebensbedrohlicher ›Darmdurchbruch‹ festgestellt, der eine Bauchfellentzündung verursacht hatte. Sie musste wieder unters Messer, und es wurde eine gute Handbreit ihres Dickdarms entfernt. Seither hat sie Verdauungsprobleme. Als Ursache für die Verletzung ihres Darms vermutete man einen Kunstfehler bei der vorangegangen Gebärmutter-OP. Kein Wunder also, dass Gretel nicht besonders scharf auf Krankenhäuser war und ärztlichem Rat mit großer Skepsis begegnete. Sie war immer gut damit beraten gewesen, sich im Zweifel nicht vorschnell zu einer Operation hinreißen zu lassen.

Von dieser Devise profitierte ich als Kind sehr, als ich eine Zeit lang ausgeprägte X-Beine hatte. Die Ärzte empfahlen eine Operation, um späteren Problemen beim Laufen vorzubeugen. Es sollte jeweils ein Knochenkeil aus meinen Knien entnommen werden, um die Beine zu begradigen. Meiner Mutter erschien das Vorhaben viel zu brachial und sie verlangte, mit einem Patienten zu sprechen, der eine solche Behandlung bereits hinter sich hatte. Als ihr ein solches Gespräch nicht ermöglicht wurde, blies sie die Operation ab. Sie machte einen Gelenk-Experten in der Schweiz ausfindig, der ihr dann erklärte, dass der vorgeschlagene Eingriff durchaus funktioniere, die Beine anschließend auch gerade sein – nur leider dann nicht mehr wachsen würden. Der Arzt empfahl, lieber abzuwarten und gar nichts zu unternehmen, meistens wüchsen sich X-Beine von alleine wieder heraus. Zwei Jahre später brachte ich meiner Mutter stolz eine Ehrenurkunde von den Bundesjugendspielen mit nach Hause: Ich war über 3000 Meter Erster geworden. Bis heute habe ich keine Probleme mit meinen Beinen mehr gehabt.

Aber wer war für Gretel die sorgenvolle Mutter, als ihre Hüft-Operation ins Haus stand? Arme Gretel! Noch in der Nacht vor der Operation schrieb sie in ihr Tagebuch:

20. Juli 2006. Markuskrankenhaus. Morgen wird meine rechte Hüfte operiert. Ich soll mir eine Vollnarkose geben lassen. Das rechte Bein wird etwas länger werden als das linke (solange das linke nicht auch erneuert wird). Der Grund: das Hüftgelenk, das ich hab, ist stark gebogen am Kopf (links auch). Ich denke, wenn ich das gewusst hätte, hätte ich alles gelassen wie's ist und wäre weiter gehinkt. So werde ich praktisch zu zwei Operationen gezwungen. Ich bin schon wieder dabei, meinen Entschluss zu bereuen. Jetzt ist's zu spät. Die Operation ist angelaufen, die Vorbereitungen im Krankenhaus sind getroffen.

21. Juli. Die Operation ist gut gelaufen, aber ich habe nicht mitgekriegt, wie ich eingeschläfert wurde und seltsamerweise auch nicht, wie ich aufgewacht bin. Merkwürdig.

22. Juli. Malte ist wieder da mit Äpfeln + Joghurt – herrlich! Beim Aufstehen morgens unter der Aufsicht von Joachim (Pfleger) wird mir schwindlig und irgendwie schlecht (zu niedriger Blutdruck?). Der Pfleger behauptet, ich sei kollabiert.

Bald danach brachen ihre Tagebucheintragungen ab, und ihre Aufzeichnungen setzten sich nur noch sporadisch auf Zetteln und Notizen in ihrem Terminkalender fort. Einige Tage nach der OP, als sie in die Reha-Klinik verlegt worden war, klagte sie darüber, dass sie nicht wisse, wo sie sei und große Schwierigkeiten habe, sich die Gesichter der Ärzte, Schwestern und Pfleger zu merken. Als ein junger Physiotherapeut, an den sie sich gewöhnt hatte, sie durch eine Namensverwechslung nicht mehr weiter behandeln konnte, reagierte sie fassungslos. Immer wieder fing sie unvermittelt zu weinen an. Im Krankenhaus hieß es, sie habe wohl ein ›Durchgangssyndrom‹, das typischerweise ein paar Tage nach einer schweren OP mit Vollnarkose auftrete. Dieses Phänomen werde auch postoperatives Delirium genannt und sei eine Reaktion des Körpers auf den Schock der Operation. Der Zustand geistiger Verwirrung sei aber zeitlich begrenzt, und der Patient erhole sich normalerweise von selbst wieder.

Aber Gretel blieb sehr beunruhigt. Sie erzählte mir am Telefon, sie könne sich nichts mehr merken und müsste immer wieder zwanghaft auf die Uhr schauen, wie in einer Endlosschleife, da sie ständig wieder vergesse, wie spät es sei. Meinem Vater gegenüber sagte sie, sie könne sich nicht mehr vorstellen, wie ihr Schlafzimmer aussehe. »Ich brauche einen Neurologen für meine Demenz!«, verkündete sie und bestellte einen Neuropsychologen, um sich untersuchen zu lassen. Der machte die einschlägigen Tests mit ihr, stellte jedoch nichts Auffälliges fest. Sie konnte zwar nicht alle Bundeskanzler Deutschlands aufzählen, aber sie wusste ihre Zimmernummer und das Wichtigste, was ihre Familie betraf. Bei den kognitiven Tests schnitt sie für ihr Alter überdurchschnittlich gut ab, Rechenaufgaben löste sie spielend. Keine Anzeichen für eine Demenz, urteilte der Arzt. Unter Umständen liege eine depressive Verstimmung vor.

Nach zehn Tagen in der Reha verheilte Gretels Hüfte gut, der Krankengymnast war zufrieden und meine Mutter war froh, nach Hause zu dürfen. Aber vor der weißen Haustür fragte sie: »War die nicht blau?« Auch ihr Zimmer erschien ihr fremd.

20 Jahre zuvor hatte mein Vater schon einmal eine ähnliche Situation mit meiner Mutter erlebt. Damals hatte Gretel nach einer Hirnblutung einen Gedächtnisausfall erlitten. Während einer morgendlichen Gymnastikübung hatte sie eine seitliche Kopfbewegung gemacht und plötzlich rasende Kopfschmerzen bekommen. Dann war sie zusammengebrochen und hatte

für einen Moment das Bewusstsein verloren. In den nächsten Tagen gingen die Kopfschmerzen nicht weg, sie litt unter Übelkeit und Gleichgewichtsproblemen. Essen konnte sie nicht bei sich behalten. Als sie sich zum Hausarzt schleppte, überwies der sie sofort ins Krankenhaus, wo man die Hirnblutung feststellte, ohne sie genau lokalisieren zu können. Zeitweise hatte Gretel ihr Gedächtnis vollständig verloren und war völlig desorientiert. Der behandelnde Arzt sagte meinem Vater unter vier Augen: »Die wird nicht mehr.« Er erklärte ihm, er müsse sich auf bleibende Hirnschäden und eine geistige Behinderung seiner Frau einstellen.

Gretel war anfangs im Krankenhaus sehr niedergeschlagen. Einer Freundin, die sie besuchte, erzählte sie unter Tränen, ein Krankenpfleger hätte sie für die Mutter meines Vaters gehalten. Malte gegenüber ließ sie sich jedoch nichts anmerken, schon bald konnte sie wieder durch den Mund ernährt werden und sie begann sich wieder zu erholen. Nach einem Monat wurde sie aus medizinischer Sicht ›unauffällig‹ nach Hause entlassen. Mein Vater erinnert sich, dass sie damals mit eisernem Willen und strenger Disziplin ihr Gedächtnis wieder auf Vordermann brachte.

Gretels zeitweise aufgetretene Amnesie hatte ich damals gar nicht bemerkt. Für mich hatte die Geschichte mit der Hirnblutung vor allem deshalb ein Happy End, da meine Mutter mit dem Rauchen aufhörte; ich hatte sie schon seit Jahren darum gebeten. Im Biologieunterricht hatten wir gerade die verheerenden Folgen des Nikotinkonsums durchgenommen und wenn Gretel vor meinen Augen eine Zigarette rauchte, kamen mir Bilder von Raucherbeinen und Lungenkrebs in den Kopf. Mein Bitten und Flehen blieb jahrelang vergeblich, bis sie mit der Hirnblutung ins Krankenhaus kam, wo striktes Rauchverbot herrschte. Zigaretten wurden außerdem als Risikofaktor für Arteriosklerose eingestuft, die vielleicht eine Ursache der Blutung gewesen war. Als Gretel schließlich nach einem Monat aus dem Krankenhaus kam, ergriff sie jedenfalls die Gelegenheit beim Schopfe, sagte sich: »Wenn, dann jetzt!«, und hörte auf zu rauchen. Stattdessen gewöhnte sie sich an, ständig etwas zu knabbern, und nahm deutlich zu. Abends vor der Tagesschau saß sie von nun an mit einer Tüte Salzbrezeln. Das Gebäck strich sie dann genüsslich über ein Stück Butter, bevor sie es aß. In dieser Zeit tauchte ein Zettel von ihr in der Küche auf:

Haltet mich vom Futtern ab!

Ein paar Wochen nach ihrer Hüft-OP schien es, als hätte Gretel sich von ihrem postoperativen Delirium einigermaßen erholt und die akute Verwirrung überwunden. Ich hatte den Sommer über viel zu tun gehabt und erst einen Monat nach ihrer Entlassung aus dem Krankenhaus Zeit für einen Besuch gefunden. Sie empfing mich mit Kochschürze in der Küche und wirkte etwas wirr und verhuscht. Irgendetwas stimmte nicht. Sie tischte mir einen Topf auf, der meinen geliebten Milchreisauflauf enthalten sollte. Aber was im Topf war, sah ganz anders aus – ich sah keine goldgelbe Kruste, nur eine weiße Substanz aus völlig verkochtem, beinahe flüssigem Reis. Hatte sie das Ei vergessen oder zu wenig Milch genommen? Ich probierte höflich, musste aber den Mund verziehen: Es war salzig! Meine Mutter ließ keine weitere Kostprobe zu, nahm den Topf vom Tisch und murmelte:

»Ich muss noch üben.«

Sie verschwand im Bad und schüttete den gescheiterten Milchreis weg. Die Klospülung übertönte ihr Schluchzen nicht ganz.

Kapitel 5
Leichte kognitive Beeinträchtigung

Von mangelnder ›Krankheitseinsicht‹ konnte bei meiner Mutter anfangs nicht die Rede sein. Als die Gedächtnisschwächen nach ihrer Hüft-OP 2006 nicht wieder ganz abklangen, plagte sie weiterhin die Sorge, sie werde Alzheimer bekommen, und sie bemühte sich wieder selbstständig um einen Termin beim Psychologen. Am Telefon sagte sie zu mir, dass sie ganz »blöd im Kopf« werde und es ihr am liebsten wäre, wenn man ihr einfach eine Pille fürs Gehirn geben würde. Das Problem dabei war nur, dass kein Arzt sie für demenzkrank hielt, ihr somit auch keine speziellen Medikamente verschrieb. Gretel gelang es zwar nur noch durch langes Nachdenken oder mithilfe ihres Kalenders auf den laufenden Wochentag zu kommen, doch während der neuropsychologischen Untersuchung lief sie zu Höchstleistungen auf. Die Rechenaufgaben löste sie mit Bravour und auch wenn sie beim Merken von Wortreihen Schwierigkeiten hatte, blieb sie souverän und selbstbewusst. Beim sogenannten *Clock Drawing Test* zeichnete sie eine besonders schöne Uhr mit Ziffernblatt und konnte diverse Zeigerstellungen korrekt markieren. Sie erweckte beim Arzt den Eindruck, gut orientiert zu sein, obwohl sie schon die größten Schwierigkeiten hatte, von zu Hause aus alleine den Weg zum Bahnhof zu finden. Aus psychologischer Sicht wurde ihr im Verhältnis zu ihrem Alter keine geistige Schwäche attestiert. Mein Vater erklärte diese erstaunliche Einschätzung damit, dass Gretel den Arzt »um den Finger gewickelt« habe.

Aber auch die unbestechlichen Maschinen stellten ihr ein gutes Zeugnis aus. Weder Computer- noch Kernspintomografie konnten in Gretels Kopf etwas Besorgniserregendes aufdecken. Lediglich eine Verringerung ihres Geschmacksinns und ein leicht ›positiver Schnauzreflex‹ wurden festgestellt. Beides sind mögliche Hinweise auf eine neuronale Erkrankung, aber keine zwingenden Indizien.

Der Befund war natürlich erst einmal beruhigend. Kein Tumor und kein Alzheimer! Aber konnten Gretels Erinnerungsschwierigkeiten mit normaler Altersvergesslichkeit erklärt werden? Wenn man eine Alzheimer-Demenz ausschloss, tauchten allerhand andere mögliche Ursachen auf. Waren ihre Probleme auf eine fehlerhafte Schilddrüse oder Vitamin-B-12-Mangel zurückzuführen? Gab es Nachwirkungen ihrer Hirnblutung von vor 20 Jahren? Immer wieder wurde der Verdacht geäußert, eine Depression könne hinter allem stecken. Und mehrmals wurden wir gefragt: »Trinkt sie denn genug?« Ich dachte zunächst: ›Wie? Sind zwei Gläschen Wein denn nicht genug?‹ Aber gemeint war hier ganz grundsätzlich Flüssigkeitsmangel. Dehydrierung kommt bei alten Menschen schnell vor und kann akut zu Gedächtnisstörungen führen. Das war aber sicherlich nicht Gretels Problem. Genauso wenig hielten wir sie für depressiv. Dagegen waren Herzrhythmusstörungen und niedriger Blutdruck bei ihr schon immer ein Problem gewesen. So wurde vermutet, sie könne unter Durchblutungsstörungen leiden.

Ein Jahr nach ihrer Hüftoperation schien sich das zu bestätigen. Während eines Spaziergangs in sommerlicher Hitze wurde ihr plötzlich schwindlig, und ihr Kreislauf brach zusammen. Mit Müh' und Not schleppte sie sich nach Hause. Nachts bekam sie Zähneklappern und einen Fieberschub. Am nächsten Tag war das Fieber zwar weg, aber der Hausarzt stellte extrem niedrigen Blutdruck fest und überwies sie für umfassende Herzuntersuchungen in eine Spezialklinik. Mein Vater machte sich für das Gespräch mit den Spezialisten eine Liste von Gretels akuten Problemen:

Rapider Gedächtnisverlust; körperliche Schwäche; Schmerzen beim Laufen nach Hüftoperation 2006; unregelmäßiger Herzschlag; vor einer Woche plötzlich heftiges Zähneklappern und Fieber; Appetitlosigkeit und unangenehmes Aufstoßen; niedriger Blutdruck; Ängstlichkeit; Verlust von: Selbstvertrauen, Mut, Aufnahmefähigkeit, Lebensfreude.

EKG und Herz-Tests ergaben aber keine bedenklichen Schwankungen und auch ihre Herzklappe erwies sich als gesund. Somit gab es keine stichhaltigen Hinweise auf eine Durchblutungsstörung im Gehirn, und das Rätsel um Gretels Gedächtnisschwund blieb bestehen. Meine Mutter war weiterhin selber mit Ursachenforschung beschäftigt und schrieb sich in der Klinik diese Merkzettel:

– *Mit Arzt besprechen, dass ich öfters ›Voltaren‹ wg. Schmerzen in den Beinen genommen habe.*
– *Prüfung des Gedächtnisses bei Zahlen sehr gut, sonst auch nicht schlecht, aber keine Erinnerung an Blutung im Kopf?*
– *Woran liegt das schlechte Erinnerungsvermögen? Herz-Messungen? Was tun für bessere Leistungen?*

Die Flut von Merkzetteln und Gretels gesteigertes Bedürfnis nach genauer Planung ließen ahnen, wie unsicher sie sich innerlich fühlte. Bei einem Besuch bald nach ihrem Zusammenbruch fand ich diese Zettelbotschaft:

Hi Malte,
die Scherben im Keller hab ich zusammengekehrt.

Leichte kognitive Beeinträchtigung

Ich stehe morgen um halb 7 auf, mach mich geruhsam fertig und »nehme mein Frühstück ein« wie verlangt. Wir müssen dann wg. Staugefahr so um viertel vor 8 abfahren.
Bis dann
schlaf gut trotz Ozon
Gr

Inhalt und Formulierung fand ich befremdlich – hatte sie den Zettel auch für sich selber zur Erinnerung geschrieben? Aus der Botschaft sprach für mich vor allem aber eine erschreckende Entfremdung von meinem Vater.

Als ich mit Gretel einen kurzen Spaziergang machen wollte, erlebte ich ein absurdes Theater. Wie gewohnt nahm sie ihren Hausschlüssel aus dem Kästchen am Telefon und steckte ihn in ihre Jackentasche. An der Tür vergewisserte sie sich, ob der Schlüssel auch wirklich noch in ihrer Tasche war. Sie war aber leer. Also ging sie wieder zurück zum Schlüsselkasten, doch auch dort war der Schlüssel nicht zu finden.

»Wo in Herrgotts Namen hab' ich Esel denn nur meinen Schlüssel hin?«

»Gretel, du hast ihn gerade in deine Tasche gesteckt.«

Sie guckte noch einmal in ihrer Jackentasche nach und fand nichts.

»Nicht in der. In der anderen.«

Und siehe da: Da war der Schlüssel! Den beförderte sie jetzt in die Jackentasche, in der sie ihn kurz zuvor noch vergeblich gesucht hatte. Jetzt konnte es endlich losgehen! Doch bevor sie durch die Tür ging, tastete sie misstrauisch in ihrer Jacke nach dem Schlüssel und fand ihn schon wieder nicht. So ging das Theater wieder von vorne los. Ihr zu erklären, dass sie gar keinen Schlüssel brauchte, war aussichtslos: »Wer weiß, ob wir zusammen nach Hause kommen. Vielleicht muss ich ja früher zurück oder hab' etwas vergessen.« Der

Schlüssel war ein Symbol ihrer Autonomie, die sie nicht verlieren wollte, aber ständig bedroht sah.

Ähnlich symbolisch für ihre Unabhängigkeit, aber ungleich gefährlicher als ihr Bedürfnis nach dem eigenen Schlüssel, war das Autofahren. Sie fuhr zwar theoretisch noch sicher, machte den Schulterblick beim Abbiegen und wusste, wie der Wagen zu bedienen war, aber wehe, wenn sie den Weg nicht kannte oder etwas Unvorhergesehenes wie eine Baustelle auftauchte. Und auch, wenn alles wie gewohnt war, konnte es brenzlig werden. Sie beichtete mir beispielsweise, dass sie mit dem Fahrrad eine rote Ampel überfahren hatte, da sie rot für grün hielt. Die Autos hätten wütend gehupt, als sie die Kreuzung überquerte, und ihr einen gehörigen Schrecken eingejagt. Mich beunruhigte der Gedanke, meine Mutter allein am Steuer zu wissen, zumal örtliche Orientierung für sie auch schon zu Fuß schwierig genug war.

In regelmäßigen Abständen besuchte sie Nachtreffen der ehemaligen Lehrer des Sprachinstituts, in dem sie über 20 Jahre gearbeitet hatte. Normalerweise wurde sie von einer Kollegin mit dem Auto abgeholt. Doch wenn das Treffen ganz in der Nähe stattfand, hatte Gretel Pech. Sie musste dann zwar nur zehn Minuten in die verkehrsberuhigte Altstadt laufen, aber sie hatte größte Angst, den Weg nicht zu finden. Um gut vorbereitet zu sein, ging sie deswegen am betreffenden Tag die Strecke vorsorglich mehrmals ab. Sie prägte sich markante Gebäude sowie Straßennamen ein und machte sich Notizen, damit sie sich abends auf keinen Fall verlaufen würde.

»Gretel, meinst du wirklich, dass es noch so eine gute Idee ist, allein Auto zu fahren?«, fragte ich sie beiläufig am Tag meiner Abreise, als sie mich zum Bahnhof bringen wollte.

»Was denn? Ich kann doch fahren und hab einen Führerschein!«, erwiderte sie beleidigt.

Zurück in Berlin erzählte ich einem Bekannten von meinen Sorgen. Er klopfte mir auf die Schulter: »Ach weißt du, mein Alter hat auch Alzheimer. Ist körperlich noch ganz fit, aber orientiert ist der auch nicht mehr. Nach Hause findet der nur noch mit dem Navi.« Das klang für mich zwar nicht sehr beruhigend, aber immerhin stellte es für meine Mutter eine große Hilfe dar, als Malte für das Auto ein Navigationsgerät anschaffte. Hatte man ihr das Gerät richtig eingestellt, folgte sie bereitwillig den Instruktionen des Automaten und konnte so zumindest theoretisch sicher zum Ziel gelangen. Doch was nützt das beste Navigationsgerät, wenn man rot für grün hält? Und was, wenn das Gerät irrt, eine empfohlene Autobahnausfahrt gesperrt ist oder die vorgeschlagene Route durch einen Fluss verläuft? Bei meinem nächsten Besuch in Bad Homburg nutzte ich eine gemeinsam Autofahrt, um mir ein Bild zu machen, wie gut Gretel noch allein hinter dem Steuer zurechtkam. Wir wollten meine Schwester besuchen, die etwa 40 Kilometer von meinen Eltern entfernt wohnt. Ich ließ Gretel fahren und stellte ihr das Navigationsgerät ein. Sie folgte konzentriert den Anweisungen des Gerätes, bis wir an eine Kreuzung mit einem Straßenbahnübergang kamen. Sie steuerte wie angegeben nach links, allerdings nicht auf die Straße, sondern auf die Schienen. Ich konnte ihren Kurs noch korrigieren, stellte mir aber nur ungern vor, was passiert wäre, wenn ich nicht dabei gewesen wäre.

»Fühlst du dich nicht unsicher, wenn du Auto fährst?«, sprach ich sie bei nächster Gelegenheit in einer entspannten Situation an. »Du gefährdest ja nicht nur dich selbst.«

»Wie bitte? Was meinst du denn? Ich hab doch noch nie einen Unfall gehabt!«

An die heikle Situation am Bahnübergang konnte oder wollte sie sich einen Tag später nicht mehr erinnern. Vor meiner Abfahrt redete ich meinem Vater ins Gewissen, er müsse

Gretel irgendwie daran hindern, weiterhin allein mit dem Auto zu fahren. Malte legte seine Stirn in Falten: »Das kann ich ihr nicht verbieten. Es ist ja schließlich auch ihr Auto.«

»Dann versteck halt den Schlüssel.«

»Das kann ich nicht machen.« Er schüttelte ratlos den Kopf. »Ich habe vor ihr nichts zu verbergen, und sie ist doch sowieso schon genug mit Suchen beschäftigt.«

Seit den Erfahrungen mit meiner Mutter bin ich stark für die Einführung einer gesetzlichen Führerschein-Nachprüfung für Betagte in Deutschland, wie das in den meisten anderen europäischen Ländern üblich ist. Aber bis ein solches Gesetz im Land der ›freien Fahrt für freie Bürger‹ verabschiedet ist, bin ich wahrscheinlich längst selber dement. So blieb mir lediglich die Hoffnung, eine ›amtliche‹ medizinische Diagnose könnte genügend Eindruck auf meine Mutter machen, sodass sie einsähe, dass es besser sei, das Autofahren sein zu lassen. Aber Gretels Motivation, sich um Arzt-Termine zu bemühen, war mittlerweile drastisch gesunken. Sie erzählte mir von einer Demenz-Selbsthilfegruppe, die sie eigentlich einmal aufsuchen wollte, die aber dummerweise immer dienstags sei. Da könne sie leider nicht, wegen ihrer Streichquartett-Probe. Die vom Neurologen empfohlenen Gedächtnistrainings-Bücher hatte sie sich besorgt, befand sie aber für langweilig und benutzte sie nicht. Die mathematischen Aufgaben waren ihr zu leicht. So fehlte ihr bei aller Einsicht und Sorge letztlich der Wille, grundlegende Maßnahmen zu ergreifen. Sie hatte ja schließlich auch keine offizielle Alzheimer-Diagnose bekommen. Dabei wollte sie es jetzt am liebsten auch bewenden lassen. Sie bekundete zwar noch ab und an den Wunsch, zum Arzt zu gehen, aber sie kam nie dazu, einen Termin zu machen oder vergaß es schlichtweg. Sie sagte mir auch, dass sie es nicht so gern habe, wenn man ihren Kopf untersuchte.

Ganz besonders ungern hatte sie es aber, wenn man für sie über ihren Kopf hinweg Termine machte.

Am Telefon sagte mein Vater, dass er einen Arztbesuch doch nicht gegen ihren Willen durchsetzen könnte. Ich entschloss mich, für ein paar Tage zu meinen Eltern zu fahren und für die Überzeugungsarbeit bei meiner Mutter meinen Nesthäkchen-Bonus in die Waagschale zu werfen. Es musste endlich eine medizinische Erklärung und ärztliche Hilfe gefunden werden! Ich vereinbarte ein Angehörigen-Vorgespräch in der Praxis, die sich der Neurologe, der Gretel schon in der Reha-Klinik untersucht hatte, mit einem Psychologen teilte. Zusammen betrieben sie eine ›Gedächtnisambulanz‹. Wenn mein Vater und ich mit gutem Vorbild voranschritten, würde meine Mutter hoffentlich nachziehen! Eine Woche vor dem Termin fuhr ich nach Bad Homburg, um für das Vorgespräch auf dem Laufenden zu sein.

Bei meiner Ankunft wurde mir drastisch bewusst, dass die Zeit mit leckeren Lieblingsspeisen und Mamis Milchreisauflauf endgültig vorbei war. Es gab eine fade Karottensuppe und schlabbrigen Salat mit ranziger Soße. Seltsamerweise schien das meinen Vater gar nicht zu stören. Für einige von Gretels Problemen war er offenbar blind. Und was er nicht sah, roch er wohl auch nicht. Lapidar kommentierte er, dass Gretel seit einiger Zeit nur noch einfache Suppen und Salate hinkriegte. Für Suppen brauchte sie nur etwas Gemüse pürieren, und bei einem Salat konnte ja auch nicht viel schiefgehen. Ich beklagte mich über die ungenießbare Salatsoße, und Gretel erklärte, dass sie seltsamerweise keinen Geschmackssinn mehr habe und nur noch bedingt riechen könnte. Ich wollte es genauer wissen, und wir führten eine kleine Versuchsreihe durch. Ich presste eine Zitrone und gab ihr den Saft pur zu trinken. Sie fand das schmecke »angenehm«. Mein Vater trieb ein Stück 80%-Bitterschokolade auf. Das schmeckte ihr »fad«. Pure Butter dagegen war »lecker«. Süß und salzig konnte sie noch einigermaßen gut wahrnehmen. Zu naturtrübem Apfelsaft sagte sie: »Schmeckt!« Aber der Duft einer Hyazinthe, die mein Vater im Garten gepflückt und aufgestellt hatte, lag deutlich unter ihrer Wahrnehmungsgrenze.

Doch weitaus schlimmer als ihre eingeschränkten Geruchs- und Geschmackssinne erschien mir, dass sie seit ihrer Hüft-Operation vor einem Jahr vieles einfach schleifen ließ. Sie kümmerte sich nur noch sehr eingeschränkt um den Haushalt, und Gespräche mit ihr waren nicht mehr so komplex und lang wie früher. Oft suchte sie nach Worten oder verwechselte sie, wie etwa ›Korkenzieher‹ mit ›Schraubenzieher‹ oder ›Pferd‹ mit ›Herd‹. Aber auch nicht so naheliegende Irrtümer kamen vor. Zum Beispiel fragte sie mich, als sie vom Balkon aus eine Reihe von LKWs beobachtete:

»Was machen denn all die Bullen da unten?«

Den Fehler bemerkte sie dabei selbst gar nicht. Einen Knopf an ihrem ›Hemd‹ bezeichnete sie ganz selbstverständlich als ›Tüte‹. Manchmal kannte sie ein Wort noch in einem Satz, doch schon im nächsten fiel es ihr nicht mehr ein:

»Wo ist denn der Klebestreifen? Sagt mal, kann mir einer sagen, wo dieses Dingsda ist, wie heißt das doch noch gleich? Das zum Zusammenpappen?«

Am Abend gingen wir wie früher zusammen nach Frankfurt ins Kino, aber nach dem Abspann über die Filmhandlung zu sinnieren erübrigte sich, da sie die längst vergessen hatte. Am nächsten Tag wusste sie schon gar nicht mehr, dass wir überhaupt im Kino gewesen waren. Sie wollte dann denselben Film, den sie sich in der Programmzeitung angestrichen hatte, noch einmal ansehen und war schockiert, als ich ihr erklärte, wir hätten den Film doch schon am Abend zuvor gesehen: »Ojemine. Ich dumme Kuh! Ich werd schon ganz verzwatzelt!« Die ständige Konfrontation mit ihrer Vergesslichkeit war ihr unangenehm. Ich versuchte dazu überzugehen, sie nicht mehr ständig zu korrigieren, obwohl mir andauernd ein ›Gretel, das weißt du doch!‹ auf der Zunge lag.

Als mein alter Schulfreund Felix zu Besuch kam, warnte ich ihn vorbereitend, es könne gut sein, dass meine Mutter ihn nicht mehr erkannte. Er wollte mir das nicht glauben und tatsächlich begrüßte ihn meine Mutter ganz vertraut und herzlich. Wir freuten uns und Felix zwinkerte mir aufmunternd zu, auch wenn Gretel sein Name nicht mehr einfiel. Während meine Mutter dann den Tisch für Kaffee und Kuchen deckte, verschwand mein alter Spielkamerad für ein paar Minuten ins Bad. Ich machte Gretel währenddessen darauf aufmerksam, dass sie für eine Person zu wenig gedeckt hatte. Sie schüttelte den Kopf und zählte zum Beweis die Personen im Raum ab. Als Felix dann wieder auftauchte, fragte sie ihn erstaunt:

»Wer sind denn *Sie*?«

Nach ein paar Tagen zu Hause hatte ich keine Zweifel daran, dass ein Arzt bei meiner Mutter eine schwerwiegende neuronale Krankheit feststellen würde. Gewappnet mit Gretels ärztlichen Befunden gingen mein Vater und ich zum Vorgespräch mit dem Neuropsychologen. Wir schilderten ihm die Situation zu Hause, setzten ihm Gretels medizinische Vorgeschichte auseinander, erwähnten ihre Erinnerungslücken, den fehlenden Geschmackssinn, ihre Orientierungslosigkeit und ihre Wortfindungsschwierigkeiten. Der Neuropsychologe hörte unserem Bericht aufmerksam zu und vermutete eine Demenz im weitesten Sinne. Er riet uns, Gretel nicht zu überfordern und sie bei ihm zur Untersuchung vorzustellen.

Zufrieden gingen Malte und ich nach Hause. Endlich hatte uns jemand zugehört und den Ernst der Lage erkannt. Gretel ließ sich dann auch breitschlagen, einen Termin zu vereinbaren, und ich fuhr guten Gewissens wieder zurück nach Berlin.

Doch dann passierte es wieder. Gretel schaffte das Unvorstellbare. Malte brachte sie zur Untersuchung in die Gedächtnisambulanz, die übliche Demenz-Test-Batterie wurde durchgeführt – und wieder wurde sie als ihrem Alter entsprechend geistig auf der Höhe befunden. Demenz schloss der Arzt als Ursache für ihren Gedächtnisschwund aus und vermutete eher eine Depression als Quelle ihrer Verwirrung. Er wollte ihr jedoch zunächst keine Psychopharmaka verabreichen, sondern verschrieb ihr das harmlose Ginkgo-Präparat, das sie sowieso schon einnahm. Außerdem empfahl er die Gedächtnistrainings-Bücher, die sie sich schon längst besorgt und wieder weggelegt hatte. Der Arzt verabschiedete meine Eltern mit dem Versprechen, er werde noch einen Therapie-Vorschlag machen, wenn er aus dem Urlaub zurück sei. Einen Monat später war der Mann entweder immer noch im Urlaub oder hatte den Therapievorschlag selbst vergessen.

Ich konnte es nicht glauben. Wie hatte Gretel das bloß wieder geschafft? Offenbar gelang es ihr, durch die verbliebenen intellektuellen Fähigkeiten und ihre soziale Kompetenz ihr Unvermögen zu überspielen und geistige Schwäche zu kompensieren. In meinen Augen war sie schon längst zu einem Schatten ihrer alten Persönlichkeit geschrumpft. Die geistreiche, bestens informierte Frau, die scharfzüngig über Politik und Wirtschaft diskutierte, war nicht mehr da. Ihr fiel es schon schwer, einfache Zusammenhänge zu erfassen, geschweige denn, einen abstrakten Standpunkt zu vertreten. Bei Radiosendungen oder Fernsehnachrichten, die sie noch vor einem Jahr kritisch kommentiert hätte, blieb sie jetzt teilnahmslos, hatte oft einen leeren Blick und wohnte Gesprächen als Außenstehende bei.

Nicht lange nach dieser erneuten ›Pleite‹ in der neuropsychologischen Praxis war ich wieder zurück in Berlin bei der Arbeit, als mein Telefon klingelte.
»Wo bist du, David?«, fragte mich meine Mutter. »Komm doch zum Essen!«
»Ich bin in Berlin. Im Schneideraum.«
»Malte sitzt hier mit jemandem. Vielleicht ein alter Freund. Ich kenn' ihn nicht.«
»Gretel, ich kann leider nicht. Die Redakteure kommen gleich zur Sichtung.«
»Oh, wenn die dann kommen, das ist dann schwierig.«
»Ach, das wird schon kein Problem sein. Mein Rücken tut leider etwas weh.«
»Hast du zu viel auf dem Rücken gesessen?«

Bis Ende des Jahres war ich völlig in meine Arbeit eingespannt und versuchte, mich von der Situation zu Hause abzuschotten. Eine Zeit lang rief mich meine Mutter ständig an. Ich wimmelte sie dann meist ab oder vertröstete sie, weil ich einfach keine Zeit hatte, ihr immer wieder alles von vorne zu erklären. Oft hinterließ sie, gleich nach einem solchen Telefonat, eine Nachricht auf meiner Mailbox, in der sie vorsichtig fragte, ob ich mich mal bei ihr melden könnte. Sie klang dann, als hätten wir schon seit Ewigkeiten nicht mehr miteinander gesprochen. Mit der Zeit wurden die Gespräche immer seltsamer, und ich merkte, wie Gretel stetig weiter abdriftete. Einmal rief sie mich an und fragte:
»Ist da jemand?«
»Ja.«
»Ist da etwa jemand am Handy?«

»Ja, hier ist David.«

»Bist du das etwa?«

»Genau.«

»Und? Wann kann man dich denn mal zu Gesicht kriegen?«

»Vielleicht nächstes Wochenende. Nicht dieses.«

»Also nicht dieses, sondern nächstes Handy.«

»Nächstes Wochenende. Dieses Wochenende muss ich arbeiten.«

»Kommst du dann durchs Handy? Aber schöner wär's natürlich, wenn du wirklich da wärst.«

Irgendwann brachen die Anrufe ab, und für fast einen Monat hörte ich gar nichts von zu Hause. Das wunderte mich zwar, aber ich war auch ganz froh, mich nicht damit beschäftigen zu müssen. An meinem Geburtstag im September klingelte mein Telefon, und zu meiner großen Überraschung war meine Mutter am Apparat. Offenbar hatte sie mich selbstständig angerufen. Hatte sie etwa an meinen Geburtstag gedacht?

»Hallo David, wie geht's dir?«

»Gut, danke.«

»Ja, das ist ja toll! Und erkennst du mich?«

»Ja klar! Wie schön, dass du anrufst, Gretel.«

»Ich wollte mal hören, ob du ...« Sie suchte spürbar nach Worten.

»... noch am Leben bist?«, ergänzte ich den Satz.

Ich war sehr gerührt, denn seit einiger Zeit spielten Geburtstage von Freunden und Familie eigentlich keine Rolle mehr für sie. Nicht, dass sie mir am Telefon zum Geburtstag gratuliert hätte. Sie fragte einfach, wie es mir ging und schien mit dem Datum nichts Besonderes zu verbinden. War es ihre mütterliche Intuition, die sie geleitet hatte, gerade an diesem Tag meine Nummer zu wählen? Wahrscheinlicher war, dass sie beim Blättern in ihrer Agenda auf meinen Geburtstag gestoßen war. Vielleicht lief sie daraufhin in die Küche, um auf den Küchenkalender zu schauen, oder sie hörte das Datum zufällig im Radio. Jedenfalls ging sie anschließend zum Telefon, wo sie meine Nummer herausfinden konnte, wenn sie den richtigen Zettel fand. Oft hatte sie, wenn sie an diesem Punkt angelangt war, wieder vergessen, was sie eigentlich vorhatte. Wen wollte sie noch gleich anrufen? ›Davids Handynummer‹ steht über dem Telefon groß auf einem Zettel. Vielleicht war dieser auffälligste Zettel am Telefon auch früher der Grund für die ständigen Anrufe gewesen. Jetzt war ich einfach froh, dass sie es wieder einmal geschafft hatte, sich bei mir zu melden, auch wenn sie meinen Geburtstag gar nicht erwähnte.

Nicht lange nach diesem Anruf gelang es meinem Vater, Gretel zu bewegen, noch einmal zum Arzt zu gehen. Diesmal sollte eine Koryphäe der deutschen Alzheimerforschung aufgesucht werden. Ein Professor-Doktor, Chefarzt der Neurologie am Uniklinikum Frankfurt, der an dem Institut wirkte, wo vor gut 100 Jahren Alois Alzheimer den *Morbus Alzheimer* entdeckt hatte. Eine bessere Adresse konnte man also gar nicht finden. Aber auch bei dem renommierten Alzheimer-Experten wurde bei Gretel keine Demenz festgestellt. Eine vom Chef angewiesene Diplompsychologin testete Gretel eine Dreiviertelstunde lang, und wieder schnitt sie zu gut ab, um für demenzkrank befunden zu werden. Der renommierte Wissenschaftler erklärte meinem Vater, dass Gretels Gedächtnis »offenbar Schwierigkeiten habe, etwas zu behalten«, eine Alzheimer-Demenz hielt er jedoch momentan noch für ausgeschlossen. Die »leichte kognitive Beeinträchtigung«, unter der Gretel leide, sei aber ein spezielles Forschungsgebiet in seinem Institut, und er könne sich eine Therapie mit Medikamenten vorstellen. Hierzu müssten aber noch weitergehende Untersuchungen gemacht werden und ein neues MRT-Bild im Kernspin erstellt werden. Er bat meinen Vater, über die Entwicklung seiner Frau Buch zu führen und man schob Gretel ein weiteres Mal in die ›Röhre‹, um ihren Kopf zu durchleuchten. Das Bild von Gretels Gehirn bestätigte den Eindruck des Professors, der abschließend zu meinem Vater sagte: »Das mit der Demenz schlagen sie sich mal aus dem Kopf, Herr Sieveking! Kommen Sie in einem Jahr wieder.«

Da war der Alzheimerforscher jedoch bereits pensioniert.

Für meinen Vater war der medizinische Befund ein Schlag vor den Kopf. Er verlor nach diesem Termin das Vertrauen in die Medizin und erklärte:

»Die können vielleicht mit Ratten tolle Versuche machen, aber den Menschen können sie nicht helfen.«

Immerhin gab es jetzt eine Diagnose, auch wenn sie sich lächerlich anhörte: ›Leichte kognitive Beeinträchtigung‹ (LKB). Ich schlug den Begriff nach und erfuhr, dass LKB eine Einschränkung der Denkleistung beschreibt, die gemäß Alter und Bildung einer Person unnormal groß sei. Für die Diagnose einer LKB müssen die Gedächtnisstörungen objektivierbar sein und von Angehörigen wahrgenommen werden. Typisch seien Orientierungsschwierigkeiten und Geruchsstörungen. Etwa 10 bis 20% der Fälle gingen nach einem Jahr in eine Demenz über. Wichtig für die Abgrenzung von einer Demenz sei, dass keine wesentliche Einschränkung der Alltagsaktivitäten bestünde.

Aber davon konnte ja bei uns nicht die Rede sein! Gretel konnte nicht mehr alleine einkaufen gehen, sie wusste ihr Geburtsdatum nicht mehr und hatte keine Ahnung mehr, wie man eine Salatsoße macht. Konnte da noch von ›intakten Alltagsaktivitäten‹ die Rede sein?

Kapitel 6

Hoffnungsanker Depression

Ungefähr drei Jahre vor Gretels verhängnisvoller Hüft-Operation und noch vor ihrem Fahrradunfall 2004, also lange, bevor Gretels Gedächtnislücken sich bemerkbar machten, wurde ich zu einem ›Familienrat‹ nach Hause befohlen. Ich wusste nicht, wer dies initiiert hatte, vermutete meine ältere Schwester dahinter und reiste mit befremdeter Neugier an. ›Familienrat‹ klang für mich ungewohnt. Ich erfuhr, dass der Begriff bei uns eigentlich von meiner Mutter geprägt worden war und man sich früher öfter so zusammengefunden hatte, wenn es etwas Wichtiges zu besprechen gab. Aber das war wohl in meiner Kindheit und Jugend aus der Mode gekommen, oder man hatte mich nicht einbezogen. Mir erschien dieser ›Rat‹ jedenfalls aus grauer Vorzeit, ein Relikt aus den 70ern, und bei dem Treffen fühlte ich mich als Zaungast.

Als meine Geschwister und ich uns in der Küche um meine Eltern versammelten, begannen Gretel und Malte, uns ihre Probleme zu schildern. Ihre Entfremdung ging mittlerweile weit über getrennte Schlafzimmer und Urlaube hinaus, denn seit einiger Zeit hatten sie grundsätzlich Schwierigkeiten, überhaupt noch miteinander zu reden. Malte versuchte, das Problem aus seiner Sicht zu beschreiben: »Ich gehe einmal die Woche für zwei, drei Stunden im Wald joggen. Während ich so durch den Wald laufe, überlege ich mir dann gerne eine radikale Ansicht zu irgendeinem Thema.« Wenn er dann zurückgekehrt war und Gretel in der Küche traf, wollte er ihr seine Denkleistung präsentieren und sie in eine Diskussion verwickeln. Doch sie sprang auf seine intellektuelle Vorlage nicht an, sondern wich ihm aus, entdeckte etwa einen Fleck auf seinem T-Shirt, der unbedingt entfernt werden musste, oder sie fragte ihn, ob er nicht mal den Müll rausbringen könne. Malte ärgerte sich dann maßlos. Er wollte mit ihr über Nietzsches Religionskritik oder Adam Smiths Theorie der moralischen Gefühle sprechen, und sie drückte ihm eine Mülltüte in die Hand. Er fühlte sich verhöhnt und abgewiesen.

Gretel erklärte ihr Verhalten damit, dass sie meistens einfach nicht verstand, worüber Malte redete, und ihr außerdem ganz andere Dinge auf dem Herzen lagen als philosophische Debatten. Sie fügte hinzu, dass sie Malte zwar unheimlich gerne zuhöre, es ihr aber lieber sei, wenn er nicht mit ihr, sondern mit jemand anderem rede: »Mir gefällt es zum Beispiel sehr, wenn er mit David Witze macht.«

Dass dieser Konflikt vielleicht schon auf einen beginnendem intellektuellen Abbau bei Gretel hinwies, kam damals keinem von uns in den Sinn. Es hörte sich ganz nach typischen Eheproblemen an. Autofahren war auch damals schon ein Thema. Regelmäßig gerieten sie aneinander, wenn Malte hinter dem Steuer saß und Gretel Angst bekam, sie könnten sich verfahren. Zugegebenermaßen kam das mit meinem Vater auch recht häufig vor. Ob beim Wandern oder Autofahren, mein Vater empfand es als Lebensqualität, eine Unternehmung nicht durchzuplanen und, wenn nötig, einen Umweg in Kauf zu nehmen: »Oft erlebt man die schönsten Sachen, wenn man sich verläuft!«, war seine Devise. Gretel dagegen bereitete sich stets sorgfältig mit Karten und Wegbeschreibungen vor. Eigentlich hätten sie sich gut ergänzen können, doch wenn Gretel ihn beim Autofahren etwa anwies, er solle sich links einordnen oder den Blinker setzen, da man ja bald auf die Ausfahrt müsse, empfand er das als Gängelung.

Ich sah das alles nicht so dramatisch, schließlich hatten meine Eltern immer schon diese Konflikte gehabt. Malte hatte mir einmal erzählt, dass es schon während der Flitterwochen mächtig zwischen ihnen geknirscht hatte. Sie waren zu einer zweiwöchigen Wanderung an die kalabrische Küste nach Italien gereist. Malte fand es herrlich, einfach draufloszuwandern, wo man schlafen werde, könne man ja am Abend sehen, wenn man müde sei. Es werde sich schon ein netter Bauer oder eine verlassene Scheune finden. Gretel fand den Gedanken, während der Flitterwochen überhaupt nicht zu wissen, wo man schlafen werde, gar nicht so verlockend. Aus diesem Urszenario ihrer Ehe entwickelte sie sich zum Chefplaner unserer Familie und Malte wurde ›Herr von Verrücktenstein‹. Während mein Vater komplizierte mathematische Modelle durchdachte und sich über Raum und Zeit Gedanken machte, koordinierte Gretel Familie und Haushalt. Irgendwann sagte mir Gretel, dass sie sich sehr wundere, dass Malte nie seine Briefe öffne. Er konnte sich eben darauf verlassen, dass seine Frau das für ihn erledigte. Gretel sagte mir auch, dass sie sich ihre Rolle in der Familie nicht freiwillig ausgesucht habe. Unter ihren drei Schwestern war sie die verrückte, spontane gewesen, die auf Abenteuer aus war. Sie war diejenige, die mutig drauflosschwamm, wenn es galt, einen See zu überqueren und sich sonst niemand traute. Als ihr einmal beim Wandern das Geld verloren ging, trampte sie eben nach Hause. Sie war von Haus aus eher die wilde Ausreißerin als die vorausschauende Organisationskraft. Doch gegenüber dem ›Planungsphobiker‹ Malte wurde sie dann in diese Rolle gedrängt.

Nach der Anhörung im Familienrat mahnten meine Schwestern, mein Vater möge doch etwas mehr Rücksicht auf Gretel nehmen und sie im Haushalt mehr unterstützen. Es ließ sich damals niemand träumen, dass sich nur ein paar Jahre später alles komplett auf den Kopf gestellt haben würde: Jetzt war Malte der Herr im Haushalt, musste den ganzen Papierkram erledigen und sogar dafür sorgen, dass seine Frau sich richtig anzog und die Zähne putzte. Plötzlich stand er komplett in der Verantwortung. Der Rollentausch ging natürlich nicht so ohne Weiteres über die Bühne. Beide Persönlichkeiten wehrten sich mit Händen und Füßen gegen die Umwälzungen.

In den Jahren nach ihrer Hüftoperation büßte Gretel wie im Zeitraffer eine Fähigkeit nach der anderen ein. In wenigen Jahren welkten all ihre Aktivitäten dahin. Die morgendlichen Turnübungen gehörten bald der Vergangenheit an, das politische Engagement im ›Energiewende-Komitee‹ versandete und auch ihr Interesse für Sprachen schlief ein.

Noch bis zum Alter von 69 Jahren hatte sie in einer Schule gearbeitet und Deutsch als Fremdsprache unterrichtet. Doch dann war es mit ihrer Arbeit ziemlich sang- und klanglos zu Ende gegangen. Keiner von uns wusste, wann Gretel in den Ruhestand versetzt worden war. In ihrer Sprachschule hatte sie einen legendären Ruf als Deutschlehrerin gehabt. Sie hielt sich nicht an das Lehrbuch und war für ihr ungewöhnliches Unterrichtsmaterial bekannt. Unter den Kolleginnen galt sie mit ihrem linguistischen Hintergrund und ihrer Vorliebe für Grammatik als Sprachgenie. Sie sprach fließend Englisch und Spanisch, passabel Französisch sowie Italienisch und sogar etwas Polnisch und Arabisch. Wegen ihrer souveränen Art und Weltläufigkeit bekam sie die prominentesten Schüler des Instituts, wie zum Beispiel den Tennistrainer von Boris Becker oder den amerikanischen Vorstandschef des Pharmakonzerns *Lilly*. Nach ihrer Hüft-Operation fiel sie für längere

Zeit aus und wurde im gleichen Jahr bei der Weihnachtsfeier offiziell verabschiedet, wie ich später von einer Kollegin erfuhr. Als beste und älteste Mitarbeiterin der Schule wurde Gretel feierlich ein riesiger Blumenstrauß überreicht. Die Kollegin merkte dann, wie sie nach der Abschiedszeremonie ganz verloren dastand und keine Ahnung hatte, was man von ihr erwartete. Sie nahm meiner Mutter dann die Blumen ab und brachte sie nach Hause. Weder Malte noch wir Kinder erfuhren von der Verabschiedung und der Bedeutung der Blumen, die ihr Berufsende besiegelt hatten. Mein Vater sagte mir einige Zeit später, die Schule hätte ihr einfach keine Aufträge mehr gegeben, worüber Gretel enttäuscht gewesen sei.

Traurig darüber, keine Lehraufträge mehr zu bekommen, blieb Gretel noch eine letzte Privatschülerin, die schon seit über 20 Jahren regelmäßig zu ihr kam, um Spanisch zu lernen. Die Frau hatte eine Tochter in Südamerika, die sie manchmal dort besuchte. Sie war bestimmt zehn Jahre älter als Gretel und mittlerweile eine alte Dame geworden. Ich hatte sie besonders ins Herz geschlossen, da sie mir früher als Schulkind immer eine Tafel Schokolade zu ihrem Unterricht mitgebracht hatte. In ihrer Spanischstunde lasen die beiden seit jeher Artikel aus dem Wochenmagazin der spanischen Tageszeitung ›El País‹, die Gretel für die gemeinsame Lektüre ausgewählt hatte, und übersetzten die Texte ins Deutsche.

Frisch pensioniert ermunterte mein Vater Gretel, doch mal spanische Lieder in den Unterricht einzubauen oder Konversation zu treiben. Aber sie blieb unbeirrbar bei der Zeitschrift und dem dicken spanischen Wörterbuch zur Übersetzungsarbeit. Mein Vater ärgerte sich über Gretels mangelnde Flexibilität, aber bald konnte sie den Unterricht sowieso nur noch mit Müh' und Not über die Bühne bringen. Immer mehr Worte musste sie nachschlagen, und immer öfter war es ihre Schülerin, die ihr etwas erklären musste.

Schließlich übersetzte Gretel die spanischen Artikel wie einen schwierigen lateinischen Text: »Wo ist denn hier das Verb? Komisch, ist das hier etwa das Subjekt – das hat aber eine seltsame Form?«

Es gab dann einen Punkt, ab dem Gretels Schülerin eigentlich nicht mehr kam, um Spanisch zu lernen, sondern eher, um meiner Mutter Gesellschaft zu leisten. Für Gretel wiederum wurde die Situation immer rätselhafter. Da kam unangekündigt eine alte Frau, die ihr nur vage bekannt vorkam und brachte eine fremdländische Zeitung mit. Die blätterten sie dann zusammen durch, während die Frau ihr erklärte, was auf den Bildern zu sehen war oder was die Überschriften bedeuteten. Und dann zum Abschied drückte die Dame ihr etwas Geld in die Hand. Eines Tages sagte Gretels letzte Schülerin dann zu meinem Vater: »Es hat doch keinen Sinn mehr.« Und es war auch damit vorbei.

Mein Vater versuchte Gretel zu bewegen, noch an den Treffen ihrer Frauengruppe teilzunehmen, die sie Ende der 70er-Jahre mit aufgebaut hatte und deren treibende Kraft sie lange Zeit gewesen war. Ganz aus eigenem Antrieb aber wäre sie zu den Versammlungen, die nur noch alle paar Monate stattfanden, nicht mehr gegangen. Einzig ihrem Chor und Streichquartett hielt sie tapfer die Treue. Doch sie hatte immer größere Schwierigkeiten, musikalisch mitzuhalten.

Am Autofahren hielt sie jedoch partout fest. Sie war nicht bereit, einzugestehen, dass dies für sie und andere ein Risiko darstellte. Es hatte sich zwar durchgesetzt, dass Malte sie zu ihren Musikproben brachte, aber Gretel ließ das nur deswegen zu, weil Malte gerne dem Chor oder Streichquartett zuhörte und anschließend noch ein geselliges Abendessen stattfand. Ging es aber um die Frauengruppe, war seine Anwesenheit natürlich weitaus weniger passend, schließlich war die feministische Kernidee der Gruppe gerade die Abwesenheit von Männern. Normalerweise wurde Gretel von ihren Freundinnen abgeholt, aber die Gefahr, dass sie einfach mal selber losführe, lag ständig in der Luft.

Besonders brenzlig wurde es regelmäßig, wenn meine Eltern längere Strecken zurücklegten, etwa um mich in Berlin oder meine Schwester in Bielefeld zu besuchen. Der Gedanke, dass, wenn man gemeinsam irgendwohin fuhr, man auch wieder gemeinsam zurückkehrte, war meinen Eltern fremd. Der unbedingte Respekt vor der Freiheit und Unabhängigkeit des Partners war fester Bestandteil ihrer Beziehung. So bestand bei ihren Reisen immer die Möglichkeit, dass meine Mutter sich spontan entschloss, früher zurückzufahren als mein Vater, sie wollte ihm ja auch auf keinen Fall zur Last fallen. Dann führten wir Kinder taktische Telefongespräche, in denen wir überlegten, wer wann wie wo mitfahren könnte, um es irgendwie abzuwenden, dass Gretel allein im Auto fuhr.

Einmal waren Gretel und Malte wieder in Bielefeld, um auf ihre Enkeltochter aufzupassen, da meine Schwester zu einem Kongress gereist war. Sie waren am Wochenende angereist und sollten ein paar Tage bleiben, bis meine Schwester wieder zurückgekehrt war. Gretel stellte mit einem Blick in ihren Terminkalender fest, dass sie am Montag eine Chor-Probe hatte, bei der sie nicht fehlen wollte. Mit dem Zug zurückzufahren, lehnte sie ab, da sie über schmerzende Füße klagte. Stattdessen schlug sie Malte vor: »Fahr du doch mit dem Zug! Ich kann dich ja dann vom Bahnhof abholen.«

Sie ließ sich nicht umstimmen und setzte sich am Sonntagnachmittag ins Auto. Sie verfuhr sich dann auch prompt auf der gut 300 km langen Strecke und verlor bei Einbruch der Dunkelheit die Orientierung. Per Handy lotste mein Vater sie dann doch noch irgendwie nach Hause, wo sie Mitten in der Nacht völlig erschöpft anlangte.

Bald darauf kam dann die Nachricht, die ich so lange befürchtet hatte: Gretel hatte einen Unfall – wenn auch zum Glück nur einen sehr glimpflichen. Der Auffahrunfall ereignete sich bei uns zu Hause um die Ecke an einer Fußgängerampel. Es entstand nur geringer Sachschaden. Gretel schrieb selbst einen handschriftlichen Entwurf für den Bericht an die Versicherung. Das Abtippen und die Zeichnung zur Darstellung des Hergangs erledigte mein Vater. Gretel war rechts abgebogen und hatte sich so stark auf das Ampelsignal und mögliche Fußgänger konzentriert, dass sie vergaß, den Wagen wieder geradeaus zu steuern. Der Wagen blieb eingeschlagen und prallte rechts auf ein parkendes, jedoch besetztes Auto. Die Frau auf dem Fahrersitz blieb unverletzt. Zum Glück jagte der Vorfall Gretel einen derartigen Schrecken ein, dass sie von nun an darauf verzichtete, selbst am Steuer zu sitzen. Ich war froh, dass wir noch einmal heil davongekommen waren, aber es war natürlich schade, dass sie schon wieder eine Fähigkeit und ein Stück ihrer Selbstständigkeit eingebüßt hatte. Ihre Mobilität schrumpfte zusehends, ab und zu benutzte sie zwar ihr altes klappriges Fahrrad, aber eigentlich nur, um Einkaufstüten daran zu hängen.

Meine jüngere Schwester wollte Gretels Lust am Radfahren wieder neu entfachen und ihr zum Geburtstag eine Freude machen. Sie tat sich mit meinem Vater und seiner Mutter zusammen, und gemeinsam besorgten sie ihr ein schönes neues Fahrrad, das ihr die Angst vorm Fahren nehmen sollte. Eine Woche vor ihrem Geburtstag rief mich Gretel an und flüsterte: »David, die wollen mein altes Fahrrad weggeben«, sie klang als liefe sie Gefahr, sich zu verraten. »Die wollen mir ein Neues schenken, aber ich will das gar nicht.«

Ich versuchte sie davon zu überzeugen, dass es mit dem Geschenk gut gemeint sei und sie das neue Fahrrad doch erst einmal ausprobieren solle. Aber es nützte nichts. Das neue

Fahrrad rührte sie nicht an. Und auch von dem alten wollte sie nichts mehr wissen.

Nachdem ich mich längere Zeit nicht mehr zu Hause hatte blicken lassen, bekam ich kurz vor Weihnachten einen Brief von meiner Mutter mit einem 50-Euro-Schein darin:

> 22.12.07. Dia David, dass Du morgen kommst, macht mir den Tag schon jetzt zum Freudentag. Der 50er soll Dir die Fahrt hierher ein bisschen erleichtern.
> Ciao, Gretel.

Von dieser Verabredung wusste ich zwar nichts, und eigentlich hatte ich vorgehabt, erst an Heiligabend zu kommen. Ich hatte Gretel auch schon etliche Male erklärt, dass ich kein Geld mehr von ihr brauchte, aber ich freute mich natürlich trotzdem sehr über die freundliche Einladung und setzte mich ohne Umschweife in den Zug.

Doch als ich zu Hause angekommen war, verflog die Vorfreude schnell. Weihnachten war bei uns definitiv nicht mehr das, was es einmal gewesen war. Kinderland war abgebrannt! Dieses Jahr lagen keine Geschenke auf dem Gabentisch, sondern die Überraschung waren Staubfahnen und Dreck im Wohnzimmer. Keine Kerzen und kein Weihnachtsbaum waren besorgt, dafür gab es einige neue Merkzettel von meiner Mutter:

– *Was ist Schnauzreflex? MRT? Aromatische Anosmie?*
– *Wirkt ein selbstbestimmtes Leben der Demenz entgegen?*
– *Doktor will keine Medikamente verschreiben. Statt Demenz Depression?*

Meine ältere Schwester entdeckte im Kühlschrank jede Menge Nahrungsmittel, deren Verfallsdatum abgelaufen war. Seit Monaten überfällige Joghurts und Pasten reihten sich neben verschimmeltem Meerrettich und Senf. Wahrscheinlich lag hier die Ursache für Gretels missratene Salatsoßen. In den Schränken standen noch Gewürze aus den 80er-Jahren.

Nach der Küche inspizierten wir das Badezimmer. Der Duschkopf fehlte, dafür gab es auch hier Schimmel. Besonderes Augenmerk galt Gretels Medizinschränkchen. Es war schon immer eine Marotte meiner Mutter gewesen, abgelaufene Medikamente zu behalten. Ein überschrittenes Ablaufdatum muss ja noch lange nicht bedeuten, dass ein Arzneimittel unbrauchbar ist! Doch die an sich vernünftige Skepsis war außer Kontrolle geraten. Es fanden sich zehn bis 20 Jahre überfällige Tabletten und Cremes.

Auch in Gretels Zimmer herrschte ein heilloses Durcheinander. Sie hortete alle möglichen Sächelchen, die sie vor Maltes Aufräumarbeiten in Sicherheit gebracht hatte. Ihr Bett war mit diversen Plastiktüten behängt und erinnerte an das Lager eines Obdachlosen. Auf ihrem Nachttisch bewahrte sie in Servietten eingewickelte Brotrinden auf, in einer Strickjacke fanden wir zwei Hühnereier und in einem Socken tauchten Augentropfen auf: Jahrgang 1992.

Die Versuche meines Vaters, Ordnung ins Chaos zu bringen, liefen regelmäßig ins Leere.

»Räum doch in deinem Zimmer auf!«, blockte Gretel sein Bemühen ab. Darauf er:

»Dann kann ich hier eben nicht sauber machen!«

Zwischen meinen Eltern war ein Kleinkrieg ausgebrochen. Einer der zahlreichen Gegenstände dieses Kampfes war das Schuhwerk meiner Mutter. Gretel hatte schon immer Probleme mit den Füßen gehabt und über Schmerzen beim Laufen geklagt. Anfang der 90er hatte sie sich die schief gewachsenen Zehen operativ begradigen lassen. Das brachte viele Qualen, doch nicht den gewünschten Erfolg mit sich. Jetzt wurde das Thema akut, da Gretel sich wegen der Schmerzen immer öfter weigerte spazieren zu gehen. Nach einer Ärzteodyssee hatte mein Vater einen spezialisierten Schuster beauftragt, einen orthopädisch gerechten Schuh für sie anzufertigen. Doch sie befand das kostspielige Stück für zu eng und wollte es nicht anziehen. Der Schuster befand den Schuh für korrekt, Gretels Füße seien eben falsch. Mein Vater bat sie inständig, das maßgeschneiderte Stück einzutragen, doch dafür war der Schuh in ihren Augen zu neu und zu teuer. Sie stellte das neu glänzende Paar Schuhe demonstrativ ins Treppenhaus, um sie »zu schonen«. Meinen Vater ärgerte das sehr, denn sein Ziel war es gewesen, Gretel endlich wieder zum regelmäßigen Spazierengehen zu bewegen. Es war ein tägliches Ringen mit ihrem Widerwillen. Sie erklärte immer wieder, dass sie nicht hinaus wolle und vor allem nicht in den Park, weil ihr angeblich ständig kleine Steinchen in die Schuhe rutschten. Meist stellten sich die Steinchen lediglich als unangenehme Falte im Socken heraus. Das einzige Schuhwerk, das ihr keine Schmerzen verursachte und das sie ohne größere Diskussion anzog, waren ein paar alte ausgetretene Sandalen, die natürlich im Winter nicht gerade ideal waren. Da war es dann auch kein Wunder, wenn ihr tatsächlich Steinchen unter die Füße rutschten.

Ein weiterer Konfliktherd war das Radio. Mein Vater versuchte Gretel abzugewöhnen, es ständig laufen zu lassen. Gretel aber bemühte sich um das Gegenteil. Sowohl in der Küche als auch in ihrem Schlafzimmer gab es eine Deutschlandfunk-Dauerberieselung. Besonders nachts ging dies meinem Vater auf die Nerven. Er interpretierte ihre Radio-Obsession als Abwehrverhalten. Immer wieder, wenn er Gretel anhielt, etwas zu tun, sagte sie: »Pst! Das Radio läuft.«

Keine Wirtschaftskrise, kein politischer Umbruch durfte unbemerkt an ihr vorübergehen. Von den Unmengen an Berichten und Informationen blieb aber nichts hängen. Schon eine halbe Stunde später waren die gleichen Nachrichten wieder aktuell und spannend für sie – immerhin: So konnte das Radioprogramm nie langweilig werden! Wahrscheinlich wollte sie einfach auf dem Laufenden bleiben. Ohne Kurzzeitgedächtnis musste man doch ständig Angst haben, etwas Wichtiges zu verpassen oder vergessen zu haben. Mein Vater interpretierte Gretels Radiodauerprogramm als Zeichen ihrer Vereinsamung und reagierte resigniert.

Da es keine offizielle Demenz-Diagnose, also keine klare medizinische Erklärung für Gretels Veränderung gab, begann er hemmungslos zu psychologisieren. »Jetzt will sie mir heimzahlen, dass ich mich nicht genug um sie gekümmert habe!«

Die Konsequenz des diesjährigen ›Staub- und Schimmel-Weihnachten‹ war eine Krisensitzung von uns Geschwistern mit meinem Vater. Wir wollten ihn dazu bringen, sich Hilfe ins Haus zu holen. Ob er nicht eine Putzfrau bestellen wolle?

»Mir macht es aber Spaß, zu putzen! Ich möchte nicht, dass eine Putzfrau mir das wegnimmt, dass ich den Boden aufwische. Ich hasse Staubsauger. Ich möchte lieber mit der Hand schöne dicke Staubfahnen ernten. Es ist gut für den Rücken, wenn man ein bisschen kniet. Das ist wichtig, dass ich mich mal bücke, ich mache sowieso viel zu wenig Sport.«

Zum ersten Mal hatte ich ernstlich Sorgen, ob mein Vater das alles noch im Griff hatte. Gretel konnte zwar theoretisch noch vieles, aber sie hatte immer weniger Lust, sich selbst zu waschen oder umzuziehen, und man musste sie bei fast allen alltäglichen Verrichtungen anleiten. War sich mein Vater bewusst, was da auf ihn zukam?

»Ach wisst ihr, ich habe dieses Buch von John Bailey über seine Frau Iris Murdoch gelesen, die Schriftstellerin, die Alzheimer hatte. Er schreibt, wie er sich irgendwann einfach mit ihr ins Bett legte und alles im Chaos versinken ließ. Das sah er als beste Lösung, er fand das so richtig. Das finde ich auch eine Möglichkeit. Ein bisschen Chaos finde ich nicht so schlimm.«

Immerhin stimmte mein Vater zu, eine Pflegestufe für Gretel zu beantragen und sich um eine gesetzliche Vollmacht zu kümmern. Und was war mit Essen? Mein Vater hatte sich außer durch seine üppigen Obstsalate in diesem Bereich noch nie besonders hervorgetan.

»Dann koche ich halt was!«, entgegnete er trotzig.

»Aber es geht nicht darum, mal was zu kochen«, hielten wir ihm vor, »sondern um tägliche geregelte Mahlzeiten.«

»Dann lerne ich das eben jetzt!«

Wäre Gretel bei dem Gespräch dabei gewesen, hätte sie wahrscheinlich spitz kommentiert: »Wer's glaubt ...«

An Heiligabend war es jedenfalls Maltes 93-jährige Mutter, die zusammen mit meiner Schwester für ein festliches Mahl sorgte und das ›berühmte‹ Hühnerfrikassee nach Großmutters Rezept zubereitete. Die Kerzen leuchteten, und die Stimmung war prächtig, als wir uns versammelten. Urenkel, Enkel und Kinder saßen um meine würdevolle, ordentlich frisierte Großmutter herum, die geistig und körperlich noch gut beisammen war. Für meine Mutter waren solche großen Tischrunden schwierig geworden, sie konnte Gesprächen nicht mehr gut folgen, besonders, wenn durcheinandergeredet wurde. Aber heute Abend war Gretel wie ausgewechselt. Sie sah zwar etwas zerzaust aus, doch die Weihnachtslieder konnte sie noch ganz gut mitsingen. Die früher altbekannten Texte musste sie zwar ablesen, aber ein paar Zeilen aus den Refrains sang sie auswendig mit. Begeistert lauschte sie ihren beiden Enkeln, die ein Weihnachtsgedicht vortrugen und bedachte sie mit lautstarkem Applaus. An diesem Abend tat sich dann ein Kanal in ihr auf, aus dem lange verschüttete Erinnerungen hervorsprudelten. Sie erzählte Dinge aus ihrer Kindheit, von denen wir noch nie etwas gehört hatten. »Ich hatte früher immer so große Angst vor dem Weihnachtsmann«, erzählte Gretel. »Und in der Schule mussten wir ›Heil Hitler‹ rufen.« Demonstrativ hob sie dazu die rechte Hand und berichtete, wie der gestrenge Lehrer sich jeden Morgen ihre Hände und Fingernägel besehen hatte. Und wenn sie nicht fein sauber waren, gab es Hiebe mit dem Rohrstock. Gretel untermalte ihre Erinnerung, indem sie ihre Hände auf den Tisch legte und die Handflächen wie zur Inspektion nach oben drehte. Für einen Moment betrachtete sie ihre Hände, als ob sie selbst über ihr Erinnerungsvermögen staune. Vielleicht hatte sie aber auch einfach nur den Faden verloren.

Etwas später erinnerte sie sich plötzlich daran, wie sie mich einst als Baby nackt in ihrem Arm gehalten hatte und mir noch als ich schon fast zwei Jahre alt war die Brust gab: »Weil die tunesische Milch gefährlich war.« Ein Jahr nach meiner Geburt waren wir nach Tunesien gezogen, wo mein Vater für zwei Semester an der Universität unterrichtete.

Meine Großmutter nutzte die Gelegenheit, um wieder einmal ihre Bewunderung für Gretel auszudrücken, die unsere mehrjährigen Auslandsaufenthalte in Tunesien, später in Ecuador organisiert und sich dort unter schwierigen Bedingungen um Haushalt und Familie gekümmert hatte. Gretel reagierte auf das Loblied ihrer Schwiegermutter abwehrend. Sie mochte es nicht, wenn Aufhebens um sie gemacht wurde. »Ach was! War doch klar. Ich hab immer viel selber gemacht und auch mein Hochzeitskleid selber genäht. Ich hatte ja nichts.«

»Weißt du noch, Gretel«, erwiderte meine Großmutter, »damals in Tunesien hattet ihr ja wirklich nichts mehr.« Sie erinnerte daran, wie ein Brand an Bord des Frachters ausgebrochen war, der unsere Sachen nach Afrika transportieren sollte, und wie nur noch die verkohlten Reste unserer Habseligkeiten dort ankamen.

»Ich habe das eigentlich als Glücksfall empfunden«, kommentierte mein Vater die Katastrophe. »Wir waren eine Menge unnützen Krempel los und konnten das schöne leere Haus in aller Ruhe nordafrikanisch einrichten.« Gretel hatte allerdings mit einer großen Ladung Windeln aus Deutschland gerechnet, die bei der Havarie verbrannt war. Pampers waren damals absolute Mangelware in Tunesien, und als meine Großmutter ihren Besuch ankündigte, bekam sie den Auftrag, ein großes Paket mitzubringen. »Ich habe Gretel noch nie so freudig erlebt, wie bei meiner Ankunft mit den Windeln!«, stellte meine Großmutter fest, worauf Gretel reflexartig erwiderte: »Wie bitte? Ich? Das glaub' ich nicht!«

Meine Großmutter wurde daraufhin sehr nachdenklich und erzählte uns von der größten Katastrophe *ihres* Lebens: »Das hatte auch mit einem Unglück auf dem Meer zu tun und passierte nach dem Krieg.« Damals lebte sie mit ihrer Mutter, ihrem Mann und ihren ersten zwei Söhnen zusammen in einer Zweizimmer-Wohnung im zerbombten Hamburg. Meine Urgroßmutter wollte ihrer Tochter nicht zur Last fallen und entschloss sich, nach Australien zu reisen, wohin ihre zweitälteste Tochter ausgewandert war. Über ausländische Kontakte bekam sie nach monatelangen Bemühungen einen Platz für die Überfahrt auf einem Frachtschiff. Die Reise führte um die Südspitze Afrikas herum und sollte ungefähr sechs Wochen dauern. Unterwegs brach an Deck eine Gürtelrose aus; meine 70-jährige Urgroßmutter infizierte sich damit und erlag schließlich den Folgen der Krankheit. Am Kap der Guten Hoffnung wurde ihr Leichnam in Flaggentuch gewickelt und dem Meer übergeben. Mit dem Schiff erreichte nur noch das mütterliche Gepäck die Tochter in Sydney.

Für meine Großmutter in Hamburg war die Nachricht vom

Tod der Mutter der Schock ihres Lebens. »All die Briefe, die ich ihr geschrieben hatte, erreichten sie nie«, beendete sie tief gerührt ihre Erzählung und Tränen schossen ihr in die Augen. Sie fasste ihren Sohn dramatisch am Arm und sank von ihren Gefühlen überwältigt zusammen – offenbar ein Kreislaufzusammenbruch. Halb bewusstlos trugen wir sie ins Bett.

Nachts vor dem Einschlafen ging mir der Gedanke durch den Kopf, dass meine Mutter heute das gleiche Alter hatte, wie meine Urgroßmutter, als sie sich damals auf den Weg nach Australien machte. Auch Gretel hatte sich auf eine Reise begeben, sie entfernte sich stetig von uns und war immer schlechter zu erreichen. Niemand wusste, wie lange die Fahrt dauern würde, und sie führte in ein unbekanntes Land.

Beim Frühstück hatte sich meine Großmutter wieder einigermaßen erholt. Der Zusammenbruch an Heiligabend war ihr ausgesprochen peinlich: »Das muss am Rotwein gelegen haben. Irgendjemand hat mir ständig nachgeschenkt!« Sie konnte sich aber noch an alles gut erinnern, während Gretel in ihrem Zimmer saß und ihren Terminkalender studierte. Sie wollte nicht zum Frühstück kommen und rätselte über die Ereignisse des vorigen Abends: »Ich dumme Kuh weiß einfach nicht mehr, was gestern passiert ist.«

Sie war ganz niedergeschlagen, und die gute Laune der vergangenen Nacht war verflogen. Doch ich hatte durch ihren ›Erinnerungsflash‹ Hoffnung geschöpft, dass ihr Gedächtnisschwund vielleicht doch einer Depression geschuldet sein könnte. Ein Arzt hatte uns einmal erklärt: »Auf praktisch jeder Demenz sitzt eine Zeit lang eine Depression drauf.« Die Vermutung, meine Mutter sei vergesslich geworden, weil sie unter einer Depression litt, war mir eigentlich suspekt, aber natürlich musste einen das zutiefst deprimieren, wenn man mitbekam, wie sich die eigene Persönlichkeit langsam auflöste. Aber war Gretel nun vergesslich, weil sie traurig oder traurig, weil sie vergesslich war?

Ich konnte mir nicht vorstellen, dass diese lebensfreudige, selbstbewusste Frau insgeheim derartig niedergeschlagen gewesen sein konnte, dass sie eine ›Scheindemenz‹ entwickelte. Meine Schwestern sahen das anders und fanden es plausibel, dass Gretel lange Zeit ihr Leid nicht gezeigt und in sich hineingefressen hatte. Ich hatte ja grundsätzlich überhaupt nichts gegen eine Depression. Im Gegenteil, als seelische Krankheit war sie mir geradezu sympathisch, denn gegenüber Alzheimer hat sie einen unschlagbaren Vorteil: Sie ist heilbar!

»Da kommt ein Mann, der meinen Kopf untersuchen will«, flüsterte Gretel ein paar Wochen nach dem erinnerungsreichen Weihnachtsessen zu mir ins Telefon. »Das finde ich nicht so gut.« Sie beklagte sich auch über Malte: »Ständig organisiert er über meinen Kopf hinweg. Ich weiß von nichts! Wenn ich ihm etwas sage, macht er es mit Sicherheit nicht!«

Bald darauf rief mein Vater mich an und berichtete, dass Gretel ständig weine. Er wisse nicht mehr, was er noch machen sollte, sie komme gar nicht mehr aus ihrem Zimmer heraus, sondern glotze nur stundenlang in ihre Agenda. Ich hörte Gretel im Hintergrund schluchzen und schlug vor, er solle sie ans Telefon holen, damit ich sie aufmuntern konnte.

»Komm ans Telefon Gretel, dein Sohn David ist dran.«

»Nee, das will ich nicht«, hörte man sie leise.

»Komm doch, er freut sich.«

»Nein, ich kann nicht.«

»Gretel ist nicht kooperativ«, erklärte mein Vater trocken, während das Wimmern meiner Mutter im Hintergrund wieder lauter wurde.

War das die Depression, auf die ich gehofft hatte?

Kapitel 7
Vergessen zu vergessen

Es begann ganz sachte, Frühling zu werden, und ich hatte schon seit Längerem nichts mehr von zu Hause gehört. Ich hoffte inständig, die depressive Phase wäre endlich vorüber. Doch als eines Tages mein Handy klingelte und die Nummer meiner Eltern zeigte, befürchtete ich das Schlimmste.

»Hallo, David! Was machst du gerade?«, hörte ich dann zu meinem Erstaunen die gut gelaunte Stimme meiner Mutter.

»Ich rede mit meiner Mutter.«

»Dann sag ihr nicht dass sie Gretel heißt«, flüsterte sie auf einmal konspirativ.

Dann polterte und krachte es laut. Offenbar war ihr der Telefonhörer aus der Hand gefallen. Einen Moment lang hörte ich nur undefinierbare Geräusche und das Geschimpfe meiner Mutter, die vergeblich versuchte, den Hörer wieder in die Hand zu bekommen: »Ja wo ist er denn nur, Herrgottsakra! Ja wo hab ich ihn denn, ich Esel!« Schließlich gab sie einen Seufzer von sich, und ich hörte am knarrenden Fußboden, wie sie sich vom Telefon entfernte. »Gretel! Gretel! Ich bin hier!«, rief ich ihr hinterher. Und tatsächlich gelang es mir, ihre Aufmerksamkeit wieder zu wecken. Sie blieb stehen. »Hier bin ich, Gretel! Hier!« Sie kehrte um, folgte der Geräuschquelle und diesmal fand sie den Hörer, der sie beim Namen rief.

»Lebst du noch?«, fragte sie besorgt.

»Ja. Mir geht's gut.«

»Mach weiter so. Du hast überlebt«, sagte sie erleichtert.

»Das Telefon war gefallen, dummerweise hat mir das gefallen.«

Ich hatte Gretel zwar selten so verwirrt erlebt, aber war trotzdem froh, denn sie klang insgesamt gut gestimmt, viel besser als bei unserem letzten Telefonat. Zum Glück hatte sie ihren Humor nicht verloren – selbst wenn ihr mal der Sohn aus der Hand fiel.

Von meinem Vater erfuhr ich, dass Gretel mittlerweile ein Antidementivum bekam, also ein spezielles Alzheimer-Medikament. Das war endlich die Pille, die Gretel sich immer gewünscht hatte – nur dummerweise hatte sie ihren Wunsch mittlerweile vergessen, und mein Vater hatte seine liebe Not, sie zur regelmäßigen Einnahme der Tabletten zu bewegen. Leider bemerkte Malte nach vier Wochen Behandlung mit der Arznei keine Verbesserung ihrer geistigen Fähigkeiten, dafür aber eine deutliche Verschlechterung ihrer Verdauung.

Immerhin nannten die Ärzte jetzt endlich das Kind beim Namen und sprachen von einer Demenz bei Gretel. Eigentlich brauchte es für die spezifischere Diagnose von Alzheimer noch weitere Untersuchungen mit bildgebenden Verfahren, doch Gretel war mittlerweile so durcheinander, dass es unmöglich war, noch brauchbare Aufnahmen von ihrem Kopf zu erstellen. Die seltsame Apparatur eines Computer- oder Kernspintomographen jagte ihr größte Angst ein, und egal wie gut man ihr den Vorgang erklärte und sie beruhigte, sie hatte es sowieso gleich wieder vergessen. Wollte man sie in die Röhre eines Tomographen schieben, geriet sie in Panik, an Stillhalten war nicht zu denken.

Zur Untersuchung Gretels sollte eine Positronen-Emissions-Tomographie (PET) durchgeführt werden. Eine PET eignet sich besonders, die für Alzheimer typischen Eiweißablagerungen im Gehirn darzustellen. Gretel musste dafür einen riesigen Becher mit einer milchigen Flüssigkeit zu sich nehmen, die mit radioaktiven Partikeln versetzt war. Aber Gretel erklärte der Radiologin: »Das brauche ich nicht!« Worauf diese brüskiert erwiderte: »Ich bin hier die Ärztin!« Gretel fühlte sich durch die schroffe Reaktion in ihrer Verweigerung nur noch bestärkt und die Untersuchung musste abgebrochen werden. Mein Vater wunderte sich sehr über das unsensible Verhalten der Fachärztin und hätte ihr gerne eine Fortbildung in Sachen Demenz-Patientenbehandlung vermittelt.

»Letztlich ist es ja auch egal, wie man Gretels Demenz nennt«, erklärte er grimmig. »Ob Alzheimer, vaskuläre, frontotemporale, Lewy-Body oder Morbus Pick, die Symptome sind alle ähnlich und die medizinische Behandlung immer gleich sinnlos.«.

Selbst wenn das Antidementivum so wirkte, wie vom Hersteller gewünscht, könnte es den Verlauf der Krankheit lediglich um einige Monate aufschieben. Malte hatte in einem Forschungsmagazin von einem Wissenschaftler gelesen, der die Suche nach einem wirkungsvollen Medikament für Alzheimer mit den Worten kommentierte: ›Wie soll man das Gehirn heilen, wenn man gar nicht versteht, wie es funktioniert?‹

Malte fand nicht, dass sich Gretel seit Einnahme des Medikamentes auch nur vorübergehend stabilisiert hätte; seiner Wahrnehmung nach hatte sich ihr Zustand sogar rapide weiter verschlechtert. Ihre gehobene Stimmung könnte mit dem Neuroleptikum, dem ›Nervendämpfungsmittel‹ zusammenhängen, das Gretel seit einer guten Woche zusätzlich bekam. Der Arzt hatte gesagt, das Mittel werde »ihr Misstrauen und ihren Rückzug aus der Umwelt« vermindern. Aber Malte war auch hier skeptisch. Gretel sei zwar nicht mehr so weinerlich und niedergeschlagen, wirke aber insgesamt noch passiver und schlaffer als vor der Einnahme des Antipsychotikums. Wahrscheinlich hänge ihre Gewichtszunahme auch damit zusammen.

Gretel war mittlerweile in die Pflegestufe eins eingestuft worden und meinem Vater standen monatlich 225 Euro von der Kasse zu, die er für Gretels Betreuung einsetzen konnte. Er hatte mit einer Frau von der Caritas besprochen, eine Hilfe zu organisieren, die ihm ein-, zweimal die Woche die Möglichkeit geben würde, für eine Stunde wegzufahren, um etwas zu besorgen oder Sport zu machen. Mit Pflegestufe zwei könne man natürlich viel mehr machen, sagte er mir, aber es sei schwierig, eine beginnende Demenz so einordnen zu lassen, denn dann müsse man wieder zum Arzt und sich mit einem Gutachter herumschlagen. Meinem Vater wurde sogar ein sogenannter ›Pflegestufenheber‹ empfohlen, der ihm helfen könne, die erwünschte Einstufung zu erreichen. Bei einem solchen ›Fachmann‹ handelt es sich meist um einen ehemaligen Mitarbeiter des MDK (Medizinischer Dienst der Krankenkassen), der früher selber als Gutachter Pflegestufen erteilte. Malte sollte zur Vorbereitung auf den nächsten Antrag ein Pflegeprotokoll führen und schickte mir eine Liste von Gretels Symptomen:

Übelkeit, Müdigkeit, Schwäche, Nase läuft, Angst, Wortfindung gelingt nicht mehr, Merken ist unangenehm, manuelle Fähigkeiten wie z. B. Hosehochziehen nach Klogang verringert; kann nichts Hartes mehr beißen, isst am liebsten Butter pur, Angst vor nass, kalt, heiß, scharf, alles mögliche schmeckt nicht mehr, liegt mit geschlossenen Augen auf dem Rücken im Bett, Vorhänge geschlossen bei Sonne, Spaziergänge länger als eine halbe Stunde schwierig, Tages- und Nachtkleidung wird durcheinandergebracht.
Medikation: Arizept 10 mg (Antidementivum), Risperdal 0,5 mg (Neuroleptikum). Bringt jedoch keine Verbesserung. Heute, 14.05.08, musste ich das Frühstücksei füttern.

Vor allem klagte Malte über Gretels »Bockigkeit«, mit der er ständig zu kämpfen habe. Ihr Widerwille sei der letzte Rest ihres Egos, das um sein Dasein ringe. »Ich kann Gretel auch gut verstehen«, erklärte er mir am Telefon. »Man bevormundet sie ja die ganze Zeit von früh bis spät. Meine Enttäuschung darüber, dass sie nicht so will wie ich, macht es nur noch schlimmer. Sie zieht sich immer weiter in ihr Schneckenhaus zurück. Am liebsten bleibt sie den ganzen Tag in ihrem Zimmer und steht nur noch zum Essen auf. Ständig fragt sie: ›Wann gibt's was zu futtern?‹, auch wenn wir gerade erst gegessen haben.«

Malte plagte die Sorge, Gretel werde bald auch noch ihre letzten Interessen aufgeben. Er musste mit ihr um jedes bisschen Aktivität feilschen. Gretel erfand jetzt immer öfter Ausreden, um nicht zu ihrer Chor- oder Quartettprobe zu müssen. Sie behauptete beispielsweise, sie könne die Noten nicht finden oder habe nicht genug geübt. Kurz vor der Abfahrt zur Probe stellte sie auf einmal fest, dass sie sich einige Tage zuvor in den Finger geschnitten habe und deshalb nicht spielen könne. Malte empfand das als faule Ausrede und organisierte eine Musikstudentin, die Gretel beim Üben ihres Geigenspiels unterstützen sollte. Doch Gretel lehnte das ab: »Ich kenne die doch gar nicht.« 20 Euro die Stunde seien auch viel zu teuer und zum Üben bräuchte sie keine Hilfe.

Wie mühsam musste es für meinen Vater sein, ständig gegen den Willen seiner Frau zu arbeiten! Ich war erstaunt, mit wie viel Energie und Fantasie er versuchte, Anregungen zu schaffen. So hatte er angefangen, Flötenunterricht zu nehmen, um gemeinsam musizieren zu können. Außerdem hatte er sich in Gartenarbeit gestürzt, in der Hoffnung, Gretel würde daran auch Freude finden. Aber es schien, als ob er mit seinen Ideen zu spät kam. Gretel machte keine Anstalten, sich durch sein schiefes Flötenspiel zum Geigen animieren zu lassen.

»Und überhaupt das ganze Haus«, seufzte mein Vater am Telefon, »sie hat sich früher um das Haus gekümmert. Dass es für sie gut wäre, zu renovieren, anzustreichen oder Blumen zu pflücken, eine handwerkliche Beschäftigung zu finden: Das sieht sie nicht ein.« Bisweilen klang bei all seinem Elan auch ein tiefer Fatalismus bei ihm durch: »Wenn Gretel so weitermacht, lebt sie vielleicht noch ein Jahr. Sie kann irgendwann nicht mehr sprechen, nicht mehr aufs Klo gehen, und was dann?«

Mich erschreckte dieser düstere Ton: War es wirklich schon so weit? Ich konnte mir das nicht vorstellen, und Maltes Pessimismus deckte sich auch nicht mit dem Eindruck meiner Schwestern. War mein Vater mittlerweile selbst depressiv geworden? Übers Telefon konnte ich das nicht beurteilen. Ich musste hinfahren und mir ein Bild der Lage verschaffen.

Im folgenden Herbst 2008, über zwei Jahre nach Gretels verhängnisvoller Hüftoperation, zitterte die Welt angesichts der Bankenkrise, während ich mit dem Zug in Deutschlands Finanzhauptstadt Frankfurt einfuhr. Ich sah die glitzernden Spiegeltürme der Deutschen Bank und dachte, dass auch ein nicht-dementer Mensch die Welt nicht im Entferntesten verstehen konnte. Beim Zeitunglesen wurde mir schwindlig von den unvorstellbaren Geldsummen. Mein Vater hatte mir von der Teilschuld der Mathematiker erzählt, die die Computerprogramme entwickelt hatten, aufgrund von deren Prognosen und Hochrechnungen die Transaktionen durchgeführt wurden, die jetzt die Banken und das Weltwirtschaftssystem an den Rand des Abgrunds gebracht hatten.

Eigentlich wollte mich mein Vater am Frankfurter Hauptbahnhof abholen, aber jetzt erhielt ich per SMS die Nachricht, dass er sich verspätete, sodass ich mich entschloss, mit der S-Bahn weiterzufahren. Der trübe Herbstnachmittag war noch düsterer geworden, als ich eine halbe Stunde später in der ›Kur- und Kongressstadt‹ Bad Homburg anlangte. Als mich auch dort niemand erwartete, machte ich mich zu Fuß auf den Weg. Da fiel mir das Auto meiner Eltern auf, das im absoluten Halteverbot einer Bushaltestelle stand. Zuerst sah ich nur meinen Vater am Steuer sitzen, aber beim Näherkommen bemerkte ich meine Mutter auf der Rückbank. Ich öffnete die Beifahrertür und begrüßte meinen Vater, der den Gruß mit einem leicht gequälten Lächeln erwiderte. Dann beugte ich mich zu meiner Mutter nach hinten, die etwas zerzaust wie ein ungezogenes Mädchen auf dem Rücksitz schmollte. »Hallo Gretel! Wie schön, dass du gekommen bist!«

»Naja, so schön ist das nicht«, nuschelte sie trotzig, »aber besser als nix!«

Ich lächelte ihr zu, und Malte fuhr los. Er habe sich verspätet, da Gretel und er vor der Abfahrt einen kleinen Kampf ausgetragen hätten. Sie hatte ihm partout nicht geglaubt, dass sie ihren Sohn am Bahnhof abholen sollten.

»Und als wir dann endlich im Auto saßen, wollte sie sich nicht anschnallen.«

»Bei dir piepst es wohl!«, protestierte Gretel von hinten gegen die ›üble Nachrede‹, und wir lachten alle.

Der Abend verlief friedlich und jeglicher Groll schien verflogen. Mein Vater hatte Abendessen gemacht – seine Rolle als Koch hatte er mittlerweile angenommen; er sah die Küche als neues Forschungsgebiet, wo es laufend neue Rezepte zu erfinden galt: Heute bestand das Menü aus Kabeljau mit Ananas, als Nachtisch gab es Quittenbrot mit Minze aus dem Garten.

Ich hatte zur Aufheiterung Gretels Lieblingsserie *Fawlty Towers* mitgebracht, war mir aber nicht sicher, ob Gretel mit der britischen Sitcom noch etwas anfangen konnte. Die Serie drehte sich um ein marodes Hotel an der Südküste Englands, das von einem unfähigen Hotelbesitzer geführt wurde. Normalerweise verlor Gretel beim Fernsehen schon nach ein paar Minuten die Lust am Zuschauen, doch *Fawlty Towers* sah sie mit größtem Vergnügen. Sie konnte sich zwar nicht entsinnen, die Serie schon einmal gesehen zu haben, aber Erinnerungen weckte sie trotzdem. »In genau so einem Hotel hab ich mal gearbeitet! Das war genau dort! Der Chef war auch genauso und nichts hat da funktioniert.« Sie verfolgte die Episode aufmerksam bis zum Ende und kommentierte: »Ich hab' damals Englisch studiert und Paul Anka gehört. Morgens bin ich immer unten im Meer schwimmen gegangen.« Dass sie mir für meine Bewerbung an der Filmhochschule vor bald zehn Jahren eine Geschichte über ihre Erlebnisse dort geschrieben hatte, wusste sie nicht mehr, aber die Zeit selbst, die 50 Jahre zurücklag, war ihr lebendig vor Augen. »Ich habe mich in den Bademeister verliebt und Gedichte von T. S. Eliot gelesen.«

Malte hatte Gretel schon lange nicht mehr so angeregt erlebt wie an diesem Abend und auch später, als ich zum Gute-Nacht-Sagen bei ihr am Bett saß, war sie noch in Erinnerungsstimmung: »Ich weiß noch, wie ich Malte sagte: ›Ich will noch ein Kind, drei sind am besten!‹ Aber Malte wollte das gar nicht.« Ich guckte erstaunt und sie schenkte mir ein mitfühlendes Lächeln: »Willst du denn eigentlich Kinder?«

»Ja klar, im Grunde schon.«

»Denen ginge es bestimmt gut. Aber ich weiß ja, dass man das nicht allein machen kann.«

Das hatte Gretel ganz richtig erkannt! Aber stimmte es, dass mein Vater mich eigentlich gar nicht hatte haben wollen? Wenig später, bei einem Gute-Nacht-Bier in der Küche, sprach ich Malte darauf an. Er zog gedankenvoll die Augenbrauen hoch und grübelte: »Naja, so kann man das eigentlich nicht sagen, dass ich dich nicht wollte. Aber es stimmt, dass Gretel mir hin und wieder einmal vorgeworfen hat, ich hätte mich um dich als Kleinkind nicht richtig gekümmert.«

Ich hatte mich als Kind zwar nie vernachlässigt gefühlt oder eine ›Lücke‹ durch einen ›abwesenden‹ Vater empfunden, aber wahrscheinlich hatte sich meine Mutter immer so intensiv um mich bemüht, dass gar keine solchen Gefühle hatten entstehen können.

Am nächsten Morgen war das Hochgefühl des Abends schon wieder verflogen. Als ich zum Frühstück herunterkam, versuchte Malte gerade, Gretel zum Aufstehen zu bewegen. »Komm, Gretel, es gibt Frühstück. Dein Sohn ist zu Besuch und will jetzt mit uns frühstücken!« Mein Vater hatte Obstsalat vorbereitet, doch das schien meine Mutter nicht zu interessieren. Frustriert kam Malte aus ihrem Zimmer und wir tranken zusammen Kaffee. Die Nacht war ruhig verlaufen, Gretel sei nicht »gewandert«, soweit er das beurteilen könne. Meistens irre sie nachts auf der Suche nach der Toilette umher. Aber das größte Problem sei bei ihr nicht das Herumirren oder Weglaufen, sondern dass sie einfach nicht aus dem Bett komme. »Versuch' du mal dein Glück bei ihr!«, ermunterte er mich. Ich ging in Gretels Zimmer und fand sie aufrecht in ihrem Bett sitzend. Sie hatte tiefe Sorgenfalten im Gesicht und blätterte in ihrem Terminkalender.

»Ich weiß nicht, wie ich das schaffen soll«, murmelte sie.

»Was sollst du denn schaffen?«

Sie zeigte mir ihre Agenda, in der es vor Notizen und losen Zetteln nur so wimmelte. Teils waren die Notizen mit Büroklammern an die Kalenderseiten geheftet. Es sah äußerst unübersichtlich aus – kein Wunder, dass man da den Überblick verlor. »Ich kann das nicht mehr. Ich kann das nicht«, stöhnte sie kopfschüttelnd. »Es ist furchtbar, ich soll die Kinder abholen, sieh mal!« Sie zeigte mir einen ihrer Merkzettel:

Freitag (16. Nov.) 14.00 abfahren: Vom Kindergarten Mick + Leon abholen: 10 Min. vor 15.00 (oder viertel vor 3) Dann zur Akademie – wenn möglich um 15.15 dort ankommen und Leon abgeben bis 16.30, dann mit Mick spielen, z. B. im Café – Leon um 16.30 abholen und zu uns nach Hause fahren. Um 18.00 kommt Anna mit Zutaten für eine Kartoffel-Gemüse-Suppe. Ich mache Salat.

»Gretel, mach dir keine Sorgen«, versuchte ich sie zu beruhigen. »Ich glaube, der Zettel ist nicht aktuell. Wir haben doch Oktober und hier oben steht November.«

»Oh je, dann kommt das also alles noch?«

»Naja, ich glaube eher, dass der Zettel vom letzten Jahr ist.«

Gretel hatte nichts lieber gehabt, als sich um ihre Enkelkinder zu kümmern. Sie hatte ihnen vorgelesen oder mit ihnen Würfel gespielt. Doch all das überforderte sie mittlerweile. Die beiden Jungs waren auch wilder geworden und machten viel Radau.

»Ja, das ist ein Trauerspiel«, sagte mein Vater, als ich ihm von Gretels Sorgen erzählte. »Sie hat Angst, dass sie das nicht mehr leistet, was die Enkelkinder fordern, möchte es aber eigentlich gerne. Wir hatten doch immer diese Abmachung: Mittwochs holen wir die Kinder von der Schule ab. Und da hatte ich schon den größten Krach mit Gretel, weil sie plötzlich sagte: ›Ich kann nicht mehr, ich kann nicht.‹ Ich habe mir einmal den Zeh gebrochen, als ich vor lauter Wut, nachdem ich sie beredet hatte, gegen die Tür getreten habe, weil die Kinder in der Schule auf uns warteten und ich nicht losfahren konnte, weil sie nicht mitwollte.«

In dem Moment kam Gretel im Nachthemd mit verstrubbelten Haaren in die Küche geschlurft und fragte uns mit großen Augen: »Gibt's hier vielleicht was zu futtern?«

Zwei Stunden später hatte meine Mutter zwar gefrühstückt, sich aber gleich darauf wieder hingelegt, und gegen Mittag ging das Spiel wieder von vorne los. »Komm Gretel, wir gehen zusammen in den Garten runter«, versuchte mein Vater sie zu motivieren, »und ich zeige dir, welche Blumen noch blühen. Die Dahlien sehen noch ganz prächtig aus!« Keine Reaktion. Er probierte einen anderen Ansatz: »Gretel, du hast doch früher morgens im Garten diese Qi-Gong-Übungen gemacht. Wollen wir das nicht mal wieder probieren? David macht auch mit.« Doch sie biss auch darauf nicht an.

Das Haus, in dem meine Eltern wohnen, hat die Adresse ›Am Mühlberg‹ und liegt über einem relativ steil abfallenden, terrassenartigen Garten, den man sich als kleinen Weinberg vorstellen könnte. Vor vier Jahren hatte die Hausbesitzerin beim Laufen im Wald einen Schlaganfall erlitten und war ins Koma gefallen. Ihre Wohnung im Erdgeschoss des zweistöckigen Hauses stand seitdem leer und der Garten war zum Großteil verwildert. Meine Eltern hatten sich in den 20 Jahren, die sie hier bis zur Pensionierung meines Vaters gewohnt hatten, nie weiter für das Grundstück interessiert. Aber als mein Vater erkannte, dass er nicht so ohne Weiteres ins Ausland gehen konnte, sondern sich um Gretel kümmern musste, begann er, sich botanischen Aufgaben zu widmen. Statt die Gipfel der Anden in Südamerika zu bezwingen, kniete er in einem hessischen Kleingarten, um Unkraut zu rupfen. Er wollte seiner vergesslichen Frau etwas Schönes schaffen, das sie ohne Mühe genießen konnte. Mittlerweile hatte er Blumenbeete angelegt, Kräuter gepflanzt und Wege ausgebessert. Der Garten besaß nun eine romantische Rosenhecke und an der Treppe, die vom Haus in den Garten führte, rankten sich im Frühling hellblaue Königswinden am Geländer empor, die einen zum Rundgang einluden. Jetzt im Herbst hatte ein kräftiger Kürbis das Terrassengeländer umschlungen und zeigte stolz seine dicken orangenen Früchte.

Nachdem Malte vergeblich versucht hatte, Gretel zum Mitkommen zu bewegen, ging er mit mir in den Garten hinunter, um mir eine Führung zu geben. Im Spätherbst war es dort natürlich nicht mehr so farbenfroh, das sonst grellbunte Lilienbeet war wie erloschen und auch der Duft von Salbei und Thymian lag nicht mehr in der Luft wie im Sommer. Aber die dicken Dahlien leuchteten tatsächlich unverschämt gelb aus der grau-braunen Umgebung hervor. Auch rosafarbene Chrysanthemen waren noch zu sehen und mein Vater machte mich auf blau-violette Herbstastern aufmerksam, die sich wacker dem bedeckten Himmel entgegenreckten. Malte trug Gartenhandschuhe und hatte ständig hier und da etwas zu tun. »Der Plan war, dass wir hier ein gemeinsames Betätigungsfeld finden«, erzählte er, während er altes Laub vom Weg räumte. »Das war ein Schlag ins Wasser.« Er führte mich weiter, vorbei an einem Beet mit über einem Dutzend riesiger verblühter Sonnenblumen. Einige der Pflanzen waren fast drei Meter hoch und bogen sich unter der Last der mächtigen Köpfe weit nach unten. Mein Vater hielt an und blickte an den ausgebrannten, herabhängenden Blütenköpfen vorbei hoch zum Haus, wo man Gretels Schlafzimmerfenster sah. »Ich habe gedacht, dass Gretel hier irgendwie Anschluss findet, eine Tätigkeit mit den Händen, die sie ausüben kann, auch wenn sie ihr intellektuelles Selbst verliert.« Über Maltes Kopf schwankte eine der müden Sonnenblumen, als suche sie eine Stütze. »Aber sie weigert sich einfach, in den Garten herunterzukommen. Sie hat Angst, hier Schritte zu machen. Ich bin froh, wenn sie überhaupt mal auf den Balkon kommt, um Blumen anzusehen. Dann sagt sie: ›Sehr schön, habe ich auch schon mal gesehen.‹, und geht wieder rein. Und wenn es dann doch einmal klappt, wenn sie herunterkommt und etwas schön findet, hat sie es sowieso gleich wieder vergessen. Man fragt sich, was da der Sinn ist.«

Mein Vater führte mich weiter durch den Garten hinab, vorbei an einem verwilderten Distelbeet, unter einem Kirschbaum hindurch, wo wir uns an einem Himbeerstrauch vorbeidrängten. Hier hörte der mit Steinplatten ausgelegte Weg auf und es ging unbefestigt und steil weiter. Malte plante unterhalb des Kirschbaums eine lauschige Terrasse anzulegen. Er hatte schon eine große Menge Steine aufgeschichtet und eine Begrenzung für die rustikale Veranda gebaut, die er nächstes Jahr mit Rhododendren bepflanzen wollte.

»Wenigstens einmal ein Unkräutchen zu rupfen – das bringt sie nicht über sich. Ein einziges Mal hat sie mir geholfen, Steine hier herunterzubringen. Sie hat sich ihre Schürze angezogen und darin Steinchen transportiert. Das hat mich sehr gefreut. Das war's dann aber leider auch schon.« Malte blickte gedankenverloren in ein Brennnesselfeld, in dem es zwischen den Laubblättern verdächtig raschelte. »Die Igel lieben das hier, aber Gretel? Es wundert mich, dass sie die ganze Gartenarbeit als nicht zu ihrer Person oder ihrer Welt gehörig empfindet. Denn sie hat durchaus von ihrem Architektenvater viel Schönheitssinn und auch gestalterisches Talent geerbt.« Malte kniete nieder, um ein kleines Blümchen zu pflücken. »Sieh mal, wie süß! Ein Windröschen.« Er drehte das Pflänzchen mit einer hellrosa Blüte zwischen den Fingern. »Die findet man nicht so einfach. Ich glaube, dazu sagt man auch Herbst-Anemone.« Für einen Moment versank er in den Anblick. »Was Gretel noch macht und was ich ganz toll finde, ist Minimal-Blumen-Schmuck. Sie nimmt ein einzelnes Blütenblatt oder eine winzig kleine Margerite, legt sie auf einen Teller oder stellt sie in ein Schnapsgläschen – was sie gerade entdeckt. Das finde ich großartig. Das ist irgendwie auch ihre

Erfindung. Dass das so schön ist, so was Winziges. Und die Leute sehen da auch hin. Es ist ein Aufmerksamkeitsfänger, eben weil es so klein ist.«

Auf dem Rückweg versuchte ich meinen Blick für das Unscheinbare zu schärfen, aber ich sah nur unwegsames Gelände mit spitzen Stolpersteinen und glitschigem Blattwerk.

»Und wie geht's dir jetzt so mit Gretel?«, fragte ich meinen Vater, während ich ihm half, vor dem Hintereingang des Hauses einen Rhododendron umzutopfen. Über uns streckte ein großer Feigenbaum seine Äste aus, an dem noch vereinzelte Blätter hingen.

»Naja, weißt du«, mein Vater hielt dabei inne, Erde in einen Blumentopf zu schaufeln, »wenn eine Person zerstört wird, ihr das Gehirn gleichsam abgesaugt wird, dann identifiziert man sich auch ein bisschen damit.« Jetzt stand er auf und pflückte ein abgestorbenes Blatt vom Ast des Feigenbaums über ihm. »Gerade wenn man älter wird, bekommt das Erinnern ja einen ganz anderen Stellenwert. In seiner Jugend denkt man ständig an die Zukunft, aber irgendwann kehrt sich die Denkrichtung um, und man schaut zurück. Das muss man ja machen, sonst ist das Leben doch umsonst! Viele Leute finden das Alter ja gerade deswegen schön. Alle Menschen sterben irgendwann, Millionen verschwinden ins Nichts, aber sie können in der Erinnerung fortleben.«

Die Worte meines Vaters blieben mir den Tag über im Kopf und ich dachte an einen Satz von Jean Paul, einem Dichter, den mein Großvater sehr geschätzt hatte:

Die Erinnerung ist das einzige Paradies,
aus dem man nicht vertrieben werden kann.

Ein Blatt Papier mit diesem Zitat hatte meine Großmutter neben einer Büste ihres verstorbenen Mannes auf einer Kommode liegen, wo sie nach dem Tod ihres Mannes eine kleine Gedenkstätte eingerichtet hatte. Den Satz von Jean Paul fand ich immer einleuchtend und tröstlich, aber seit meine Mutter ihr Gedächtnis verlor, dachte ich, dass wir auch im Paradies der Erinnerung nicht vor Vertreibung sicher sind.

Ich hatte mir vorgenommen, zum Abendessen mit Gretel eine thailändische Suppe zu kochen, die sie mir beigebracht hatte und die ich auf keinen Fall vergessen wollte.

»Gretel, wir machen heute eine Tom-Kha-Gai-Suppe mit Kokosnussmilch.« Wie von einem Zauberwort erweckt, stand Gretel von ihrem Bett auf und ging in die Küche, um sich eine Kochschürze umzubinden. »Gibt's endlich was zu futtern?«

»Ja, bald, aber wir müssen erst noch etwas einkaufen.«

»Um Gottes Willen!«, sie schaute mich bestürzt an, »Ich hab' überhaupt kein Geld mehr!«

Als wir schließlich mit Einkaufstasche und Rucksack auf der Straße standen, war ich erleichtert, aber dann wurde mir schlagartig bewusst, dass ich völliges Neuland betrat: Zum ersten Mal nahm nicht meine Mutter mich, sondern ich sie zum Einkaufen mit. Sie hatte keine Ahnung, wo es hingehen sollte. Es war an mir, zu entscheiden, wo es lang ging. Mir kam es vor, als sei ich mein ganzes Leben lang einfach meiner Mutter hinterhergetrottet und plötzlich hätte jemand den Autopiloten ausgestellt und mir das Steuer in die Hand gedrückt. Dummerweise wusste ich nicht so genau, in welche Richtung wir gehen sollten. Ein paar Sachen für die Thai-Suppe – wie Koriander oder Zitronengras – waren gar nicht so einfach zu besorgen. Ich versuchte mich zu erinnern, wohin meine Mutter früher zum Einkaufen gegangen war und peilte als erstes einen türkischen Gemüsehändler an.

»Was suchst du denn?«, fragte mich meine Mutter vor der Gemüse- und Obstauslage auf der Fußgängerzone.

»Koriander.«

»Koriander? Ich dumme Kuh weiß nicht mal mehr wie Koriander überhaupt aussieht.«

»Geht mir ganz ähnlich«, murmelte ich für mich und versuchte, das Gewürz zu finden, von dem ich immerhin wusste, wie es roch und schmeckte. Mir fiel auf, dass sich Gretel ihres Unvermögens zwar bewusst war, trotzdem aber bei guter Laune blieb. Sie beugte sich neugierig über eine Gemüsekiste: »Und so was Grünes, sollen wir das noch mitnehmen?«

»Salat? Das brauchen wir jetzt grad nicht für die Suppe. Aber das Rote da.« Ich zeigte auf Tomaten und sie half mir sogleich, sie in einer Tüte zu verstauen. Sie wusste offenbar nicht, wozu die Sachen gut sein sollten, aber es machte ihr einfach Spaß, etwas mit mir zusammen zu unternehmen. Hatte sie mittlerweile vergessen, was sie früher einmal alles gewusst hatte, und konnte sie deswegen auch nicht mehr traurig über den Verlust ihres Wissens und ihrer Fähigkeiten sein?

Als wir wieder zu Hause waren, stellten wir uns in die Küche und ich leitete Gretel beim Schneiden der diversen Zutaten an. Zuerst hatte ich Sorge, sie könne sich mit dem scharfen Messer schneiden, aber Gretel ging sehr geschickt damit um und schnitt die Tomaten in extra dünne Scheiben.

»Ich hab' mal Kartoffeln geschält in 'ner Fabrik«, kommentierte sie lapidar. Tatsächlich hatte sie vor ihrem Studium in Hamburg, während eines ›Werksemesters‹, in der Kantine einer Eisenhütte gearbeitet.

»Und wie war das in der Fabrik?«, fragte ich – ich holte eine der vielen Fragen nach, die ich ihr leider nie zuvor gestellt hatte. Aber das Erinnerungsfensterchen hatte sich schon wieder geschlossen.

»Keine Ahnung«, antwortete sie und schien sich daran kein bisschen zu stören. Ihre ganze Aufmerksamkeit galt den Tomaten, die sie mit großem Geschick in immer dünnere Scheiben schnitt, als handelte es sich um Knoblauch oder einen delikaten Käse.

Als ich bald darauf die fertige Suppe fürs Abendessen ins Wohnzimmer brachte, saß Gretel bereits mit meinem Vater am Tisch. Malte studierte den Text eines neapolitanischen Liebesliedes, während Gretel sich intensiv mit ihrem Terminkalender beschäftigte.

»Bist du am 4. November gekommen?«, fragte sie mich aufgrund einer Eintragung.

»Nein, nicht November. Jetzt ist Oktober, Gretel. Zeig' mal! Der Kalender ist doch von 2007 und wir haben 2008.«

»Ach so!« Sie stand auf, verschwand in ihrem Zimmer und kam mit ihrer Agenda von 2008 zurück. Nach einigem Blättern und Nachforschen fand sie schließlich heraus:

»Du bist also am 21. Oktober gekommen. Ein Dienstag.«

»Genau. Das war gestern.«

Bald nach meinem Besuch ließ mein Vater versuchsweise sämtliche Medikamente für Gretel weg und fand, dass es ihr anschließend deutlich besser ging. Ohne Mittel gegen Demenz, Depression und Herzrhythmusstörung hatte Gretel auffallend weniger Verdauungsschwierigkeiten und wirkte insgesamt munterer und aktiver. Zwar war sie völlig desorientiert und immer verwirrter, aber wenigstens nicht mehr unglücklich. Es schien so, als hätte sie mittlerweile ihr Vergessen vergessen. Von dem Ballast ihrer alten Identität befreit, konnte sie einem jetzt ganz erstaunliche Dinge zeigen: »Guck mal, dein Kopf hat keine Nase«, beobachtete sie bei unserem nächsten gemeinsamen Abendessen. »Und jetzt ist sie wieder da.« Ich folgte ihrem Blick zu meinem Schatten an der Wand hinter mir. Tatsächlich erschien dort der Schatten meines Kopfes entweder mit oder ohne Nase, je nachdem wie ich mich drehte.

Beim Spaziergang im Park am nächsten Morgen zeigte Gretel mir Vögel, »die Äste festhalten«, und verstand die Frösche, die »korrekt, korrekt« quakten. Das Geschnatter der Enten vom See übersetzte sie mit: »Alles in Ordnung, alles in Ordnung«.

Als ein kleines Blatt über den Weg wehte, hielt Gretel voller Mitgefühl inne: »Oh, das Arme ...« Wir sammelten daraufhin ein paar verlorene Herbstblätter auf, die sich Gretel als Schmuck an ihre Jacke steckte. Zu einem noch relativ grünen Blatt sagte sie schmunzelnd: »Oh, ein ganz junges. Das weiß noch gar nicht, wie es ist, alt zu sein.« Als wir zu einem großen alten Baum mit ungewöhnlich tief hängenden Zweigen kamen, ging Gretel neugierig näher heran. Auf dem Stamm war eine Plakette mit der Aufschrift: *Mississippi-Sumpf-Zypresse, Ursprungsland: USA*. Gretel erklärte mir beim Weitergehen, dass sie sich das jedes Mal versuche zu merken, es am nächsten Tag aber schon wieder vergessen habe. Ein paar Schritte weiter fragte ich sie: »Und? Wie heisst der Baum?« Sie kam sofort auf ›Mississippi‹ und wusste auch noch, dass der Baum aus den USA stammte. Dann erinnerte sie sich auch an ›Zypresse‹, aber das kleine Wort dazwischen fiel ihr nicht ein. »Nicht Morast, sondern ...?«, half ich ihr auf die Sprünge.

»Mississippi-Sumpf-Zypresse«, reimte sie es sich zusammen.

»Richtig!« Gretel versuchte sich dann das Wort beim Weitergehen durch rhythmisches Wiederholen einzuprägen: »Mississippi-Sumpf-Zypresse, Mississippi-Sumpf-Zypresse.«

Das war doch Gehirnjogging at its best! Während wir beschwingt weitergingen, mischte sich Gretels Sprechgesang mit dem Geschnatter der Enten: »Alles in Ordnung!«

Kapitel 8

Bitte nicht totmachen!

Etwa drei Jahre nach Gretels gut gelauntem Gehirnjogging stürzte sie bei einem vorweihnachtlichen Spaziergang mit ihrer Pflegerin. Ihr Röntgenbild zeigte lediglich einen Haar-Riss, also einen leichten Anbruch des Knochens. Man empfahl Schmerzmittel und Krankengymnastik, doch Gretel konnte oder wollte einfach nicht mehr aufstehen.

Ungefähr Mitte Dezember erzählte mir meine Schwester am Telefon, dass sie wunde Stellen an Gretels Beinen und Fersen entdeckt hatte. »Das kann einem doch nicht entgehen, wenn man sie pflegt?«, sagte sie aufgebracht. Mein Vater und die ungelernte litauische Pflegehilfe waren von den sich überschlagenden Ereignissen überfordert. Es kam einfach zu viel auf einmal. Gretel war plötzlich bettlägerig geworden, nahm viel zu wenig zu sich und entwickelte ein rätselhaftes Fieber mit Schüttelfrost. Die Hausärztin interpretierte ihr Zittern als Zeichen von Schmerzen und verordnete ein Sedativum. Leider warnte sie meinen Vater bei ihrem Hausbesuch nicht vor der Gefahr des Wundliegens. Es schien Gretel dann erst einmal besser zu gehen, und sie blieb über Weihnachten einigermaßen stabil, doch als das Schmerzmittel während der Feiertage ausging und nicht sofort für Nachschub gesorgt werden konnte, ging es ihr abrupt wieder schlechter. Da die Hausärztin im Urlaub war, sprang ein Bereitschaftsarzt ein, der Gretels hohes Fieber und den Schüttelfrost nicht als Folgen von Schmerzen, sondern als Folgen einer Infektion mit einem Antibiotikum behandelte.

Mein Vater bat dann seinen Bruder, der Chefarzt einer Klinik ist, um ärztlichen Rat und einen Tag vor Sylvester kam er dann mit seiner Frau zu Besuch. Die beiden waren über den Zustand meiner Mutter sehr erschrocken. Gretel hing am Tropf und lag bewusstlos mit weit geöffnetem Mund da. Sie atmete sehr flach, so wie mein Onkel und meine Tante, eine Pflegedienstleiterin, es von Patienten kannten, mit denen es zu Ende ging. Die beiden halfen meinem Vater an diesem Abend, Gretel zu versorgen. Als sie ihr Hemd wechselten, entdeckten sie, dass nicht nur ihre Fersen wundgelegen waren, sondern auch ihr Rücken. Über ihrem Steißbein hatte sich ein großes Druckgeschwür gebildet, ein sogenannter ›Dekubitus‹. Es roch faulig und sah böse aus. Gretels Zustand war ohnehin schon sehr labil, aber eine derart große Wunde bedeutete eine akut lebensbedrohliche Belastung. Meine Tante sagte anschließend zu ihrem Mann: »Wenn ich einmal in so einer Situation bin, das schreib' dir hinter die Ohren, will ich keine Behandlung mehr, die mein Leben unnötig verlängert. Dann sorge bitte dafür, dass Schluss ist!« Mein Onkel war sich in dieser Nacht vor Sylvester nicht sicher, ob Gretel das neue Jahr noch erleben würde. Im fortgeschrittenen Demenz-Stadium, in dem sie sich befand, konnte eigentlich jegliche gesundheitliche Komplikation extrem gefährlich werden. Der Dekubitus an Gretels Rücken glich einem Dammbruch. Durch die offene Wunde gelangten ständig Keime in den Körper und die Blutbahn, die nun mit Antibiotikum bekämpft werden mussten. War ihr Fieber bereits das Anzeichen einer beginnenden ›Sepsis‹ – einer Blutvergiftung?

Kurz nach Neujahr machte mein Onkel einen Rundruf bei uns Geschwistern, um uns mitzuteilen, dass Gretel nicht mehr lange zu leben habe. Aus medizinischer Sicht sei ihr eine Lebensverlängerung auch nicht mehr unbedingt zu wünschen. Es sei sehr fraglich, ob sie sich in ihrem Zustand von dem schweren Druckgeschwür noch einmal erholen könne. Wir sollten uns in Gretels Sinne überlegen, was wir ihr noch zumuten wollten.

»So ein Dekubitus würde selbst einen starken Baum fällen oder zumindest stark zum Wanken bringen«, erklärte mir mein Onkel und ich fragte ihn, wie es überhaupt dazu kommen konnte. »Durchschnittlich wacht ein Mensch in der Nacht viermal pro Stunde auf und wälzt sich herum. Auch wenn man glaubt, ruhig durchgeschlafen zu haben, hat man sich in Wirklichkeit 20- oder 30-mal gedreht und gewendet. Und das ist auch gut so, denn das sorgt für Durchblutung und beugt einem Durchliegen vor. Wenn man zu lange auf einer Stelle liegt, drückt der Knochen von Innen gegen das Gewebe, bis es irgendwann nicht mehr durchblutet wird und schließlich abstirbt.«

Als ich nach diesem erschütternden Gespräch meinen Vater anrief, wusste auch der keinen Trost: »Die Frage ist: Was passiert, wenn es mit Gretel zu Ende geht? Soll sie dann noch auf die Intensivstation? Welche medizinischen Maßnahmen wollen wir überhaupt noch für sie?«

Dann holte Malte tief Atem und setzte hinzu: »Wir sollten uns auch überlegen, wie wir Gretels Beerdigung organisieren wollen, und uns fragen, wie sie sich das gewünscht hätte.«

Ich konnte es nicht fassen: Meine Mutter zu Hause durchgelegen? Wie konnte so ein riesige Wunde unbemerkt geblieben sein? Ich recherchierte fieberhaft im Internet. Offenbar kann sich so ein Dekubitus unter der Haut unbemerkt vorbereiten und dann innerhalb kürzester Zeit durchbrechen. Es heißt, je nach Gewebetoleranz der Haut reichten manchmal wenige Stunden, um einen Dekubitus entstehen zu lassen.

Waren wir völlig bescheuert gewesen, da nicht vorzubeugen? Schon vor über einem Jahr hatte ich ein paar Mal mit meinem Vater über eine Wechseldruckmatratze gesprochen. Absurderweise war es uns dabei weniger um das Durchliegen meiner Mutter als um das Durchliegen ihrer Matratze gegangen. Ich hatte mich probehalber auf ihren Stammplatz im Bett gelegt und festgestellt, dass der Schaumstoff ihrer Matratze eine tiefe Kuhle im Beckenbereich hatte. Mein Vater drehte daraufhin kurzerhand die Matratze um und wollte bei Gelegenheit eine neue kaufen, was er dann auch bald tat. Eigentlich waren wir froh, dass Gretel immer so schön brav liegen blieb und nicht ständig umherwanderte. So lief sie doch weniger Gefahr, zu stürzen. Bis auf ein paar wenige Ausnahmen war sie nie ausgebüxt, und man konnte sie nicht als ›weglaufgefährdet‹ bezeichnen, wie viele andere Demenzkranke. Im Gegenteil: Gretel lag nachts und große Teile des Tages praktisch bewegungslos auf dem Rücken, dabei hatte sie ihre Hände auf dem Bauch gefaltet. Sie erinnerte mich in dieser Haltung mit geschlossenen Augen an eine Mumie.

Nach dem alarmierenden Rundruf meines Onkels verabredete ich mich mit meinen Schwestern zu einem ›Krisengipfel‹ bei meinen Eltern und wenige Tage später traf ich in Bad Homburg ein. Ich hoffte immer noch. Schließlich hatte es schon öfter geheißen, mit Gretel gehe es zu Ende, und dann hatte sie sich doch wieder aufgerappelt, wie damals nach ihrer Hirnblutung, als die Ärzte sie schon abgeschrieben hatten.

Doch als ich nach meiner Ankunft in Gretels Zimmer trat, zerschlugen sich meine Hoffnungen, denn meine Mutter sah aus wie tot. Sie lag regungslos vor mir da und wirkte wie eine Wachsfigur. Ihre Haut war gelblich und glänzte, den Mund hatte sie weit aufgesperrt. Sie erinnerte mich an den Anblick meines Großvaters, den ich kurz nach seinem Tod bei ihm zu Hause gesehen hatte. Er hatte ausgesehen wie eine Büste, der Kopf unverhältnismäßig groß, und als ich mich endlich getraut hatte, seine Hand zu berühren, war ich erschrocken, wie kalt sie war. Wie damals tastete ich jetzt mit pochendem Herzen nach der Hand meiner Mutter und zum Glück fühlte sie sich schön warm an! Mir fiel ein Stein vom Herzen. Jetzt bemerkte ich erst, wie sich ihr Brustkorb unter der Decke ganz unscheinbar hob und senkte. Sie schlief tief und fest. Die nächsten Stunden hindurch blieb sie völlig weggetreten, und ich fragte mich, welche Alternative überhaupt noch zur häuslichen Versorgung bestand: Pflegeheim oder Sterbehospiz?

Ein befreundeter Neurologe, den ich um Rat gefragt hatte, als sich Gretels Demenz ankündigte, hatte mir erklärt: »Mit einer diagnostizierten Demenz lebt man durchschnittlich noch sechs, sieben Jahre, aber es kann natürlich auch deutlich länger sein.« Jetzt, im Angesicht von Gretel, rebellierte es in mir und ich dachte: ›Wie ungerecht! Wir hatten nicht mal drei Jahre!‹

Gretel sollte zwar nicht mehr ins Hospital, aber dafür hatte sich ihr Schlafzimmer in ein Krankenzimmer verwandelt. Der Großteil des Raumes war von einem Pflegebett ausgefüllt, das sich vollautomatisch bewegen ließ und mit einem Haltegriff zum Aufrichten ausgestattet war. Neben ihrem Bett stand ein Rollstuhl. Gretels Schreibtisch war zu einer Ablage für medizinisches Material geworden. Meine Mutter hätte sich bestimmt nicht an der Umfunktionierung ihres Zimmers gestört. Es war nie ein ›heiliger‹ Rückzugsraum für sie gewesen, ihre Tür stand eigentlich immer offen. Gretel liebte es nützlich und sie wollte auf keinen Fall Umstände machen. Ihr Zimmer war ein nützlicher Raum zum Schlafen und lag gegenüber der Küche, ihrem Hauptwirkungsfeld. Einen eigenen Kleiderschrank hatte sie früher gar nicht – ihre Sachen hingen in Maltes Zimmer im Schrank. Eigentlich hätte Gretel sich auch ein Feldbett in der Küche aufstellen können, so wenig Wert schien sie auf ihre Privatsphäre zu legen. Neben dem Schreibtisch und einem Sekretär gab es in ihrem Zimmer noch einen Nähtisch und zwei Bücherregale. Als meine Mutter schon nicht mehr so genau wusste, wie ihr geschah, schafften meine Schwestern einen eigenen Kleiderschrank für sie an, um ihr etwas Gutes zu tun. Ein Bücherschrank wurde dafür abgebaut und die Hälfte ihrer Bibliothek in das obere Stockwerk verlegt. Als ich einmal eine warme Wollweste für sie aus dem neuen Schrank holte, erschrak Gretel und sagte, sie wisse nicht, wessen Sachen das seien. Sie hatte Angst, man könnte denken, sie habe die Kleidung gestohlen. Ich war erstaunt und dachte daran, dass Gretels demenzkranke Mutter immer genau umgekehrt gedacht hatte: Sie hatte nämlich immerzu ihre Kinder und Enkelkinder verdächtigt, sie bestohlen zu haben. Während ihrer Mutter also ständig etwas fehlte, war Gretel eher alles zu viel. Sie hatte jeglichen Besitzanspruch für ihre Sachen schon lange aufgegeben. Vor dem Einschlafen hatte sie mir schon ein paar Mal gesagt, sie habe keine Ahnung, wo sie hier sei, sie habe das Zimmer und die Gegenstände darin noch nie gesehen.

Sie stieß sich also bestimmt nicht daran, dass in ihren Schränken und Schubladen, wo sie früher die Akten der Familie und ihr Unterrichtsmaterial aufbewahrt hatte, jetzt Verbandszeug und Pflaster gelagert wurden. Auf ihrem kleinen Schreibtisch lag vor einem Arsenal von Sprayflaschen, Cremetuben und anderen medizinischen Utensilien, das Pflegeprotokoll. Ich blätterte durch den Aktenordner, in dem der Pflegedienst täglich seine Arbeit dokumentierte. Neben vielen nüchternen Formularen stieß ich auf Fotos, die es in sich hatten. Durch meine Internetrecherche war ich ein wenig vorbereitet und war davon ausgegangen, dass es bei Gretel sicherlich nur um Dekubitus Stufe eins oder zwei gehe. Aber jetzt sah ich, dass es sich um Stufe vier handelte, also die ›Endstufe‹. Die Bilder waren nichts für schwache Nerven. In mir bäumte es sich auf: Das da auf dem Foto konnte nicht meine Mutter sein! Mir wurde übel. Zum Glück sah ich beim Weiterblättern, dass die große Wunde am Rücken zu heilen begann und sich auf dem Weg der Besserung befand. Die Fersen waren auch nicht mehr offen, sondern lediglich gerötet. Doch die Entlastung der Füße, indem man ein Kissen unter ihre Waden legte, hatte wiederum zu neuen Druckstellen geführt, die wund zu werden drohten. Ein ganz neues Problem war, dass Gretel ›Wasser in den Beinen‹ hatte, ein Zeichen zu geringer Herzaktivität und mögliche Ursache von Thrombosen. Meine Mutter kam mir vor wie ein altes Schiff in Seenot. Gerade wenn die Mannschaft auf einer Seite das Leck geflickt hat, bricht an anderer Stelle Wasser ein, und die Helfer laufen selber Gefahr, durch ihre Schritte weitere Löcher in das dünne Deck zu treten.

Am Tag unseres ›Krisengipfels‹ trudelten wir Kinder im Laufe des Abends alle ein und saßen schließlich beim Essen zusammen mit meinen Eltern und Gretels Pflegerin Gabija. Meine Mutter hatte ihre Augen geschlossen und zeigte keine Regung, während Gabija damit beschäftigt war, ihr den Mund zu öffnen, um ihr Essen zu verabreichen. Manchmal musste sie Gretels Kiefer dafür regelrecht ›aufsperren‹, man spürte, dass sie dazu etwas Kraft benötigte. Doch berührte erst mal etwas Essbares die Zunge meiner Mutter, setzte sich reflexartig ihr Kiefer in Bewegung, sie begann zu kauen und schluckte schließlich auch. Dieser Teil der Nahrungsaufnahme schien noch ganz gut zu funktionieren. Es gab Kräutersalat und Seelachs. Beides nicht ganz einfach zu essen, fand ich, und arbeitete misstrauisch an dem Fisch auf meinem Teller, der feine

Gräten hatte. Die Stimmung war angespannt, wir hatten alle viel auf dem Herzen, aber wagten nicht unmittelbar darüber zu sprechen. Es war seltsam, so mit Gretel am Tisch zu sitzen und eigentlich über ihr Sterben sprechen zu müssen. Sie war da und irgendwie auch nicht.

Mir kam eine Frau in den Sinn, die ich in einer Gesprächsgruppe für Angehörige von Demenzkranken kennengelernt hatte. Diese ältere Dame hatte ständig von ihrem ›Gespenst‹ gesprochen: »Da hat mein Gespenst sich dann gefreut, als ich wieder zurückkam.« Sie meinte damit ihren Mann, aber wie sie das sagte, klang es irgendwie gar nicht gruselig, sondern hatte etwas Liebevolles und erinnerte mich an das ›kleine Gespenst‹ aus dem Kinderbuch.

Heute Abend im Angesicht meiner Mutter konnte ich die Frau gut verstehen: Gretel war wie zum Geist ihrer selbst geworden. War Geist überhaupt das richtige Wort? Es war ja eher so, als habe der Geist den Körper verlassen und sei dort nur noch ein seltener Gast. Ihr Körper war dabei, ›den Geist aufzugeben‹.

Während Gabija noch damit beschäftigt war, meiner Mutter den Nachtisch zu füttern, versammelten mein Vater und wir Kinder uns in der Küche um die Espressomaschine.

»Hat Gretel eigentlich eine Patientenverfügung geschrieben?«, fragten wir meinen Vater.

»Nein. Gretel hat sich da nie direkt geäußert.« Er dachte einen Moment lang nach. »Aber sie hat sich zum Beispiel über Jahre sehr rührend und intensiv um ihre Freundin gekümmert, die vier Jahre lang im Koma lag.« Malte meinte die Hausbesitzerin und Vermieterin meiner Eltern, die im Erdgeschoss gewohnt hatte. »Gretel besuchte sie mehrmals die Woche im Pflegeheim, führte Protokoll, achtete auf jede kleinste Bewegung ihres Zehs oder Fingers. Es gelang ihr auch, sie zu stimulieren, indem sie ihr Musik vorspielte.«

Man konnte Gretels Verhalten gegenüber ihrer Freundin zwar als Indiz nehmen, wie sie sich ihre eigene Behandlung gewünscht hätte, aber die beiden Fälle waren eigentlich nicht vergleichbar. Zum einen war die Freundin bis zu ihrem Schlaganfall geistig klar gewesen und es hatte lange Zeit die Hoffnung bestanden, sie könne sich bis zu einem gewissen Grad wieder erholen. Zum anderen war Gretel damals für ihre Freundin nicht juristisch verantwortlich gewesen.

Bei der Pflege ihrer Mutter hatte sich Gretel mit ihren Schwestern dafür eingesetzt, sie möglichst lange zu Hause zu versorgen. Als es um die gesetzliche Vollmacht und die Frage ging, ob ihre Mutter ins Pflegeheim sollte, hatten die vier Schwestern oft verschiedene Auffassungen und Gretel vermittelte zwischen den Positionen. Die Vollmacht erhielt schließlich die zweitälteste Schwester, die keine eigenen Kinder hatte und ihre Mutter in einem Pflegeheim in ihrer Nähe unterbrachte.

Vor zweieinhalb Jahren hatte Malte sich beim Notar die Generalvollmacht für Gretel ausstellen lassen. Damals war es schon zu spät, mit ihr über eine Patientenverfügung oder eine Betreuungsvollmacht zu reden. Sie begriff nicht mehr, was sie da eigentlich unterschrieb, sondern musste ihrem Mann blind vertrauen.

»Hat Gretel sich denn jemals geäußert, wie sie sich ihre Beerdigung vorstellt?«, fragten wir Malte. Er zuckte mit den Achseln: »Sicherlich nicht kirchlich.«

Gretel war als Studentin aus der Kirche ausgetreten und hatte mir einmal erklärt, dass sie sich schon als Kind darüber geärgert hatte, dem Sohn Gottes ständig dafür dankbar sein zu müssen, dass er für sie gestorben sei. Sie hatte ihn ja bestimmt nicht darum gebeten, sich kreuzigen zu lassen!

Plötzlich fiel mir ein, dass mir Gretel doch etwas zum Thema Bestattung erzählt hatte: »Sie hat mir mal gesagt, sie wolle nicht an einem festen Ort begraben werden, sondern lieber im Meer verstreut werden.« Meine Schwestern und mein Vater guckten mich verwundert an. Offenbar war ich der Einzige, dem Gretel von diesem Wunsch nach einer Seebestattung erzählt hatte. Warum hatte sie das gerade mir anvertraut? War es einfach Zufall oder bildete ich mir das Gespräch etwa nur ein?

»Ich kann das gut verstehen«, sagte meine ältere Schwester, »ich würde auch gerne im Ozean verstreut werden. Das Meer find' ich super. Aber es geht ja auch um die Hinterbliebenen. Die Enkelkinder fänden es sicherlich gut, einen Ort zu haben, wo man hingehen und ihrer Großmutter gedenken kann.«

»Für meine Freundin, die ihr Kind verloren hat«, fügte meine jüngere Schwester hinzu, »war es sehr wichtig, zu einem Grab zu gehen. Für sie war das über Jahre ein wichtiger Teil ihrer Trauerarbeit.«

»Ein Kollege von mir wurde in einem Friedwald begraben«, warf mein Vater ein, »das finde ich eine sehr schöne Sache. Da wird die Asche unter einem Baum vergraben, eine schöne alte Buche war das in dem Fall. Von diesem Waldstück aus hat man einen schönen Ausblick. Ich war da neulich mit seiner Tochter und wir haben an ihn gedacht. Dort hätte es Gretel bestimmt gefallen.«

Da räusperte sich meine jüngere Schwester: »Ich finde das unangenehm, sich hier über so was zu unterhalten, wenn Gretel nebenan sitzt.«

Es war tatsächlich ziemlich makaber, wenn man sich die Situation vor Augen hielt. Schon seit Längerem hatten wir uns Gretel gegenüber immer wieder verhalten, als wäre sie nicht mehr da, hatten über sie in der dritten Person gesprochen, obwohl sie anwesend war. Es war völlig unklar, was sie noch mitbekam und ob es sie störte, wenn man über sie redete. Wir hielten es an diesem Abend jedenfalls für das Beste, unser

Gespräch auf einem Spaziergang fortzusetzen. Gabija blieb bei Gretel, und wir liefen hinaus in die Nacht in Richtung des Stadtparkes. Mein Vater nahm den Gesprächsfaden wieder auf: »Meine Mutter fände bestimmt das Familiengrab in Hamburg den richtigen Ort.« Allen war klar, dass sich Gretel nicht gerade um einen Platz im Sieveking'schen Familiengrab gerissen hätte. Und Hamburg war weit weg.

»Die Frage ist ja auch, was du eigentlich machen möchtest, wenn Gretel mal nicht mehr da ist«, fragten wir meinen Vater.

»Ihr meint, wo genau ich dann zusammenbrechen möchte?«, seufzte er, und meine beiden Schwestern liefen an seine Seite, hielten seine Arme, sodass er sich bei ihnen aufstützen konnte. Das heiterte ihn auf: »Vielleicht klemme ich mir dann einfach Gretels Urne unter den Arm«, fabulierte er, »und nehme sie mit, steige auf den Vesuv oder so!«

»Das wäre aber illegal«, gab ich zu Bedenken. »Die Asche müsste man irgendwie aus Deutschland rausschmuggeln oder sie im Ausland kremieren lassen. Man darf laut Gesetz die Urne nicht mal bei sich auf den Kamin stellen oder im Garten bestatten.«

Wir liefen ein paar Schritte schweigend nebeneinander. Der Schnee knirschte unter unseren Füßen und ich bemerkte, dass ich viel zu dünn angezogen war und die klirrende Kälte im Eifer des Gesprächs ganz vergessen hatte.

»Wie möchtest du denn mal bestattet werden?«, fragte ich meinen Vater.

»Ich möchte meinen Körper der Wissenschaft zur Verfügung stellen.«

Betretenes Schweigen. Ich hatte gehört, dass das vor allem Leute machten, die sich ihre Bestattungskosten nicht leisten konnten. In so einem Fall übernimmt nämlich das medizinische Institut die Kosten für die Beisetzung nach der wissenschaftlichen Nutzung des Körpers. »Aber man muss ja mit Gretel nicht unbedingt das Gleiche machen«, sagte meine ältere Schwester. Und die Jüngere fügte hinzu: »Das heißt, Gretel läge dann ganz allein ohne dich in ihrem Grab?«

»Naja, wir hatten ja auch immer getrennte Schlafzimmer«, erwiderte mein Vater, und wir kicherten. »Vielleicht muss ja auch nicht mein ganzer Körper von der Wissenschaft verwurstet werden. Ihr könntet ja zumindest meinen großen Zeh behalten und neben Gretel beerdigen.« Das brachte uns dann wirklich zum Lachen. Die Spannung löste sich, wir redeten unbefangener weiter.

»Mein Bruder und der neue Hausarzt waren sich einig«, berichtete mein Vater, »dass weitere Krankenhausaufenthalte für Gretel möglichst zu vermeiden seien.« Dort gebe es nichts, das man nicht auch zu Hause haben könnte, außer antibiotikaresistenten Keimen. Alle Apparate und die ganze Hightech-Medizin wären ja für Gretel gar nicht mehr sinnvoll, würden aber im Krankenhaus bestimmt zum Einsatz gebracht. Besonders an Feiertagen gebe es im Krankenhaus auch nur mangelhafte Pflege verglichen mit der Fürsorge zu Hause. Wir stimmten ihm zu und fragten uns, ob man Gretel im Zweifel zu Hause wieder an einen Tropf hängen würde oder ob man das auch schon als übertrieben ansah.

»Es ist schwer zu entscheiden, was überhaupt eine lebensverlängernde Maßnahme ist«, grübelte mein Vater. »Tatsache ist doch, dass Gretel ohne dauernde Hilfe schon längst gestorben wäre. Sie hat sich selbst seit längerer Zeit aufgegeben. Oft genug hat sie zu mir gesagt: ›Ich kann nicht mehr‹ oder ›Ich will nicht mehr‹ und sich dann ins Bett gelegt.«

Wir hatten unsere Schritte verlangsamt und hielten unter einem großen Baum, der seine dunklen Äste über uns reckte. Mein Vater schlug nun einen anderen Ton an: »Gretel sagt mir aber auch immer wieder: ›Oh bitte, oh bitte.‹ Damit könnte sie ja meinen: ›Oh bitte, lasst mich weiterleben!‹ Alles, was noch mit ihr passiert, kommt doch, weil sich jemand um sie bemüht. So gesehen, ist ihr gesamtes Dasein eine einzige lebensverlängernde Maßnahme geworden.«

Mein Onkel hatte uns auch erklärt, dass man es durchaus zulassen könne, wenn ein Mensch nicht mehr freiwillig Nahrung zu sich nehme. Einen Tod durch Verdursten oder Verhungern müsse man sich nicht als qualvollen Tod vorstellen, sondern eher als sanftes Entschlummern, eine Art Wegdämmern. In der Palliativmedizin spreche man auch von ›liebevollem Unterlassen‹.

»Ich habe ihn auch gefragt«, berichtete ich vom Gespräch mit meinem Onkel, »wenn wir uns entscheiden, ihr nichts mehr zu trinken zu geben, wäre das nicht so, als ob wir den Stecker von einem Beatmungsgerät zögen? Und er sagte daraufhin: ›Der Stecker ist schon lange gezogen – aber nicht von euch.‹«

Nach einem kurzen betretenen Schweigen brach mein Vater die Stille und erzählte, dass er kürzlich seinen Ohren nicht trauen konnte, als er mit einer guten Freundin telefonierte: »Die sagte zu mir, als sie von Gretels kritischer Lage erfuhr: ›Naja, wir haben doch alle so eine Schachtel im Schrank, wenn es drauf ankommt.‹ Sie meinte damit eine tödliche Dosis, um Schluss zu machen.«

Ich fand einen solchen Vorschlag erschütternd unsensibel gegenüber Malte. Schließlich ging es ja nicht um ihn selbst, sondern um seine Frau, die ihm gegenüber nie den Wunsch geäußert hatte, ihr das Leben zu nehmen, wenn es soweit wäre. Gretel war nicht grundsätzlich gegen Selbstmord, aber sie hatte einmal zu mir gesagt, sie finde einen Suizid extrem egoistisch. Der sich selbst Tötende sei ja nach seinem Ableben fein raus, aber seine Angehörigen und Freunde müssten anschließend mit dem Verlust weiterleben. ›*Das Gehen schmerzt nicht halb so wie das Bleiben‹*, diese Zeile aus einem Gedicht von Mascha Kaléko kam mir in den Sinn.

Meine jüngere Schwester war inzwischen ein paar Schritte vorausgelaufen und am Ufer eines zugefrorenen Weihers stehengeblieben. Hier war die Nacht nicht ganz so finster, aber es wehte ein beißender Wind über das Eis und wir stellten uns in einem kleinen Kreis zusammen. »Ich finde es unheimlich hart, so über Gretel zu reden«, sagte sie leise und begann zu schluchzen. Mein Vater machte einen Schritt auf sie zu, um tröstend seine Hand auf ihre Schulter zu legen: »Ich kann mir gut vorstellen, dass es mit ihr noch einmal bergauf geht und dass sie wieder etwas mobiler wird. Aber ich fürchte, wenn sie noch einmal einen solchen Zusammenbruch hat, wird sie es nicht mehr schaffen.« Ich stand derweil etwas beklemmt daneben, wie in der zweiten Reihe. Ich wollte mich gerne an meiner Familie wärmen, war aber wie festgefroren, unfähig, Gefühle zu zeigen. Mein Vater dagegen taute weiter auf:

»Es ist immer wieder erstaunlich, was Gretel noch alles mitbekommt. Neulich habe ich kubanische Cumbia-Musik aufgelegt und sie sagte: ›Schön‹, stand von selbst auf und sagte: ›Ich möchte dich lieben, wenn es so was gibt. Aber meistens gibt es das nicht.‹ Wir haben uns daraufhin in den Armen gelegen und sogar etwas im Tanz gewiegt.«

Vor Kurzem hatte ich ein Interview mit der Ehefrau von Walter Jens gelesen, das mich über die Verbindlichkeit von Patientenverfügungen nachdenken ließ. Inge Jens kümmerte sich um ihren demenzkranken Mann Walter, den berühmten Literaten und Gelehrten, der sich zeit seines beruflichen Lebens für aktive Sterbehilfe ausgesprochen hatte und seiner Frau den klaren Auftrag gegeben hatte, sein Leben zu beenden, wenn er sich nicht mehr intellektuell austauschen könnte. Mittlerweile konnte der 86-Jährige nicht mehr lesen und kaum noch reden. »Ich weiß genau, und es steht Wort für Wort in unserer Patientenverfügung formuliert«, sagte die 82-Jährige in dem Interview, »dass mein Mann so, wie er jetzt leben muss, niemals hat leben wollen. Sein Zustand ist schrecklicher als jede Vorstellung, die er sich wahrscheinlich irgendwann einmal ausgemalt hat.« Trotzdem war sie sicher, dass er jetzt an seinem Leben hänge und nicht sterben wolle. »Neulich hat er gesagt: ›Nicht totmachen, bitte nicht totmachen.‹ Ich bin mir nach vielen qualvollen Überlegungen absolut sicher, dass mich mein Mann jetzt nicht um Sterbenshilfe, sondern um Lebenshilfe bittet«, sagte Inge Jens. Es gebe noch Momente in seinem Leben, die ihm große Freude bereiteten. Zum Beispiel esse er mit »allergrößtem Vergnügen«.

Auch Gretel kennt noch kulinarische Genüsse. »Sie kann sich noch riesig über ein Glas Apfelsaft freuen«, schwärmte mein Vater in unserer nächtlichen Runde. »Neulich, als mein Neffe mit seiner neugeborenen Tochter zu Besuch kam, ist Gretel ganz munter geworden und hat zu dem kleinen Mädchen ›Schätzchen‹ gesagt.«

Wir waren alle sehr gerührt und meine Schwester schluchzte: »Wie soll man das denn entscheiden? Das geht doch gar nicht! Das geht doch gar nicht!« Ihr Schluchzen wurde ein lautes Heulen, mit dem sie uns alle ansteckte. Weinend drängten wir uns aneinander und lagen uns in den Armen. Unter den kahlen Baumwipfeln, in denen der klirrend kalte Wind pfiff, hielten wir am gefrorenen Teich der Kälte stand, wie eine kleine Pinguin-Familie in der großen weiten Antarktis.

Kapitel 9

Aspiration

*(von lat. aspirare: ›erwarten‹, ›hoffen‹;
medizinisch: Eindringen von Nahrung
in die Atemwege)*

Zehn Tage nach der winterlichen Pinguin-Szene und unserem Beschluss, Gretel kein Krankenhaus mehr zuzumuten, wurde es bei uns zu Hause ernst. Mein Vater stand dem neuen Hausarzt Dr. El-Tarek bei einer häuslichen Wundoperation in Gretels Schlafzimmer zur Seite. Der aus Syrien stammende Arzt hatte meiner Mutter lediglich eine örtliche Betäubung gegeben, denn sie zeigte trotz der großen Wunde keine besondere Schmerzreaktion. Im Gegenteil, sie schien sich durch die geballte Zuwendung während der OP geradezu wohlzufühlen. Mein Vater hielt ihr die Hand und streichelte ihr beruhigend über den Kopf, während der deutlich jüngere, kräftig gebaute Mediziner sich um ihren Rücken kümmerte und nur ab und zu in Gretels Blickfeld auftauchte. Sie lächelte ihm dann freundlich zu und lobte seinen Einsatz:

»Das machen Sie gut!«

»Sie aber auch, Frau Sieveking!« El-Tarek war von Gretels charmanter Freundlichkeit begeistert und hielt immer wieder kurz mit seinem chirurgischen Werkzeug inne, um zurückzulächeln, wofür sich Gretel sogleich revanchierte:

»Sehr schön, weiter so!«

Auch mein Vater war von Dr. El-Tareks Arbeit angetan und

fragte: »Wieso machen Sie das eigentlich an einem Samstagabend?«

»Da haben Sie recht, das macht eigentlich keiner«, zwinkerte El-Tarek ihm zu, während er die Wunde von abgestorbenem Gewebe befreite. »Das hier bei Ihnen ist mein spezieller Ehrgeiz. Ich habe früher in der Altenpflege gearbeitet und auch im Krankenhaus in der Chirurgie assistiert.«

Doch obwohl die Operation gut verlaufen war und mein Vater keinen Zweifel hatte, dass es richtig gewesen war, Gretel dafür nicht ins Krankenhaus zu bringen, konnte er in der folgenden Nacht kein Auge zutun. Der grässliche Anblick der Wunde am Rücken seiner Frau ging ihm nicht aus dem Kopf. Der Doktor hatte ihm gesagt, dass so ein Dekubitus wenn überhaupt nur sehr schwer heile und viele Monate brauche. Vor allem plagte meinen Vater sein schlechtes Gewissen.

»Ein Dekubitus ist und bleibt ein Pflegefehler«, sagt er zu mir. »Meine Mutter hat mir neulich am Telefon gesagt: ›So etwas darf einfach nicht passieren!‹ Und sie hat ja recht. Ich habe versäumt, für eine kontinuierliche ärztliche Betreuung zu sorgen.«

»Mach dir keine Vorwürfe«, versuche ich ihn aufzumuntern. »So etwas passiert auch in den besten Pflegeheimen, und du hast wirklich getan, was du konntest!«

Ich sitze mit Malte und Gabija in Bad Homburg am Wohnzimmertisch. Wir rekonstruieren die Ereignisse des gestrigen Tages, während Gretel im Hintergrund in ihrem Rollstuhl vorm Fernseher eingenickt ist. In meinem Traum, von dem ich heute Morgen aufgewacht bin, konnte Gretel plötzlich wieder laufen. Auch Malte und Gabija haben die Hoffnung nicht aufgegeben, dass Gretel wieder auf die Beine kommt, und vom Physiotherapeuten haben sie gelernt, dass Bewegung die beste Medizin für Gretel sei. Schon allein mal Aufzustehen rege die Durchblutung an und das sei das beste

Heilmittel für ihre wundgelegenen Stellen. Und so versuchte Gabija gestern Morgen mit Gretel in die Küche zu wandern. Für die paar Meter vom Schlafzimmer in die Küche brauchten die beiden über eine halbe Stunde. Meine Mutter schien sicher auf ihre Gehhilfe gestützt, und Gabija dachte sich nichts dabei, eine Jacke, die über einem Stuhl hing, eben in die Garderobe zu räumen. Für einen Augenblick ließ sie Gretel dabei unbeobachtet, und genau in diesem Moment verlor sie das Gleichgewicht. Vielleicht war sie schlagartig eingeschlafen. Gabija hörte sie nur noch umfallen und stürzte ihr zu Hilfe. Bei dem Versuch, sie wieder aufzurichten, fuhr ihr ein Hexenschuss in den Rücken. Durch ihre Hilferufe alarmiert, eilte mein Vater herbei und fand Gabija entsetzlich heulend neben seiner Frau auf dem Küchenboden.

Und auch heute Abend kommen Gabija wieder die Tränen: »Es tut mir leid, tut mir leid«, schluchzt sie. Ich schüttele den Kopf und umarme sie: »Das braucht dir nicht leidtun. Wir sind so froh, dass du da bist!« Ohne ihre unermüdliche und liebevolle Fürsorge wäre hier längst alles zusammengebrochen. Sie wischt sich die Tränen aus den Augen und sieht mich entschlossen an. »Gretel kommt wieder gesund. Ich wissen, Gretel kommt wieder gesund!«

Im Hintergrund ist ein beständiger Pfeifton zu hören, über den ich mich wundere: »Was ist das, ein Kochtopf?« Um mir die Geräuschquelle zu zeigen, führt mich mein Vater aber nicht in die Küche, sondern in Gretels Schlafzimmer zur neuen Wechseldruckmatratze. »Wirklich eine tolle Idee«, kommentiert mein Vater zynisch, »eine Schlafunterlage zu konstruieren, die einen derartigen Lärm macht.« Alle paar Minuten werden die verschiedenen Kammern der Matratze wechselweise aufgeblasen und geräuschvoll wieder abgepumpt. »Das ist vielleicht ein Theater mit diesen Sachen! Pflegebett, Wechseldruckmatratze, Rollstuhl, das kostet ja alles Zigtausende von Euros«, lässt Malte seinen Dampf ab. »Dadurch, dass ich Gretel hier zu Hause versorge, erspare ich der Pflegekasse ja eine Riesenstange Geld. Da fragt man sich dann, wieso es so kompliziert sein muss, dass einem die absolut notwendigen Sachen bewilligt werden.« Frustriert berichtet mein Vater über die ständigen Telefonate und den Papierkrieg mit der privaten Kasse: »Als ich denen sagte, ich müsse jetzt sofort das Pflegebett bestellen, erklärten sie mir: ›Ihr Arzt kann verschreiben, was er will, darüber muss erst unser Gutachter entscheiden.‹ Und dann kommt irgendwann ein Gutachter, der offensichtlich von der Materie keine Ahnung hat, nichts fragt und nur mal kurz im Pflegeprotokoll blättert.« Die Miete des Pflegebettes bei einem Sanitätshaus wurde dann bewilligt, und es kam ein Montageteam, das meinem Vater stolz erklärte, es handelte sich hier »um den ›Porsche‹ unter den Pflegebetten«. »Das war kein gutes Omen«, findet mein Vater, der lieber ein ›Opel‹- oder ›VW‹-Pflegebett gehabt hätte, »so ein ›Porsche‹ ist bekanntlich teuer und unpraktisch, besonders beim Ein- und Aussteigen.«

Das Bett hat zwar alle erdenklichen Verstell-Möglichkeiten und lässt sich zur großen Freude der Enkelkinder wie ein Transformer-Roboter in eine Art Sessel verwandeln. Aber leider kann man es nicht tief genug herunterfahren, um Gretel ohne Probleme ins Bett legen zu können. Wenn man sie aus dem Rollstuhl auf ihre Matratze setzen möchte, ist sie so ständig in Gefahr, abzurutschen. Malte hat nun ein hochmodernes, aber in unserem Fall auch höchst unpraktische Pflegebett für 24 Monate geliehen – für einen kürzeren Zeitraum wird es nicht angeboten. Die Pflegekasse scheint sich weniger Sorgen um Gretels nahe Zukunft zu machen als wir.

»Ich bin ja froh, dass wir es ganz gut hinkriegen«, sagt mein Vater. »Ich kaufe ein, koche und assistiere Gabija bei der körperlichen Grundpflege. Mehr schaffe ich nicht – ich will ja auch noch Mathe machen. Das klappt eigentlich ganz gut. Ungünstig ist es, wenn wir beide schlecht drauf sind, sonst kann ja immer der eine den anderen aufmuntern.« Einen Moment lang blicken mein Vater und ich auf die sinnlos vor sich hin arbeitende Wechseldruckmatratze in Gretels leerem Pflegebett. »Pffft« tönt es aus den Luftkammern, die sich aufblasen und wieder entleeren. Unter dem Bett arbeitet beständig brummend ein Kompressor. »Jeden Morgen kommt der ambulante Pflegedienst, um die Dekubitus-Wunde zu versorgen«, fährt mein Vater fort. »Am Freitag habe ich mich ganz schön über eine dieser Schwestern geärgert. Sie fragte mich, ob mir eigentlich klar sei, dass Demente am Ende verhungern und verdursten. Mich ärgerte das, und ich sagte ihr: ›Ich lasse meine Frau hier *natürlich nicht* verhungern!‹«

»Wieso, hat die Schwester denn sowas gesagt?«, frage ich nach.

»Sie arbeitet in einem Sterbehospiz und spricht offenbar aus Erfahrung. Das Problem mit den Dementen ist, dass sie mit der Zeit nicht nur vergessen, wie man spricht und wie man aufs Klo geht, sondern irgendwann auch nicht mehr wissen, wie man kaut und schluckt. Zum Glück geht das jetzt noch einigermaßen bei Gretel. Aber es wird immer schwieriger.«

Wir gehen wieder hinüber zu Gretel ins Wohnzimmer, wo sie vor dem Fernseher sitzt. Die Nachrichten laufen, aber sie hat die Augen geschlossen, und es sieht nicht so aus, als bekomme sie irgendetwas davon mit. »Der Verfassungsschutz beobachtet nach ›Spiegel‹-Informationen 27 Bundestagsabgeordnete der Linken«, tönt es von der Mattscheibe, und mir schnürt es das Herz zu, wenn ich daran denke, dass sich Gretel als treue ›Spiegel‹-Leserin früher bestimmt brennend für diese Nachrichten interessiert hätte. »Bundespräsident

Christian Wulff«, konstatiert der Nachrichtensprecher, »hat die Vorwürfe gegen seine frühere niedersächsische Landesregierung als ›ernsten Vorgang‹ bezeichnet, sieht aber keine eigenen Versäumnisse.« Da schlägt Gretel plötzlich die Augen auf und kommentiert: »Ach Quatsch!«

Während wir den munteren Moment nutzen, um Gretel in ihren Rollstuhl zu setzen, erzählt mein Vater weiter vom Pflegealltag: »Piotr, der Krankengymnast, war neulich mal wieder da. Der spricht Gretel dann laut und fordernd an, und sie gehorcht ihm quasi. Ich finde diesen Befehlston nicht so schön, aber die gehen dann tatsächlich zusammen ins Treppenhaus, ein paar Stufen hoch und wieder runter. Das ist beeindruckend, wenn man bedenkt, wie schwer sie sich sonst tut. Aber Piotr kommt nur ein-, zweimal die Woche und höchstens für zwanzig Minuten. Oft geht dann in dieser kurzen Zeit gar nichts. Und Gretels geistige Animation fällt sowieso mehr oder weniger unter den Tisch.«

Vor dem Schlafengehen versuche ich Gretel noch ›geistig zu animieren‹. Ich bin etwas betrübt, da sie seit meiner Ankunft noch keine Reaktion auf mich gezeigt hat. Ich hole ihre alte Gitarre, auf der sie mir früher einmal die ersten Griffe gezeigt hat, und setze mich neben sie, um ihr etwas vorzuspielen. Ich habe angefangen, mir *Suzanne* von Leonard Cohen beizubringen, ein Lied, das Gretel früher auch selber gespielt hat. Doch meine schöne Zupfbegleitung scheint sie nicht zu interessieren oder derart friedlich zu stimmen, dass sie sogleich tief und fest einschläft. Beim zweiten Refrain droht sie schon zur Seite abzusacken. Ich probiere etwas Schnelleres, von den Beatles. Doch bei *A Hard Days Night* gerät Gretel vollends in Schieflage. Ich stelle die Gitarre zur Seite, um Gretel wieder aufzurichten. Dabei öffnet sie kurz die Augen, doch sie scheint nichts wahrzunehmen. Ich versuche mit einem kleinen blauen Gummiball ihre Aufmerksamkeit zu erregen und lege ihn in ihre Hände – doch vergeblich. Sie hält ihn nicht fest, er plumpst auf den Boden und kullert betrübt in eine Ecke.

Heute übernehme ich Maltes ›Nachtschicht‹, um zusammen mit Gabija meine Mutter zu versorgen. Wegen ihres wunden Rückens darf sie momentan keine geschlossenen Windeln tragen, und so muss ihre Inkontinenz-Bettwäsche ständig erneuert werden. Auf keinen Fall darf sie mit ihrem Dekubitus in einem nassen Bett liegen. Alle vier Stunden soll sie zudem trotz ausgetüftelter Wechseldruckmatratze ›gewendet‹ werden, um weiterem Durchliegen vorzubeugen.

Um drei Uhr nachts holt mich mein Handy-Wecker aus dem Tiefschlaf. Vom plötzlichen Aufstehen ist mir schwindelig. Wie ein Zombie wanke ich das Treppenhaus herunter. Vor Gretels Zimmer begegnet mir mein Vater in T-Shirt und Unterhose. »Ich dachte, ich mache deine Schicht, und du schläfst«, sage ich verwundert.

»Ich bin automatisch wach geworden«, murmelt mein Vater.

»Dann geh' wieder ins Bett«, sage ich, obwohl ich eigentlich sagen wollte: ›Dann gehe *ich* wieder ins Bett‹.

Aber da taucht schon Gabija in einem Bademantel auf, und mein Vater schlurft wieder zurück in sein Zimmer; dabei murmelt er noch: »Vergesst nicht, sie zu wenden.« Was hat er denn gedacht? Dass wir ihr die Haare schneiden?

Meine Mutter gibt beim Atmen ein gurgelndes Geräusch von sich, als ich vorsichtig nach ihrer Schulter greife, um sie zu mir zu drehen. Sie fängt an zu husten, hält aber die Augen geschlossen. Ich halte sie in den Armen, sodass Gabija das Inkontinenzlaken unter ihrem Rücken auswechseln kann. Da schlägt Gretel die Augen auf, blickt strahlend in mein Gesicht empor und sagt: »Oh wie schön! Was ist denn das da oben?«

Ich freue mich: Schon lange habe ich nicht mehr die wachen Augen meiner Mutter gespürt – da hat sich das Aufstehen schon gelohnt! Leider kann ich Gretel nicht lange in dieser Position halten und lege sie wieder ab, wälze sie auf die Seite, damit wir sie umlagern können. Die neue Seitenlage erschreckt Gretel und sie hält sich krampfhaft an mir fest: »Um Gottes Willen!«, stößt sie ängstlich hervor. Sie glaubt wohl, dass ich sie aus dem Bett werfen will, obwohl ich sie doch ganz behutsam behandle und das Pflegebett ein Sicherheitsgeländer hat. »Ist alles gut, keine Sorge, Gretel«, versuche ich sie zu beruhigen und bette sie etwas weniger steil in der Seitenlage. Als ich mich wieder vom Bett aufrichten will, merke ich, das sie sich an meiner Hand festgeklammert hat. Sie umklammert einen mittlerweile meist reflexartig, wenn man ihre Hand hält und löst ihren Griff nicht mehr von selbst. Heute Nacht ist ihr Griff besonders fest. Gabija zeigt mir einen Trick, den sie von den Pflegern gelernt hat. Wenn man nur den kleinen Finger löst und etwas zurückbiegt, öffnet sich der Rest der Hand wie von selbst. Das funktioniert erstaunlich gut, so, als würde man einen Schlüssel benutzen. Zufrieden, meine erste Schicht als ›Nachtpfleger‹ erledigt zu haben, lege ich mich wieder hin und verschlafe meine nächste Frühschicht gleich um mehrere Stunden.

Als ich am Morgen deutlich verspätet in die Küche komme, steckt mir die Nacht trotzdem noch stark in den Knochen. Gretel ist mit Gabija in der Küche beim Frühstück. Das Telefon klingelt, meine Schwester ist dran und möchte wissen, wie die Nacht verlaufen ist. Ich beklage mich bei ihr, dass es ganz schön anstrengend war. »Dann warte mal ab, bis du Kinder hast«, klärt sie mich auf. »Da ist man in den Nächten ständig wach. Einmal aufstehen ist da noch harmlos.« Ich glaube zwar, dass es psychologisch gesehen schon etwas anderes ist, ein kleines Baby zu windeln, als seine kranke, ängstliche Mutter ›trocken zu legen‹. Aber meine Schwester hat eigentlich recht: Beklagen sollte ich mich nicht, sondern die nächtliche Übung als gutes Training fürs Leben betrachten!

Wenn man Gretel morgens erst einmal gewaschen und angezogen aus dem Bett gebracht hat, sind alle schon mal ganz froh. Leider kann der ambulante Pflegedienst aber immer erst zu einem relativ späten Termin am Vormittag kommen, und so muss Gretel gleich nach dem Frühstück wieder ins Bett gelegt werden. Ihr Dekubitus kann nur in der Horizontalen versorgt werden. Es ist zwar absurd, sie erst mit viel Mühe aus dem Bett zu holen, um sie dann gleich wieder hinzulegen, aber Gretel hat es ja zum Glück dann sowieso wieder vergessen.

Mein Vater ist schon zufrieden, dass es mit dem Pflegedienst überhaupt einigermaßen klappt. Vor einem guten Jahr hatte er schon mal einen Vorstoß gemacht und ein Team bestellt, das Gretel versorgen sollte. Sie kamen dann eines Morgens zu meiner Mutter ans Bett und baten sie, aufzustehen. Gretel dachte aber gar nicht daran und fragte die Fremden: »Wer sind Sie denn?« Der Pfleger und sein Helfer stellten sich bei ihr vor, aber sie blieb abweisend. Als die beiden es ein paar Minuten später wieder versuchten, stellte Gretel sich schlafend und murmelte: »Lassen Sie mich in Ruhe! Das ist mein Zimmer.« Der Pfleger sagte daraufhin zu meinem Vater: »Da ist nichts zu machen. Wir können sie ja nicht zwingen«, und so zogen sie nach 20 Minuten unverrichteter Dinge wieder ab. In der strengen Taktung des Pflegealltags, wo in Minuten abgerechnet und kalkuliert wird und ein Therapeut oder Pfleger selten länger als 15 Minuten am Stück Zeit hat, gibt es eigentlich keinen Platz für eine sperrige Demenz. Vor allem, wenn jemand so einen starken Widerwillen entwickelt hat wie meine Mutter.

Mittlerweile ist die Situation aber eine ganz andere: Gretel wehrt sich kaum noch. »Ihr Widerwille ist erloschen«, resümiert mein Vater betrübt. Sie weigert sich jetzt nicht mehr, aber sie hilft auch nicht; das macht die Sache natürlich auch nicht viel einfacher. Jeder, der einmal versucht hat, eine bewusstlose Person zu bewegen, weiß wie schwierig das ist.

Wir fahren Gretel im Rollstuhl aus der Küche in ihr Zimmer zurück und wollen sie wieder ins Bett legen. Ich möchte Gabija zur Hand gehen, doch sie schüttelt energisch den Kopf: »No, no, no! Ich machen alleine.« Sie beugt sich vor, umarmt Gretel, hält sie fest umklammert und richtet sich zusammen mit ihr auf. Was ist mit Gabijas Hexenschuss? Sie ist eine gute Gewichtsklasse leichter als meine Mutter, schafft es aber mit etwas Mühe, sie auf die Beine zu stellen. Gretels Körper ist versteift und ungelenk, ihre Knie sind seltsam zusammengedrückt. Ich stelle rasch den Rollstuhl zur Seite, da kippen die beiden schon zur Seite und verlieren fast das Gleichgewicht. Gabija ruft panisch nach meinem Vater: »Malte, Malte!«, und meint natürlich mich. Ich halte die beiden mit Müh' und Not fest. Das war knapp! Gabijas Einsatz ist vorbildlich, aber auch gefährlich. Sie neigt dazu, sich in ihrem Eifer zu übernehmen.

Mittags kommt ein Anruf von einer Apotheke: Das Schmerzmittel sei angekommen. Mein Vater erklärt, das Medikament sei schwieriger zu beschaffen gewesen als üblich, da es unter das Betäubungsmittelgesetz falle. Ich mache mich auf den Weg, um das Mittel abzuholen; ich soll auch noch spezielles Dekubitus-Verbandmaterial mitbringen. Mein Vater muss alle Ausgaben vorstrecken, die Rechnungen dann bei der Kasse und der Beihilfe einreichen und hoffen, dass alles erstattet wird. Die sprichwörtlichen ›Apothekenpreise‹ machen ihrem Namen alle Ehre: Zwei winzige Schaumstoffstückchen für die Fersen meiner Mutter kosten 120 Euro! Es heißt ja, dass wir in den letzten Lebensjahren so viel kosten wie im ganzen Leben zuvor. Bisher habe ich gedacht, das liege an der hochtechnisierten Intensivmedizin. Jetzt weiß ich es besser: ›Kleinvieh macht auch Mist‹. Jede Woche werden bei uns jetzt viele hundert Euro allein an Verbandsmaterial verbraucht. Die Apothekerin reicht mir die schmale kleine Packung mit dem Schmerzmittel für 138 Euro. Sie erklärt mir, dass es sich bei dem Wirkstoff *Fentanyl* um ein synthetisiertes Opiat handle, das in seiner Wirkung Morphium gleiche.

Gretels Behandlung gleicht in vieler Hinsicht einem Blindflug, da man von ihr kein Feedback mehr bekommt. Sie gibt beispielsweise keine Auskunft mehr darüber, ob sie unter Schmerzen leidet. Auch auf ihre Reflexe kann man sich nicht mehr verlassen. Eine der Pflegerinnen erzählt, es sei typisch, dass Demente im fortgeschrittenen Stadium gar nicht mehr wissen, dass sie Schmerzen haben. In einem Pflegeheim sei ihr einmal eine humpelnde Frau aufgefallen, bei der man dann feststellte, dass sie sich tags zuvor den Oberschenkelhals gebrochen hatte. Mit einem schweren Dekubitus gehe auch nicht selten eine erstaunliche Schmerzlosigkeit einher. Schmerzen entstünden vor allem in der Anfangsphase eines Druckgeschwürs. Aber weder der Hausarzt noch mein Onkel können sich vorstellen, dass meine Mutter ganz schmerzfrei sein könnte. Leider lässt sich das ja nicht objektiv messen. Konnten Gretels ständig geschlossenen Augen nicht vielleicht ein Indiz dafür sein, dass sie sich, von Schmerz betäubt, in sich zurückzog? Dr. El-Tarek war jedenfalls der Meinung, ein Schmerzmittel könne Gretel nicht schaden: Vielleicht würde sie, von ihren Qualen befreit, mehr am Leben teilhaben.

Zurück von der Apotheke, studiere ich aufmerksam die Nebenwirkungen des Opioids, die nicht zu knapp sind. Um ›Gedächtnisausfall‹ und ›Angstzustände‹ müssen wir uns bei Gretel ja keine allzu großen Sorgen machen. Aber was, wenn jetzt noch ›Wahnvorstellungen‹ oder eine ›Atemdepression‹ dazukommen?

Beim Abendessen tischt Malte das hauseigene Schmerzmittel auf: Wodka. Eine polnische Vorgängerin von Gabija hat ein tägliches ›Reinigungsritual‹ zum Essen eingeführt. »Das desinfiziert!«, sagt mein Vater, während er aus der Wodkaflasche in kleine Schnapsgläschen einschenkt. Gabija nennt es: »Drei Tropfen trinken«. Sie bringt uns heute bei, wie man sich auf Litauisch zuprostet; es klingt wie ›Iss-wie-Kater‹. Wir stoßen an, und ich improvisiere einen Trinkspruch: »Iss-wie-Kater und Trink-wie-Katze!« Wir lachen und trinken. Da öffnet Gretel die Augen und sieht sich flehend um: »Oh bitte, oh bitte.« Das lassen wir uns nicht zweimal sagen und geben auch ihr ein Schlückchen von dem ›Wässerchen‹. Gretel nippt daran und verzieht den Mund: »Ui! Das ist unheimlich – das pratzt ja! Schmeckt ganz scharf!« Dann hüstelt sie etwas.

»Oh je, hast du Husten?«, frage ich besorgt.

»Ich? Nee! Jetzt will ich schlafen!«, antwortet sie und bringt uns zum Lachen. Gretels Gesicht hat eine gesunde Rötung bekommen, und sie spricht für ihre Verhältnisse wie ein Wasserfall: »Das macht man davon, davon, davon.« Wir geben ihr sicherheitshalber noch einen Schluck Apfelsaft zum Nachspülen, zu dem sie bemerkt: »Das ist doch gut.«

Mein Vater ist in Hochstimmung, ein solches ›Tischgespräch‹ hat es schon lange nicht mehr gegeben! Auch beim Essen sorgt Gretel für Heiterkeit. Als sie es ablehnt, den Rosenkohl in den Mund zu nehmen, versucht Malte, ihr die kleinen grünen Röschen schmackhaft zu machen: »Sieh mal, die lachen dich an!« Da öffnet Gretel kurz die Augen und wirft einen Blick auf das Kohlgemüse: »Sind die blöd?«

Nach dem Essen öffnet mein Vater zischend zwei Bierflaschen.

»Was macht ihr?«, fragt Gretel neugierig.

»Wir sitzen hier mit dir.«

»Das find' ich gut.«

Gretel behält rekordverdächtig lange die Augen auf und mustert meinen Vater und mich, als wir unser Bier trinken: »Merkwürdig. Ihr seht euch irgendwie sehr ähnlich.«

Der Abend hat uns optimistisch gestimmt, aber am nächsten Morgen macht Gretel keinen so guten Eindruck mehr. Naja, es ist schließlich auch spät gewesen gestern. Wir lassen sie heute lieber mal länger im Bett – soll sie doch schlafen, bis der Pflegedienst kommt!

Malte und Gabija sind gerade in der Küche dabei, eine Einkaufsliste zu schreiben. Mein Vater verbessert zwar gerne ihre Deutschfehler und versucht, ihr Vokabular zu erweitern, aber er ermutigt sie auch zu kreativen Spracherfindungen. Suppe wird bei uns, seit wir eine weißrussische Pflegekraft hatten, ›Supp-tschik‹ genannt, und Gabija hat inzwischen ›Greteltschik‹ eingeführt – das heißt so viel wie ›Gretelchen‹. Jetzt gibt sie meinem Vater Informationen für die Einkaufsliste: »Äpfel: Keiner da.« Mein Vater nickt bestätigend und blickt in den Kühlschrank: »Butter: Keine da.«

Während mein Vater einkaufen geht, begleite ich Gabija zur Volkshochschule. Sie ist jetzt bald ein halbes Jahr bei uns und Malte hat ihr zum Geburtstag einen Deutschkurs geschenkt, für den sie einen Einstufungstest machen muss. Ich soll ihr dabei als Dolmetscher zur Seite stehen und die Anmeldung erledigen. Gabija ist schon die sechste Pflegekraft, die meinem Vater offiziell als ›Haushaltshilfe‹ über eine Agentur vermittelt wurde. Die anderen osteuropäischen Frauen waren auch schon eine große Hilfe gewesen, sie hatten aber alle noch kleine Kinder in ihrer osteuropäischen Heimat und blieben nie länger als drei Monate am Stück. Gabijas Sohn ist schon erwachsen und wie sie hat noch keine meine Mutter ins Herz geschlossen. Sie möchte am liebsten in Deutschland bleiben. Hier gibt es viele alte Menschen, um die man sich kümmern muss. »Kleine Kinder lieben alle«, sagt sie, »aber alte Mensche brauchen viel Liebe!«

Beim Test in der Volkshochschule schneidet Gabija erstaunlich gut ab und wird nicht mehr als Anfängerin eingestuft.

Auf dem Rückweg erzählt sie mir gut gelaunt, dass sie bald für ein paar Wochen nach Litauen fahren wolle, um ›Reiki‹-Kurse zu belegen. »Reiki?«, frage ich erstaunt.

»Aber ist keine schwarze Magie!«, versichert sie mir. »Ich machen Reiki-Kurs eins und zwei.« In der ersten Kursstufe erlerne man die Selbstheilung, und durch die zweite Kursstufe erwerbe man die Fähigkeit, auch andere zu heilen. Ich kannte Reiki von einer Esoterik-Messe in Berlin, die ich einmal zu Recherchezwecken besucht hatte. Dort hielt mir eine japanische Heilerin ihre Hand vor die Stirn, aber anstatt positive Energie zu spüren, verspürte ich vor allem eine akute Ungeduld.

Während ihre polnischen Vorgängerinnen alle katholisch gewesen und jeden Sonntag schick angezogen in die Kirche gegangen waren, hatten die Pflegerinnen aus Litauen eher neureligiös-esoterische Vorlieben. Valentia, die erste Pflegerin aus Litauen, die vergangenen Sommer für drei Monate bei uns war, wollte meinen Vater und mich von der universellen Weisheit der ›Kabbala‹ überzeugen, die auch Nichtjuden offenstehe: »Nix Religion, ist Wissenschaft!« Die zweite litauische Pflegerin las begeistert die russische Buchreihe *Anastasia – Tochter der Taiga*, in der eine sibirische Heiligenfigur beschrieben wird, nach deren Vorbild der Leser möglichst an den Busen der Natur zurückkehren solle.

Gabijas spirituelles Interesse ist deutlich auf Heilmethoden ausgerichtet. Sie studiert auch Bücher über Chakren und

Meridiane, um die Energiebahnen im Körper besser zu verstehen. »Gretels Kopf krank. Wenn Kopf wieder gesund, alles kommt wieder gut«, folgert sie, und mir wird klar, dass sie nicht wie ich auf eine gewisse Verbesserung von Gretels Zustand hofft, sondern wirklich an eine Heilung glaubt! Die bloße Vorstellung treibt mir die Tränen in die Augen: Ist es nicht besser, an Wunder zu glauben, als mit dem hoffnungslosen Wissen der Vernunft zu leben?

Gretel ist auch mittags noch müde und weggetreten, kein Vergleich zu gestern. Sie macht leider nicht den Eindruck, als ließe die Schmerzlinderung durch das Medikament sie aufleben. Ist ihre Schlaffheit auf das Fentanyl-Pflaster zurückzuführen oder einfach ein kleines Formtief nach dem langen ereignisreichen Tag gestern?

Eigentlich will ich morgen wieder nach Berlin zurückfahren, um meinen Film fertigzustellen. Aber ist die Geschichte überhaupt zu Ende erzählt? Es ist seltsam, an einem Dokumentarfilm über die eigene Mutter zu arbeiten und dabei ihre Veränderung sozusagen einzufrieren, während sich ihr Zustand in Wirklichkeit laufend weiter verschlechtert. Musste ich die jüngste Entwicklung nicht auch noch berücksichtigen?

Ich schiebe diese Gedanken zur Seite: Ich will nicht mehr drehen – besonders nicht, wenn es Gretel so schlecht geht. Und ich habe die Hoffnung nicht aufgegeben, den Film fertigzustellen, solange meine Mutter noch am Leben ist! Doch mit Plänen ist es so eine Sache, wenn man es mit einer Demenz zu tun hat. Man neigt dazu, der Realität hinterherzuhinken. Was ist aus all unseren Umzugs- und behindertengerechten Umbauplänen geworden? Sie haben sich bei Gretels jetzigem Zustand sowieso erübrigt.

Nachmittags fahre ich mit meinem Vater in ein Sanitätshaus, um nach einem geeigneteren Pflegebett Ausschau zu halten. Es findet sich auch ein Bett, das man tief genug herunterfahren kann und das deutlich billiger wäre als der ›Porsche‹ zu Hause, der dort für über zweitausend Euro zur Miete steht. Das geeignetere Bett wäre in der Anschaffung sogar billiger als die zweijährige Miete, aber die Kosten müsste mein Vater selbst tragen, da der Hersteller kein Vertragspartner der Pflegekasse ist.

Wir erkundigen uns auch nach einem höhenverstellbaren Pflegesessel und eine Verkäuferin präsentiert uns ein Dreitausend-Euro-Modell. Sie erklärt auch, dass ein solcher Sessel grundsätzlich nicht von der Kasse übernommen werde und wir fragen uns, ob sich eine derartige Investition überhaupt noch lohnt. Wer weiß, ob das Ding wirklich so nützlich für Gretel wäre – wir haben es mit dem 100-Euro-Sessel von IKEA ja bisher auch geschafft. Gretel hätte bestimmt gesagt: »Ach, lasst doch den Quatsch, ist doch viel zu teuer!« Außerdem stellte sich uns die Frage: ›Wie lange brauchen wir diese Sachen überhaupt noch?‹ Mein Vater hat sich angewöhnt, in kleinen Etappenzielen zu denken. Zu weit lässt er seine Gedanken nicht in die Zukunft schweifen, das stimmt nur traurig.

Eine Sache, die meinen Vater garantiert auf andere Gedanken bringt, ist Tischtennis. Er spielt sehr gerne, aber in dem Verein, dem er beigetreten ist, findet sich nicht immer ein geeigneter Spielpartner. Oft muss er einige Zeit beim Training auf der Bank verbringen. Umso mehr freut er sich, dass ich ihn heute Abend begleiten möchte. Vorher hole ich noch schnell eine Pizza aus der Stadt, da heute keiner Lust hat, zu kochen. Ich habe eine leckere Steinofenpizzeria ausfindig gemacht, und die warmen Schachteln duften vielversprechend in meinen Händen, als ich mich auf den Rückweg mache.

Während ich die Straße auf unser Haus zugehe, fällt mir ein Mann auf, der auf der Straße steht. Beim Näherkommen erkenne ich meinen Vater, der vor unserer Haustür ungeduldig auf etwas zu warten scheint. Bin ich schon so spät? Will er gleich mit mir ins Auto springen, um zum Tischtennis zu fahren? Er blickt durch mich hindurch, und auch als ich nur noch wenige Meter von ihm entfernt bin, nimmt er keine Notiz von mir, hält nach irgendetwas Ausschau. Schon fast vor seiner Nase angelangt, frage ich: »Was ist denn los?«

»Ich habe einen Rettungswagen gerufen, Gretel ist dabei, zu ersticken.«

Ich laufe mit den Pizzen, die jetzt nur noch nervige heiße Pappschachteln in meinen Händen sind, an ihm vorbei durch die offene Haustür und haste nach oben. Gretel liegt röchelnd auf ihrem Bett, ihr Körper ist seltsam gekrümmt. Gabija sitzt neben ihr und weint vor Entsetzen.

»Tut mir leid! Tut mir leid! Nicht meine Schuld, nicht meine Schuld!«, ruft sie mir entgegen. Ich stelle entgeistert die Pizzaschachteln in der Küche ab und gehe zu meiner Mutter, beuge mich über ihren bebenden Körper. Neben ihrem Mund liegt etwas Schaumiges, das Erbrochenes sein könnte. Ich spreche sie an, rüttele an ihrer Schulter, doch sie reagiert nicht, keucht und röchelt unregelmäßig und schnell. Irgendetwas muss sofort geschehen, sonst ist es um sie geschehen!

Zum Glück rücken in dem Moment die Rettungskräfte an, gefolgt von meinem Vater. Die drei stämmigen Kerle sondieren die Lage, einer trägt den schweren Defibrillator.

»Was ist passiert?«, fragt der Sanitäter.

»Wir haben ihr zum Nachtisch Joghurt gegeben«, berichtet mein Vater, »und dann hat sie plötzlich angefangen zu husten, lief blau an und würgte Schleim hervor. Ich dachte, sie erstickt jeden Moment.«

»Welche Vorerkrankungen bestehen?« fragt der Rettungsleiter, während er einen kurzen Blick auf Gretels Gesicht wirft.

»Meine Frau ist schwer demenzkrank.«

»Sie hat aspiriert«, folgert der Sanitäter. »Wir nehmen sie mit runter.«

›Aspirieren‹: Was für ein seltsames Wort für ›verschlucken‹, geht es mir durch den Kopf. Ich kannte ›Aspiration‹ bisher nur in der Bedeutung von Hoffnung.

»Wir haben ihr gestern Abend zum ersten Mal ein *Fentanyl*-Pflaster gegeben«, gebe ich zu Protokoll, während die Rettungshelfer eine Plane auspacken, die sie Gretel als Tragehilfe unterschieben. »Wir hofften, dass es ihr mit dem Schmerzmittel besser gehen würde, aber sie war heute den ganzen Tag sehr geschwächt. Kann das irgendwie zusammenhängen?«

Der Sanitäter schüttelt den Kopf. Ob als Antwort auf meine Frage oder um zu bedeuten, dass das jetzt nichts zur Sache tue, ist nicht klar. Mit stoischer Miene packen die Rettungskräfte Gretel in eine Plane, die mich unwillkürlich an einen Leichensack erinnert – ist es gleich um sie geschehen? Ich versuche in den Gesichtern der Sanitäter zu lesen, doch es gibt kein Anzeichen, ob wir hoffen dürfen. Für sie ist das hier einfach Routine: Ein weiterer Fall am Samstagabend, wieder hat eine alte Frau ›aspiriert‹. Für die Angehörigen ein Weltuntergang. Für die Rettungsleute *business as usual*. Jetzt heben die Männer meine Mutter hoch und tragen sie schnellen Schrittes aus der Wohnung. Sie ist auf dem Weg ins Krankenhaus – genau das, was wir unbedingt hatten vermeiden wollen. Aber was hätte man anderes tun können? Man konnte Gretel ja nicht ersticken lassen!

»Ich konnte den Hausarzt nicht erreichen«, berichtet mein Vater. In seiner Not rief er einen Rettungswagen. »Gabija versuchte ihr mit einem Küchentuch, den Schleim aus dem Rachen zu entfernen, aber Gretel verbiss sich darin und keuchte: ›Lasst mich, lasst mich.‹ Ich dachte: Gleich ist es um sie geschehen.« Meinem armen Vater bleibt nichts erspart! Neben der Erstickungsgefahr birgt eine Aspiration auch das Risiko, dass durch Fremdkörper, die in die Bronchien gelangen, eine Lungenentzündung entsteht. Das war immer Maltes große Sorge gewesen: »Dann ist sie erledigt.«

Auf der Straße vor unserer Haustür legen die Rettungsleute meine Mutter auf eine Liege, die sie in den Einsatzwagen schieben. Das Blaulicht wirft ein gespenstisches Licht auf den Schauplatz, als mein Vater und ich vor die Tür treten. Es hat sich schon ein kleiner Autostau gebildet. Mein Vater fragt die Sanitäter, ob er mit ins Krankenhaus fahren kann. »Das ist nicht nötig«, wird ihm gesagt. Er solle sich in einer Stunde im Krankenhaus melden.

»Letztes Mal konnte ich mitfahren«, wundert sich mein Vater. Wir erwarten quietschende Reifen und eine rasante Abfahrt, doch die Ambulanz bleibt stehen. Bald stauen sich die Autos schon um die nächste Kurve herum. Der Rettungswagen fährt und fährt einfach nicht los! Jetzt kommt auch Gabija die Treppe herunter vor die Tür. Sie weint und wimmert: »Nicht meine Schuld, nicht meine Schuld!« Ich schüttele den Kopf und lege ihr meine Hand auf die Schulter. »Du kannst nichts dafür. Wirklich nicht.« Sie faltet die Hände wie zum Gebet: »Bitte, bitte, bitte!«, und blickt nach oben, als könnte sie Gott persönlich dazu bewegen, noch einmal ein Auge zuzudrücken.

Die Minuten verstreichen, in denen der Krankenwagen weiter unbeweglich vor unserer Haustür steht und sein blaurotes Licht über unsere Gesichter streichen lässt. Versucht man da drinnen gerade verzweifelt, Gretel zu reanimieren? Kann man das nicht während der Fahrt machen? Ich stelle mir vor, wie sie gleich das Blaulicht abschalten, wie sie heraus kommen, keine Eile mehr zeigen. Ein Horrorbild: Rettungskräfte, die ruhig und gelassen an einem Unfallort ihre Sachen einpacken. Sie haben ihre Arbeit eingestellt, denn jede Hilfe ist zu spät.

Nach einer gefühlten Ewigkeit, die wahrscheinlich nur fünf Minuten dauerte, öffnet sich die Tür des Rettungswagens. Mir sackt das Herz in die Hose: Der Sanitäter wirkt schrecklich gelassen. Ist es aus? Mein Vater geht auf ihn zu und darf kurz noch einen Blick hinten in den Wagen werfen. Soll er sich von seiner Frau verabschieden? Mein Herz schlägt wild, als ich näher an den Wagen herangehe. Doch Gott sei Dank ist mein Vater beruhigt:

»Sie sagen, sie schwebt nicht mehr in akuter Lebensgefahr. Sie haben ihr einiges aus der Lunge abgesaugt und sie einigermaßen stabilisiert. Ihr Atem ist ruhiger, das habe ich gesehen. Sie wird jetzt zur Notaufnahme gefahren.«

Hinter ihm setzt sich endlich der Rettungswagen in Bewegung. Durch Gretels ›Aspiration‹ fährt nun also unsere Hoffnung dahin, sie vor dem Krankenhaus zu bewahren.

Kapitel 10

Im kranken Haus

»Es sieht nicht gut aus mit Ihrer Mutter, Herr Sieveking«, erklärt die Ärztin aus der Intensivstation, eine Stunde nach Gretels Einlieferung, meinem Vater am Telefon, der in seiner Aufregung ganz versäumt, sie darauf hinzuweisen, dass es um seine Frau geht und nicht um seine Mutter. »Sie hat eine Herzinsuffizienz mit Vorhofflimmern. Wir versuchen, ihren Zustand mit Medikamenten zu stabilisieren.« Die Ärztin ist freundlich, nimmt aber kein Blatt vor den Mund und fragt meinen Vater, welche medizinischen Maßnahmen denn überhaupt noch gewünscht seien. Ich höre das Gespräch über Lautsprecher mit und spüre auf einmal das schwere Gewicht der Verantwortung, die in unseren Händen liegt. »Meine Kinder und ich sind der Meinung, dass sie am besten bei uns zu Hause aufgehoben ist, wenn es zu Ende geht«, umreißt mein Vater tapfer unseren Haltung, ohne die Frage wirklich zu beantworten. Er hat von Gretels Generalvollmacht us Kindern Untervollmachten ausstellen lassen. Er will, was sie betrifft, keine schwerwiegende Entscheidung alleine treffen.

Auf dem Weg ins Krankenhaus gehen mein Vater und ich schweigend den ›Schulberg‹ hinunter, der von unserem ›Mühlberg‹ in Richtung Krankenhaus führt. Das Hospital liegt gleich hinter meiner ehemaligen Grundschule. Wir laufen also auf meinem ehemaligen Schulweg. Ich erinnere mich, wie meine Mutter mich nach der Einschulung eine Zeit lang mit ihrem Fahrrad zum Unterricht kutschierte. Ich saß in einem *Römer*-Fahrradkindersitz auf ihrem Gepäckträger und fühlte mich wie ein kleiner Kaiser, dem niemand etwas anhaben konnte. Gretel war eine überzeugte Radfahrerin und überredete meinen Vater nicht nur aus der Kirche auszutreten, sondern auch dem ADAC den Rücken zu kehren. Stattdessen wurden wir Mitglied im VCD, dem alternativen ›Verkehrsclub Deutschland‹ der sich speziell für Fahrradfahren und Elektromobilität stark macht. Gretel war auch immer auf dem Laufenden, was Verbraucherschutz betraf und las stets die ›Stiftung Warentest‹-Magazine. Sie fand für uns heraus, welche Kranken-, Haft- und Hausratversicherung gerade gut und günstig waren. Besonders in Gesundheitsfragen hatten sich mein Vater und ich immer auf Gretel verlassen. Und jetzt sollten wir auf einmal für sie schwerwiegende medizinische Entscheidungen fällen? Verkehrte Welt! Ein bisschen hatte ich auf dem Weg das Gefühl, mein Vater sei eigentlich mein älterer Bruder, dem genau wie mir seine verantwortungsvolle Mutter fehlte, die er jetzt im Krankenhaus besuchen wollte. Vielleicht hatte die Ärztin am Telefon gar nicht so unrecht gehabt, als sie Maltes Frau mit seiner Mutter verwechselte.

Als wir den Notaufnahmebereich des Spitals betreten, fällt mir ein, dass auch ich schon einmal Gefahr gelaufen war, zu ersticken, und damals genau hier behandelt worden war. Ich hatte als Grundschüler in mein von Mami liebevoll geschmiertes Nutella-Pausenbrot gebissen und übersehen, dass auch eine Wespe Gefallen an dem süßen Aufstrich gefunden hatte. Ob die Wespe überlebte, ist nicht überliefert, aber sicher ist, dass mein Hals von ihrem Stich blitzschnell anschwoll und ich keine Luft mehr bekam. Ganz ähnlich wie Gretel vorhin beim Abendessen. Ich wurde damals direkt vom Pausenhof hierher ins Krankenhaus gebracht und bekam eine Spritze, die den Stich abschwellen ließ. Hoffentlich gibt es für meine Mutter heute eine ähnlich wirkungsvolle Behandlung!

»Wir haben sie stabilisiert«, erklärt uns ein junger Assistenzarzt im weißen Kittel, der uns zum Angehörigengespräch im Wartebereich der Intensivstation trifft. »Sie liegt jetzt auf der Überwachungsstation, wo wir sie im Auge behalten können.« Er fragt nach Gretels medizinischer Vorgeschichte und macht sich Notizen.

»Soll sie denn im Notfall noch reanimiert werden?«, stellt er wieder so eine quälende Frage. Wir möchten von ihm wissen, was das genau bedeuten würde. »Nun ja, eine Reanimation kann unter Umständen zu einem künstlichen Koma führen. Dann wird die Beatmung zunächst durch einen Schlauch ›intubiert‹, nach einer Woche geht man dann lieber direkt durch die Luftröhre. Das Problem ist, dass man jemanden nicht so ohne Weiteres wieder von den Schläuchen abnehmen kann.«

Malte und ich sind uns einig: Es ist im Sinne Gretels und auch in unserem, sie im Zweifel nicht mehr zu reanimieren. Der Arzt nickt. »Und wie sieht es mit der Ernährung aus? Momentan kann sie gut per Infusion ernährt werden, aber wenn sie weiterhin beim Essen aspiriert, müsste man über eine Magensonde nachdenken.«

Wie soll man so etwas entscheiden, ohne Gretel zu fragen? Damals, als ich nach dem Wespenstich hier eingeliefert worden war, gab es für meine Mutter keine Wahl: Ein Kind war dabei zu ersticken, und den Ärzten war klar, was zu tun war. Diesmal ist alles nicht so eindeutig. Der Arzt blickt in unsere ratlosen Gesichter. »Das müssen Sie ja nicht alles heute Nacht entscheiden. Aber Sie sollten sich überlegen, unter welchen Bedingungen Sie sie gehen lassen möchten. Manchmal ist ein Ende mit Schrecken besser als ein Schrecken ohne Ende.«

Als wir den Raum der Überwachungsstation betreten, in dem Gretel liegt, habe ich das Gefühl, dass wir sie schon sehr weit haben ›gehen‹ lassen. Sie ruht auf einer Liege, umgeben von medizinischen Hightech-Geräten, und hängt an allerlei Schläuchen. Eine Infusion geht in den Arm, ein kleiner Schlauch kommt aus ihrem Finger. Über ihr Gesicht ist eine Sauerstoffmaske gespannt, die von einem brodelnden Gerät hinter ihrem Bett gespeist wird. Unter der Maske atmet sie heftig und schnell, immer wieder unterbrochen von Husten und Räuspern. Sie kämpft sichtlich. Auf Bildschirmen zeichnen sich Kurven ab, Zahlen verändern sich laufend, Werte steigen und fallen. Es sieht ein bisschen aus wie an der Börse. Die Kürzel ›Resp.‹ und ›HF‹ blinken, die ich als ›Respiration‹ und ›Herzfrequenz‹ interpretiere. Während Gretel mir sehr elend erscheint, findet Malte, dass sie wieder besser aussieht. »Sie hat so rosige Wangen«, flüstert er, nimmt ihre Hand und streichelt ihr Gesicht: »Oh, Gretel. Meine Gretel.«

Sie hält die Augen geschlossen, aber plötzlich steigen und fallen die bisher nur leicht schwankenden Werte auf dem Bildschirm turbulent. Eine Kurve zuckt wild umher, die Herzfrequenz steigt deutlich. Malte lässt Gretels Hand wieder los. Prompt beruhigen sich die Werte. Für ihn ist das ein Zeichen unguter Aufregung, die seine Gegenwart bei ihr auslöst. Ich interpretiere die starke Reaktion eher als Gretels Freude über seine Zuwendung – ihr Herz hat wohl kleine Sprünge gemacht! Auf jeden Fall steckt noch einiges an Leben in ihr, da hat mein Vater ganz recht. Befriedigt registriere ich, wie ihr Sauerstoffgehalt im Blut von 97 % auf 99 % ansteigt. Die Börse schließt an diesem Abend überraschend positiv!

Hoffnungsvoll finden mein Vater, Gabija und ich uns am nächsten Tag wieder in der Intensivstation ein. Gretel braucht keine Beatmungsmaske mehr, sondern lediglich eine kleine

›Sauerstoffbrille‹. Sie ist aber wieder nicht ansprechbar. Ein Pfleger erklärt uns, dass Gretel eine schwere Lungenentzündung hat und zeigt auf das Absauggerät hinter ihrem Bett, dessen milchtütengroßer Behälter fast voll ist von einem gelbroten Sekret.

»Wir haben versucht, sie oral zu ernähren«, berichtet er, »aber sie hat nicht richtig geschluckt und nur gehustet.«

Er lässt uns nach dieser kurzen Aufklärung wieder allein, und mein Vater ist wie vom Blitz gerührt. »Das ist das Ende«, sagt er kreidebleich und lässt sich auf einen Stuhl sacken.

Ich stehe ratlos herum, bis sich meine jüngere Schwester meldet und ich sie vom Wartebereich durch die Intensivstation zu uns in die ›Überwachung‹ lotse. Sie bricht beim Anblick von Gretels hilflosem Zustand sofort in Tränen aus. Gabija geht ihr entgegen und beginnt ebenfalls zu weinen: »Nicht meine Schuld! Nicht meine Schuld!« Die beiden umarmen sich einen Moment, bis endlich auch mir und meinem Vater die Tränen kommen und wir alle zusammenrücken. Wir liegen uns eine Weile in den Armen, bis wir uns ausgeheult haben. Gretel reagiert nicht. Nicht, als wir sanft auf sie einreden, und auch nicht auf Berührung. Wird sie überhaupt noch einmal wieder die Augen aufschlagen? Immerhin hat der Pfleger gerade berichtet, dass er versucht hat, ihr etwas zu essen zu geben. Dafür muss sie doch bei Bewusstsein gewesen sein! Meine Schwester inspiziert das Pflegeprotokoll, das auf einer Arbeitsfläche neben dem Bett liegt, und entdeckt den Eintrag: ›Patient sehr eigenwillig‹. Das klingt ganz nach unserer Gretel und macht uns Mut. Ich probiere es zum Spaß mit einem autoritären ›Pfleger-Tonfall‹ bei Gretel, rüttle sie leicht an der Schulter und spreche sie wie bei einer ärztlichen Visite an: »Frau Sieveking?« Worauf sie folgsam die Augen öffnet und antwortet: »Ja, hier bin ich« – und uns zum Lachen bringt!

Am nächsten Tag hat sich Gretels Zustand weiter verbessert, und sie wird auf eine ›Normalstation‹ verlegt – doch die Situation bleibt auch dort ›intensiv‹. Sie muss sich ihr Zimmer mit zwei anderen deutlich älteren Frauen teilen. Die eine ist am ganzen Körper grün und blau, während die andere ständig hustet – es riecht unangenehm: Willkommen in der Geriatrie! Gretels neue Bettnachbarinnen sind chronisch unterversorgt und bekommen wenig oder gar keinen Besuch, so dass wir ständig damit beschäftigt sind, den alten Damen etwas zu trinken anzureichen oder ihnen gut zuzusprechen. Gabija ist voll in ihrem Element und kann endlich einmal ihre volle Leistungsfähigkeit als Altenpflegerin zeigen.

Und Gretel? »Ihre Entzündungswerte sind zurückgegangen«, erläutert uns eine Assistenzärztin. »Wir hoffen, dass sich durch die Herzinsuffizienz kein Lungenödem gebildet hat.« Bis sich Gretel weiter stabilisiert habe, werde man ihr die Sauerstoffbrille nicht abnehmen. Wir fragen, ob wir versuchen dürfen, sie zu füttern, und die Ärztin verspricht, dass eine Logopädin kommen werde, um festzustellen, ob Gretel richtig schlucke. Wenn ja, könnten wir gerne helfen, sie zu füttern, da die Schwestern und Pfleger viel zu wenig Zeit hätten, sie ausreichend durch den Mund zu ernähren.

Wir hoffen, Gretel so bald wie möglich ohne ›Schläuche‹ nach Haus zu holen, doch mein Vater zweifelt, ob es mit ihr noch einmal bergauf gehen wird. Wie soll man bei so viel Krankheit, die einen hier umgibt, auch wieder gesund werden? Malte weist mich auf ein Plakat hin, das unübersehbar gegenüber den Aufzügen am Eingang der Station hängt und aussieht wie Werbung für einen Kinderzirkus. Darauf ist eine farbig bekleckste Hand abgebildet, über der in bunten Lettern steht: ›Aktion saubere Hände‹ mit Hinweis auf eine Website zur Aufklärung über Hygienegrundsätze. »Diese gefährlichen antibiotika-resistenten Keime«, kommentiert mein Vater den

Aufruf, »die sich in Krankenhäusern bilden und vor denen uns mein Bruder gewarnt hat, werden gar nicht von den Patienten übertragen, sondern vor allem vom Personal.« An dem bunten Poster irritiert mich vor allem, dass es überhaupt einer Kampagne bedarf, um so selbstverständliche Hygieneregeln wie Händewaschen vor und nach Patientenkontakt durchzusetzen.

Doch wie sich bald herausstellt, gibt es noch viel gravierendere Nachlässigkeiten auf unserer Station. Meine Schwester bemerkt abends, dass es aus Gretels Tropf auf den Boden ›tropft‹. Am nächsten Morgen fällt mir auf, dass Gretels Bettdecke ganz nass ist, und ich stelle fest, dass der Schlauch schon wieder leckt. Ich rufe einen Pfleger, der einen kleinen Plastikhahn am Anschlussstück des Infusionsbeutels zudreht. Warum er offengestanden und verhindert hat, dass die Lösung wie vorgesehen fließen kann, weiß er nicht:

»Bei der Antibiotikaflasche funktioniert es genau umgekehrt wie bei der Nährlösung, da muss der Hahn geöffnet sein. Keine Ahnung, wer hier so was macht.«

Meinem Vater fallen in den ersten Nächten große Lücken im Bewegungsplan auf. Auf der Überwachungsstation unten in der Intensivabteilung war sie noch alle zwei Stunden umgelagert worden, um zu verhindern, dass sie weiter durchliegt. Hier auf der Normalstation sollte das tagsüber alle drei und nachts alle vier Stunden passieren, doch den Eintragungen zufolge hat man sie einmal für sechs Stunden auf einer Seite liegen lassen. Angeblich habe man nur vergessen, die Liste zu führen, doch als wir nachvollziehen, in welcher Richtung Gretel dann hätte gewendet sein müssen, bestätigt sich unser anfänglicher Verdacht.

Besonders problematisch ist der lähmende Kompetenz-Dschungel. Wenn es beispielsweise nachts im Zimmer unangenehm riecht, kann man nicht einfach ein Fenster öffnen, denn nur eine bestimmte Schwester verfügt über einen Fensterschlüssel und bewacht ihn wie ihren Augapfel. Und meistens ist diese ›Wächterin des Schlüssels‹ gerade irgendwo unterwegs, so dass man im Zimmer lange auf frische Luft warten kann.

Die Logopädin, die Gretels Schluckfähigkeit prüfen soll, lässt sich in der ersten Woche nicht blicken, stattdessen probiert eine Krankenschwester auf eigene Faust, Gretel Joghurt zu verabreichen. Prompt verschluckt sie sich wieder, und man muss den Joghurt absaugen.

Tags darauf erscheint statt der Logopädin eine junge, blonde Ergotherapeutin. Als Gretel nicht auf ihre Ansprache reagiert, versucht sie sanft ihren Arm zu strecken und fragt:

»Ist Ihre Großmutter immer so abwesend?«

»Meine *Mutter* ist meistens so abwesend, das heißt aber nicht, dass sie schläft.« Wie auf Kommando zieht Gretel daraufhin ihren Arm aus den Händen der Therapeutin zurück. »Aua! Ich hab' Angst!«, sagt sie mit geschlossenen Augen.

Ich gehe der Therapeutin zur Hand und streichele Gretel beruhigend.

»Keine Angst, Gretel. Das ist eine kostenlose Massage.«

Da öffnet sie die Augen, blickt die Therapeutin an und bemerkt lächelnd: »Die ist aber goldig!«, und lässt uns ohne weitere Gegenwehr ihre Arme beugen und strecken. Gretels Gliedmaßen sind dennoch extrem verkrampft, die Hände stark abgeknickt, beinahe spastisch. Bei dem sogenannten ›Durchbewegen‹ spüre ich, dass der Körper meiner Mutter völlig verhärtet ist – die Muskeln ihrer Schultern fühlen sich beinahe wie Knochen an. »Streicheln und bewegen tut ihr gut«, ermuntert mich die Therapeutin – und hat natürlich vollkommen recht! Warum haben wir bisher nicht daran gedacht, mal ihre Gliedmaßen zu bewegen? Es gibt zwar einen

›Bewegungsplan‹, aber der dokumentiert lediglich das Umlagern von der einen auf die andere Seite, Arme und Beine hat man nicht beachtet und sich auf den Krankengymnasten verlassen, der aber bisher noch nicht aufgetaucht ist. Ich spüre, wie Gretel sich durch das Bewegungsprogramm langsam etwas entspannt. Als ihre Arme ›durchbewegt‹ sind, sage ich zu ihr: »Jetzt beweg mal deinen Fuß. Kannst du das?«

Und zur Therapeutin gewendet:

»Wollen wir das auch einmal probieren?«

Doch die Bewegungsexpertin schüttelt den Kopf:

»Das macht der Krankengymnast.«

Ich kann es kaum fassen, aber als Ergotherapeutin fühlt sie sich nur für Arme, Hände und Oberkörper zuständig. Ich verkneife es mir, nach einem ›Zeh-Therapeuten‹ oder einem ›Ohrologen‹ zu fragen und bemerke lediglich, dass man einen Physiotherapeuten hier leider noch nicht gesichtet habe. »Nein?«, wundert sie sich. »Seltsam, er kommt doch eigentlich täglich zu den Patienten. Ich werde gleich einmal nachfragen.« Gerade, als sie gehen will, fällt mein Blick auf den leeren Infusionsbeutel, der an Gretels Tropf hängt und schon längst hätte ausgewechselt werden müssen.

»Und wie sieht es mit Schlucken und Essen aus?«, rufe ich ihr hinterher. »Das macht doch die Logopädin, oder?«

»Ach? Die Kollegin wusste noch gar nicht, dass sie hier gebraucht wird. Ich sage Bescheid.« Doch vor Logopädin oder Krankengymnast kommt erst einmal das Wochenende und kein Therapeut lässt sich blicken.

Am Samstagmorgen liegt bei meiner Mutter zum Frühstück ein Wurstbrot auf einem Teller, daneben ein Tablettendöschen. Es wirkt wie ein stummer Vorwurf, da sie ja per Infusion ernährt wird.

Das absurde Theater im Krankenhaus geht mit der Wochenend-Visite weiter, die ein Arzt durchführt, der Gretel noch nicht kennt und auch gar nicht zu ihr schaut, als er hereinkommt. Er ist völlig in seine Akte vertieft und wendet sich zum Bett von Gretels Zimmernachbarin:

»Hallo, Frau Sieveking.«

Da niemand antwortet, bemerkt er die Verwechslung nicht und bleibt völlig in die Laborwerte vertieft:

»Niere o.k., Leber o.k., Blut o.k.«, murmelt er, fragt dann beiläufig: »Bestehen Allergien?«

»Nicht, dass ich wüsste«, springe ich ein, und der Arzt nimmt zum ersten Mal Notiz von mir. »Frau Sieveking liegt übrigens hier.« Ich deute auf das Bett meiner Mutter neben mir. Der Arzt zuckt mit den Schultern, macht sich einen Vermerk – tut ja eh nichts zur Sache, wenn keiner ansprechbar ist. Ich frage ihn, wie sie die Tabletten und das Wurstbrot zu sich nehmen soll, wenn sie nichts schlucken darf und intravenös ernährt wird. Er sagt, das sei Sache der Schwestern – und verschwindet.

Später sind wir mit einer Chirurgin verabredet, die uns über die geplante Behandlung von Gretels wundgelegenem Rücken aufklären soll. Wir wundern uns, dass die Ärztin sich gar keinen persönlichen Eindruck von Gretel machen möchte, sondern lieber auf dem Gang vor der Tür mit uns spricht.

»Wollen wir nicht hineingehen zu meiner Mutter? Da ist auch ihr Pflegeprotokoll.«

»Nein, nein, das ist nicht nötig«, antwortet die Ärztin, die einen sehr ungeduldigen Eindruck macht und ständig auf die Uhr blickt. Immer wieder klingelt ihr Telefon, aber sie stellt es nicht stumm, sondern unterdrückt nur die Anrufe. Uns gibt sie ein paar eng beschriebene Seiten über Ablauf und Risiken eines ›Vakuumwundverschlusses‹ in die Hand. Neben einer Tiefenreinigung der Verletzung sei so ein Wundverschluss sehr ratsam. Bei dieser Behandlung werde ein ›Schwämmchen‹ in die Wunde eingesetzt und anschließend mit einer Membran luftdicht verschlossen. Eine elektrischen Pumpe würde dann laufend das Wundsekret abpumpen und die Heilung wesentlich beschleunigen.

»Wollen Sie sich denn wirklich nicht die Wunde mal angucken?«, frage ich die Chirurgin. »Vielleicht braucht es ja gar keinen Wundverschluss.«

»Das kann ja der Operateur am Montag beurteilen.«

»Ach? Sie werden gar nicht selbst operieren?«

»Nein, ich habe Wochenend-Dienst, Montag früh ist jemand anderes da.«

Wir sollen uns keine Sorgen machen, das sei ein ganz leichter Eingriff. Man könne die Wunde dann bis zum Verbandwechsel ein paar Tage in Ruhe lassen. Damit sei dann allerdings wieder eine kleine OP verbunden.

»Das geht dann mit einer örtlichen Narkose, oder?«, fragt mein Vater. Eigentlich eine rhetorische Frage.

Doch die Ärztin schüttelt den Kopf: »Nein, da machen wir eine Vollnarkose. Es wäre zu schmerzhaft und schwierig, wenn sich der Patient bewegt.«

Vollnarkose? Da läuten bei uns die Alarmglocken! Aus der letzten Vollnarkose bei ihrer Hüftoperation vor sechs Jahren war Gretel nur schwer verwirrt wieder erwacht. Dieses Ereignis ist für uns so etwas wie der offizielle Startschuss für Gretels Demenz. Eine Vollnarkose ist wieder so etwas, was wir unbedingt vermeiden wollen. Und jetzt ist gleich von mehreren die Rede?

»Machen Sie sich wegen der Narkose keine Sorgen«, beschwichtigt uns die selbstbewusste Chirurgin. »Es geht hier ja nur um einen ganz kleinen Eingriff. Das dauert höchstens eine Viertelstunde. Ohne einen solchen Vakuum-Wundverschluss gäbe es aber keine vernünftige Perspektive für eine Heilung des Dekubitus. Man sollte das schon aus rein ästhetischen Gründen machen.« Die Chirurgin wirkt sehr kompetent, und ihre Worte machen starken Eindruck auf uns. »Diese Behandlung würde ich auch bei jemandem empfehlen, der nur noch eine geringe Lebenserwartung hat. Das gehört zur absoluten Grundversorgung. Wollen Sie ihr zumuten, mit dieser Wunde zu leben?« Natürlich wollen wir das nicht!

Zufrieden eilt die Chirurgin nach diesem erfolgreichen ›Aufklärungsgespräch‹ davon, bevor uns einfällt zu fragen, wie oft dieser Verband denn eigentlich unter Vollnarkose gewechselt werden müsse.

Der Anästhesist, der am nächsten Tag erscheint, kommt immerhin bis an Gretels Bett, um sie sich anzuschauen. Wie um die dadurch verlorene Zeit wieder aufzuholen, redet er in einem unwahrscheinlichen Tempo und wirft dabei mit Fremdwörtern nur so um sich. Wenn man dieses oder jenes ›Analgetikum‹ verabreiche, müsse man eventuell ›antagonisieren‹. Das mit der Vollnarkose sei überhaupt kein Problem bei solch einer ›neuronalen Athropie‹, aber er mache sich etwas Sorgen, weil Gretel ›dehydriert‹ sei. Das sehe man an ihrer Haut und an der Farbe ihres Urins. Man solle ihr auch aus Gründen, denen ich nicht folgen kann, einen ›zentralen Venenkatheter‹ legen. Als er uns fragt, was Gretel für ein Schmerzmittel bekomme, erzählen wir ihm von dem *Fentanyl*-Pflaster und wie sich Gretel einen Tag, nachdem wir es zum ersten Mal aufgebracht hatten, beim Essen verschluckt hatte. »Das ist auch kein Wunder«, findet der Betäubungsfachmann: »Die Vigilität sinkt natürlich bei Einnahme von *Fentanyl*, und auch die Schutzreflexe beim Schlucken können abnehmen. Aspiration ist da eine ganz typische Nebenwirkung. Ich kenne das aus meiner Zeit als Notarzt.« Er findet, Gretel wirke stark ›sediert‹ und empfiehlt, das Schmerz-Pflaster abzunehmen, um sie ›aufwachen‹ zu lassen. Dann werde man sehen, ob sie noch kauen und schlucken könne. Wir wundern uns, denn bisher haben alle Ärzte einen Zusammenhang zwischen dem Pflaster und der Aspiration ausgeschlossen. Für den Anästhesisten aber scheint die Sache glasklar. »Ich kümmere mich darum, dass das Pflaster abgenommen wird«, sagt er zum Abschied. Doch es passiert erst einmal gar nichts, denn es ist Sonntag. Die Oberschwester erklärt uns, heute sei keiner befugt, das Pflaster zu entfernen. Als mein Vater darauf hinweist, dass wir gerade mit einem Arzt darüber gesprochen hätten, wird die Schwester ungemütlich: »Keine Experimente!« Ein Arzt, der die Maßnahme autorisieren könnte, ist heute nicht mehr aufzutreiben.

Am nächsten Morgen wimmelt es wieder von Ärzten im Krankenhaus, aber wir sind heilfroh, dass keiner Gretel unters Messer nehmen will. Sie wird unverrichteter Dinge vom Operationssaal wieder zurück auf die Station geschoben. Die Röntgenaufnahme hat zwar keine deutliche Entzündung mehr in der Lunge gezeigt, aber der Anästhesist fand Gretels Atem zu schwach für die Narkose. Der Chirurg befand außerdem, dass der Dekubitus momentan nicht Gretels größtes Problem sei. Wir sind heilfroh, dass Gretel noch einmal um die Operation herumgekommen ist. Noch letzte Nacht hatten wir bereut, dass wir uns so leichtfertig diesen ›Vakuumwundverschluss‹ hatten aufschwatzen lassen. Ein befreundeter Arzt hatte mir erklärt, dass mit mindestens vier oder fünf weiteren Vollnarkosen zu rechnen sei, je nachdem, wie sich Gretels Wunde entwickelt und wie oft der Verband gewechselt werden müsse. Es gebe auch öfter Pannen, da die Oberfläche des Wundverschlusses empfindlich sei. In diesem Fall müsse die Wunde dann wieder gereinigt und verschlossen werden – natürlich unter Vollnarkose. Es ist eine Ironie des Schicksals: Gretels schwache Konstitution hat sie noch einmal vor dieser bestimmt nicht ungefährlichen Narkose-Flut bewahrt.

Es ist nicht das erste Mal, dass wir für Gretels Gesundheit ein Ziel verfolgen, das sich als Irrweg herausstellt und gar nicht zu ihrem Wohlergehen beiträgt. Als wir vor anderthalb Jahren die festen Zusagen einiger Fernsehredaktionen und Filmförderungen hatten und mit dem Hauptteil der Dreharbeiten bei meinen Eltern begannen, stellte sich heraus, dass Gretel vier ihrer Vorderzähne verloren hatte und in ihrem Lächeln eine riesige dunkle Lücke klaffte. Malte erklärte mir damals, dass er ein paar Tage zuvor bei dem Versuch, ihr die Zähne zu putzen, bemerkt hatte, dass einige locker waren. Und am nächsten Morgen waren sie dann auf einmal weg gewesen. Er hoffte, dass Gretel sie nicht verschluckt hatte und suchte alles ab, fand die Zähne jedoch nicht mehr. Ihr schien die Zahnlücke gar nichts auszumachen, außer dass sie jetzt beim Kauen etwas Probleme hatte. Als Filmemacher hatte ich aber nun das Problem, dass Gretel für die Kamera weniger vorteilhaft aussah. Also machten wir einen Termin, auch wenn Zahnarztbesuche für Gretel schon immer ein Graus gewesen waren. Die Angelegenheit war dann aber noch erheblich schwieriger, als ich mir hatte träumen lassen. Allein schon, sie dazu zu bringen, sich in den Behandlungsstuhl zu setzen und den Mund einen Moment lang offenzuhalten, war ein äußerst schwieriges Unterfangen. Der Zahnarzt befand, dass er eigentlich eine Wurzeloperation vornehmen und ›Brücken‹ bauen müsste, wollte dann aber in Anbetracht von Gretels Zustand lieber eine simple Prothese anfertigen. Das sei für sie bestimmt kein Problem. ›Denkste, Puppe‹, hätte Gretel dazu gesagt.

Beim zweiten Termin redeten wir eine Stunde lang vergeblich auf sie ein, und da sie zu mir wesentlich mehr Vertrauen hatte als zum Zahnarzt oder seinen Helferinnen, übernahm ich quasi die Rolle des Doktors. Ich sprach so lange mit meiner Mutter, bis sie müde wurde, und schaffte es schließlich ohne pharmakologische Hilfe, dass sie wegdämmerte. Beim Schlafen ließ sie ihren Mund weit offen stehen, sodass wir ihr die mit einem festen Gel gefüllte Metallform kurz auf die Zähne pressen konnten, um einen Abdruck zu erstellen. Ich war erleichtert, als wir es endlich hinter uns hatten – und umso schockierter, als mir auffiel, dass wir vorerst nichts weiter geschafft hatten, als die Vorlage einer Prothese zu erstellen, die ja auch noch eingesetzt werden musste.

Dies sollte beim dritten Termin geschehen. Zugleich sollte auch die alltägliche Handhabung besprochen werden. Wieder war es ein endloses Theater, bis Gretel den Mund weit genug öffnete, dass wir versuchen konnten, ihr die Prothese einzusetzen. Es war aber auch nicht ganz ungefährlich, mit den Fingern in ihrem Mund zu operieren, da sie oft reflexartig zubiss, wenn sie etwas zwischen ihren Zähnen spürte. Ich wendete also wieder mein rhetorisches Betäubungsmittel an, versetzte Gretel in Halbschlaf und konnte ihr die dritten Zähne in den Mund schieben, ohne dass sie etwas merkte. Mit einem kurzen, festen Andruck setzte ich ihr das Stück ins Gebiss ein: *Klack*. Gretel schlug erschrocken die Augen auf und versuchte verzweifelt, den Fremdkörper aus ihrem Mund zu entfernen. »Um Gottes Willen! Was ist das?! Das muss wieder raus, das muss wieder raus! Bitte!« Ich umarmte sie überschwänglich und versprach, dass wir gleich zu Hause leckeren Kuchen essen würden. Zum Glück hatte sie meinen schrecklichen Übergriff wenig später schon wieder vergessen und sich an die Prothese gewöhnt. Mein Kameramann und ich waren nun froh, dass sie wieder ein schönes weißes Lächeln hatte.

Aber als mich der Zahnarzt aufklärte, man müsse die neuen Zähne nach jeder Mahlzeit herausnehmen und reinigen, fragte ich ungläubig: »Sie meinen, wir müssen dreimal am Tag diesen Zirkus wiederholen?«

»Nun ja, mindestens nach dem Abendessen, vor dem Schlafengehen. Nachts besteht sonst die Gefahr, dass sie sich die Prothese selber herausnimmt und sich daran verschluckt.«

Mir schwante nichts Gutes, als ich am gleichen Abend mit Gretel im Badezimmer stand und sie bat, kurz den Mund zu öffnen. »Wie bitte, was willst du?«, fragte sie mich.

»Ich will dir nur deine Zähne herausnehmen – ich meine deine Prothese, denn, weißt du, das sind keine echten Zähne. Die hat der Zahnarzt gemacht. Wir wollen sie jetzt putzen, und dafür müssen wir sie herausnehmen.« Gretel wusste natürlich nicht, wovon ich sprach und sah mich an wie einen Wahnsinnigen. Es war ja auch seltsam: Da stand ein Typ vor ihr, der behauptete, ihr Sohn zu sein und ihr die Zähne aus dem Mund nehmen wollte. »Gretel, du hast da was«, versuchte ich es mit einer Finte, »halte doch bitte mal kurz den Mund auf.« Sie folgte meiner Bitte, und ich griff ihr mit einer geschickten Bewegung in den Mund, um mit einem kurzen kräftigen Ruck ihre Zahnprothese vom Kiefer zu lösen: *Klack* – und schon war das gute Stück heraus und zu Gretels Bestürzung in meiner Hand.

»Oh Gott! Du bist verrückt, du bist verrückt! Was hast du getan?« Der Schrecken war ihr ins Gesicht geschrieben. Für sie war es ja unerheblich, ob es sich um erste, zweite oder dritte Zähne handelte: Ich hatte ihr soeben etwas aus dem Mund herausgerissen, das dort fest verankert gewesen war. Wieder versuchte ich eine Umarmungsstrategie und gab ihr einen langen Kuss auf die Wange. »Jetzt kannst du dich endlich hinlegen, Gretel! Ist das nicht schön?« Der Segen des Vergessens half uns auch über diese Situation hinweg, und bald darauf schlief sie friedlich ein. Aber dafür saß der Schock bei mir tief in den Knochen.

Am nächsten Morgen stand sie mir wieder ahnungslos im Badezimmer gegenüber, und ich musste ihr erneut das fremde Gebiss einsetzen. Ohne Gedächtnis musste man wirklich das Gefühl haben, von Geistesgestörten umgeben zu sein!

Ich brachte es dann noch zwei Tage lang zuwege, ihr die Prothese einzusetzen – dann gab ich auf. Es war sowieso völlig unddenkbar, dass mein Vater diese Prozedur durchführen würde, wenn ich nicht mehr da war. Er fragte Gretel ständig, ob sie einverstanden sei, wenn er etwas von ihr wollte. Malte war nicht der Typ, um seiner Frau mit Tricks und Finten eine Zahnprothese einzusetzen. Und durch Gretels Demenz gab es ja auch keine Hoffnung, dass sie sich irgendwann an diese Prozedur gewöhnen könnte: Es wäre immer wieder ein neuer Schrecken für sie. Nach jeder Mahlzeit eine Reinigung der Prothese vorzunehmen, wie es der Zahnarzt empfohlen hatte, entspräche schlichtweg Folter. Gretels Zahnpflege war sowieso ein großes Problem, und man musste sich gut überlegen, wofür man seine Energie verwenden wollte, wenn man sich um sie kümmerte. War ihr mit dieser Zahnprothese überhaupt geholfen, oder ging es dabei nicht eigentlich mehr um uns, die sie ansahen? Gretel war ein äußerst uneitler Mensch gewesen, und sie machte nicht den Eindruck, dass sie die Zahnlücke störte. Also wanderten die dritten Zähne nach einer Woche in den Schrank, und anstatt dass sich Gretel an die Prothese gewöhnte, gewöhnten wir uns an ihre Zahnlücke.

So hatten wir damals mit viel Aufwand an Gretel herumgedoktert, ohne ihr damit wirklich zu dienen. Ähnlich ist es jetzt mit der Behandlung im Krankenhaus. Natürlich ist so ein Dekubitus schrecklich, und wir wünschen, dass Gretels Rücken heilt, aber in Anbetracht ihres Gesamtzustandes ist das Risiko, das eine Reihe von Vollnarkosen mit sich bringt, einfach nicht angemessen. Es gibt außerdem für Gretel noch deutlich größere Probleme als ihren wunden Rücken.

»Wenn sie in den nächsten Tagen nicht wieder anfängt zu essen«, erklärt uns die Stationsärztin nach der abgeblasenen Operation, »müssen wir Ende der Woche entscheiden, ob wir ihr eine Magensonde legen oder nicht.«

Nach dem Gespräch frage ich einen alten Schulkameraden um Rat, der Mediziner geworden ist und Gretel gut kannte. »Wenn sie eine Lungenentzündung hat«, fasst er zusammen, »eine Herzinsuffizienz festgestellt wurde, außerdem ein schwerer Dekubitus und sowieso eine fortgeschrittene Demenz besteht, würde ich ehrlich gesagt zusehen, dass ihr sie nach Hause bekommt. Und dann würde ich alle zusammentrommeln, damit ihr von ihr Abschied nehmen könnt.« Einen ganz anderen Ton hatte einer der Ärzte angeschlagen, der Gretel in der Intensivstation behandelt hatte: »Ich empfehle eine Behandlung ihrer Lungenentzündung mit Antibiotika, außerdem eine Dekubitusbehandlung, Krankengymnastik und Atemübungen, so dass ihr sie in einem wesentlich besseren Zustand als jetzt wieder nach Hause nehmen könnt.« In seinen Augen sei Gretel noch viel zu lebendig, um sie aufzugeben, und es sei ja offenbar nicht lange her, dass sie noch gelaufen sei und einiges an Lebensqualität hatte. »Sie jetzt nach Hause nehmen, hieße, sie in den sicheren Tod zu führen.«

Welchem Rat soll man da folgen? Natürlich hoffen wir auf Besserung!

Gabija berichtet uns, dass sie während ihrer Nachtschicht erlebt hat, wie Gretel spontan einen der Pfleger umarmte. Der Mann war dabei gewesen, Gretel umzulagern, und plötzlich hatte sie die Arme ausgebreitet und ihn aufgefordert:

»Komm' in meine Arme!«

Malte freut sich über Gretels Gefühlsausbruch und fühlt sich an seinen Aufenthalt mit Gretel in einer Alzheimer-Spezialklinik vor zwei Jahren erinnert. Auch dort hatte sie ein Faible für junge Männer entwickelt und sich speziell für einen Zivildienstleistenden interessiert. Einmal in der Kantine, als Malte gerade etwas zu essen holte, brachte sie eine ganze Tischrunde zum Lachen, indem sie verkündete: »Am wichtigsten sind immer die anderen Männer!« Meinen Vater kränkte das überhaupt nicht. Ihm gefiel es vielmehr, dass Gretel so lebhaft Kontakt aufnahm. Insgesamt war der Besuch in der Spezialklinik damals aber sehr frustrierend gewesen. Eigentlich war die stationäre Behandlung darauf ausgerichtet gewesen, für die Demenzkranken eine Beschäftigung zu finden, die man zu Hause in den Alltag einbinden konnte. Doch man befand, dass Gretels Demenz schon zu weit fortgeschritten war, als dass man noch eine förderliche Tätigkeit für sie hätte ausfindig machen können, und sie wurde frühzeitig wieder aus der Klinik entlassen. Es war wie verhext: Jahrelang hatten die Ärzte behauptet, Gretel habe gar keine Demenz, und nun war sie plötzlich schon ›zu dement‹, um noch etwas für sie zu tun. Mein Vater war tief enttäuscht, dass man in der Klinik nicht individueller auf Gretel eingegangen war, dass ihre verbalen Fähigkeiten und ihr Humor gar nicht weiter zur Kenntnis genommen worden waren. Doch trotz aller Frustration wurde ein Ratschlag, den die leitende Ärztin dieser Klinik damals meinem Vater gegeben hatte, in der folgenden Zeit der wichtigste Leitsatz für seine Zukunft mit Gretel:

»Hören Sie auf, Ihre Frau aus der Vergangenheit zu erklären.«

Kapitel 11

Irrtum zweiter Klasse

»Oh bitte, bitte«, fleht meine Mutter leise und weckt mich aus dem Halbschlaf. Es ist kurz nach drei Uhr morgens. Ich bin während meiner Nachtschicht im Krankenhaus eingenickt. »Ich bin bei dir, Gretel, ich bin bei dir«, beruhige ich sie und streichle ihre Hand.

»Das ist schön. Das ist gut«, murmelt sie mit geschlossenen Augen und lächelt. Mir fällt ein, dass mir gestern eine von Gretels Schwestern aufgetragen hat, ihr einen Kuss zu geben und ihre Hände zu streicheln, die so schön seien. Ich beuge mich vor, gebe ihr einen Kuss auf die Wange und flüstere: »Gretel, ich liebe dich.« Prompt schlägt sie die Augen auf und fragt:

»Warum denn?«

»Weil du meine Mutter bist.«

»Was? Ich?« Expressiv zieht sie die Augenbrauen hoch und die Mundwinkel herab. Ich wundere mich selber, dass ich ihr gerade diese Liebeserklärung gemacht habe. Es ist das erste Mal, dass ich ihr das so direkt mitgeteilt habe.

»Das glaubt die doch sowieso nicht!«, ruft Gretels Zimmernachbarin gallig aus der anderen Ecke herüber und bringt mich zum Schmunzeln. Da beginnt sich die knochige Gestalt im anderen Bett auf einmal langsam von ihrem Lager aufzurichten. Habe ich die alte Frau etwa verärgert? Im Halbdunkel glaube ich einen erbosten Gesichtsausdruck zu erkennen. Mit viel Mühe arbeitet sich die Gestalt jetzt am Geländer ihres

Bettes empor, ihre Wangen sind fleckig blau, die Hände dunkelgrau und zerfurcht. Es sieht unheimlich aus, wie in einem Zombiefilm. »Ich will ein Glas Wasser!«, stöhnt die Alte.

Ich gehe zu ihr hinüber und biete ihr den bunten Plastikbecher an, der auf dem Beistelltisch steht. »Das will ich nicht!«, stößt sie hervor und klammert sich krampfhaft am Geländer fest: »Ich will raus in mein Bett!« Ratlos stehe ich vor ihrem Schlafplatz, der für die Frau wie zu einem Gefängnis geworden ist. Seufzend lässt sie sich schließlich zurücksinken und bleibt erschöpft liegen.

Ich warte einen Moment ab und horche auf ihren Atem, der aber deutlich zu hören ist. Es riecht wieder einmal gar nicht gut hier. Vergeblich versuche ich das Fenster zu öffnen, gehe fluchend zur Tür und drücke einen Knopf, um eine Nachtschwester oder einen Pfleger zu verständigen.

Dann fällt mein Blick auf den leeren Platz des Dreibettzimmers zwischen der Tür und dem Platz meiner Mutter. Gestern Morgen hatte da noch eine andere Frau gelegen. Sie war in der Nacht zuvor eingeliefert worden. Am nächsten Morgen hatte Gabija bemerkt, dass sie nicht mehr atmete. Die Patientin war im Laufe der Nacht unbemerkt vom Personal gestorben. Sie hatte sehr alt ausgesehen, wie jemand, der sein Leben gelebt hatte. Aber es war traurig, dass sich kein Angehöriger um sie gekümmert hatte. Niemand war aufgetaucht. Heute Morgen hielt mich eine Ärztin offenbar für einen Enkel der Verstorbenen und erklärte aufgeregt: »Das hier ist eben keine Überwachungsstation wie im Intensivbereich. Nachts können wir nicht immer ständig alles kontrollieren!«

Nach dieser Erfahrung hatten wir uns entschlossen, einen eigenen ›Bereitschaftsdienst‹ an Gretels Seite einzurichten. Mein Vater, meine Schwester, Gabija und ich wechselten uns von nun an Tag und Nacht im Schichtdienst ab, um Gretel im Auge zu behalten.

Verärgert, dass ich das Zimmer nicht eigenhändig lüften kann, trete ich an Gretels Bett, wo ihr Tropf an einem Ständer hängt. Aus dem Beutel führt ein dünner Schlauch in eine Vene meiner Mutter. Ich wundere mich, dass der Infusions-Beutel schon so viele Stunden lang hält und lese beiläufig die Liste der Inhaltsstoffe. Unter anderem enthält die Nährlösung Sojaöl, Glucose und Vitamine. Dann wandert mein Blick auf den Namen des Herstellers: *Fresenius Kabi*, eine Firma, die ihren Hauptsitz hier in Bad Homburg hat. Viele der ausländischen Mitarbeiter sind früher von meiner Mutter in Deutsch unterrichtet worden – jetzt hängt sie sozusagen an ihrem Tropf.

Apropos Tropf! Wieso tropft hier eigentlich nichts? Die Emulsion, die eigentlich stetig aus dem Beutel laufen sollte, um durch den Schlauch in die Blutbahn zu gelangen, fließt nicht mehr. Ich warte noch einen Moment, ob sich etwas tut, schüttele den Kunststoffsack, aber es löst sich nur ein kläglicher Tropfen, und der nächste bleibt schon wieder im Beutel hängen. Seltsam. Ich verfolge den mit der milchigen Lösung gefüllten Schlauch. Er verschwindet unter Gretels Bettdecke, die ich sachte zurückschlage, um den Venenkatheter an ihrer Hand zu inspizieren. Ihr Unterarm ist ziemlich geschwollen und teils etwas blau, wahrscheinlich noch von ihrem Sturz vor einer Woche in der Küche. Kurz vor dem Anschlussstück des Katheters am Einstich in ihrer Hand ist das Schläuchlein so stark abgeknickt, dass nichts nachfließen kann. Ich biege den Schlauch gerade, und sofort beginnt es oben im Beutel wieder zu tropfen. Mit Schrecken wird mir bewusst, dass diese Infusion Gretels Nabelschnur ist, ihre einzige Chance, wieder zu Kräften zu kommen.

Schon einmal war ich mit meiner Mutter in einer lebensbedrohlichen ›Nabelschnur-Situation‹. Damals war ich derjenige, der den Umständen ausgeliefert war und gleichsam am

›Tropf‹ meiner Mutter hing. Sie hatte sich bei mir für eine ambulante Geburt entschieden, aber im alternativen Geburtshaus lief es nicht so ›sanft‹ wie erhofft. Es gab ernste Komplikationen. Schließlich wurde klar, dass sich die Nabelschnur um meinen Hals geschlungen hatte und mich zu erdrosseln drohte. Umso glücklicher war Gretel, als sie mich schließlich nach der langen Entbindung in den Armen hielt.

Jetzt stehe ich an ihrem Bett, jetzt ist es ihr Leben, das am seidenen Faden hängt. Endlich hustet sie kräftig! Ist der Reflex eine Reaktion auf den wieder in Gang gesetzten Zufluss der Nährlösung? Vielleicht ist meine Freude vergleichbar mit dem Glücksgefühl, das Mütter empfinden, wenn ihr Neugeborenes zum ersten Mal schreit oder sein erstes Bäuerchen macht. Bei Gretel hat man allerdings zugleich Angst, dass sie sich an ihrem abgehusteten Schleim verschlucken könnte. Neben ihrem Bett steht das Absauggerät mit der ›Tagesausbeute‹. Es ist lange nicht mehr so viel, wie nach ihrer Einlieferung, aber immer noch die Menge eines kleinen Joghurtbechers.

Da schlägt sie die Augen auf. Das Husten hat ihr Bewusstsein hoch in die Welt des Wachseins katapultiert und sie die Augenlider aufklappen lassen. Die beiden Pupillen kommen etwas verspätet in Position und wandern unruhig hin und her. »Oh je, oh je. Ich weiß überhaupt nicht, wo ich bin.« Sie streckt dabei ihre Hand mit dem Katheter suchend in die Luft. Ich nehme ihre Finger behutsam und drücke sie sanft zwischen meinen Händen. Bis mich meine Tante darauf aufmerksam gemacht hat, habe ich nie daran gedacht, dass meine Mutter schöne Hände haben könnte, aber es stimmt! Sie haben sehr schöne Proportionen und fühlen sich gut an.

»Keine Angst, Gretel. Das ist wie zu Hause hier.«

Sie sieht mich an, und ihre Aufregung legt sich:

»Das ist gut, dass du da bist.«

Wieder hustet sie, diesmal klingt es elend und schmerzhaft. »Oh, du Ärmste hast Husten.« Ich streichle ihr den Kopf wie einem kleinen Kind.

»Ja, das hörst du doch!«, weist sie meinen elterlichen Tonfall zurück. Dann fallen ihr die Augen wieder zu und sie ist weg. Ihr Gesicht hat sich aber deutlich entspannt. Ihre Haut ist schön glatt, und abgesehen von den fiebrig geröteten Wangen hat sie eine gesunde Farbe.

Endlich taucht der Pfleger auf. Er gibt der durstigen Bettnachbarin etwas zu trinken und entschuldigt den scharfen Geruch, die Patientin sei abgeführt worden. Er will versuchen, den Schlüssel für die Fenster aufzutreiben. Dann kommt er zu Gretel, um ihr Fieber zu messen, und schiebt ihr dafür ein Thermometer ins Ohr. Sie wacht davon auf und versucht sich zu wehren: »Lass das!«, zischt sie, aber der junge Mann lässt sich nicht beirren: »Ich weiß, Schätzchen, das ist sehr unangenehm, aber das ist gut für dich.« Sie lässt ihn gewähren – offenbar kann er gut mit ihr umgehen. »37,2 Grad im Ohr. Da macht man noch nichts«, urteilt er nach der Messung. »Ihr Atem hat sich zum Glück auch beruhigt.« Während er meine Mutter auf die andere Seite umlagert, mache ich ihn auf den geknickten Infusionsschlauch aufmerksam, den ich entdeckt hatte. Er sagt, so etwas könne passieren, wenn sich der Patient bewege und seinen Katheter manipuliere, aber es sei nicht weiter schlimm, einmal ein Stündchen nicht ernährt zu werden. Ihm macht eher der arg geschwollene Arm meiner Mutter Sorgen. Er glaubt, die Ursache sei die Infusion. »Das Zeug ist sauaggressiv!« Man solle gut aufpassen, dass der Arm nicht weiter anschwelle. Wenn er noch dicker werde, müsse man den Katheter in den anderen Arm legen. »Letzte Woche hat sie mir besser gefallen«, sagt er zum Abschied und reicht sich beim Rausgehen die Klinke mit meinem Vater, der kommt, um mich abzulösen.

Malte hat einen guten Moment für seinen Auftritt erwischt, denn Gretel ist auf einmal hellwach und bereitet ihm einen schönen Empfang, indem sie auf ihn deutet und freudig erklärt: »Mein Liebster!« Malte ist gerührt und gibt ihr einen Begrüßungskuss. »Das hat sie noch nie zu mir gesagt!«

Ich lasse die beiden Turteltäubchen alleine und mache mich auf den Heimweg.

Es ist schön, meinen Vater bei guter Laune zu sehen. In letzter Zeit war er sehr niedergeschlagen. Bis vor ein paar Wochen konnte ich mich nicht daran erinnern, meinen Vater jemals laut weinend erlebt zu haben. Dieser Tage passiert das häufiger. Gestern lief er plötzlich heulend aus der Küche, während ich meiner Schwester am Telefon von der Situation im Krankenhaus erzählte. Ein anderes Mal suchte ich ihn morgens und fand ihn schließlich wimmernd unter seiner Bettdecke. Ich wusste nicht, was ich machen sollte und setzte mich einfach neben ihn. Irgendwann kroch er unter der Decke hervor und klagte: »Mein Herz tut so weh!« Ich saß wie erstarrt da und sagte nichts. Als er dann ein paar Mal tief durchgeatmet und sich wieder gefasst hatte, erklärte er: »Ich hab' vorhin beim Aufstehen daran gedacht, dass Gretel immer so ein Morgenmensch war. Dass sie immer gerne früh aufstand, die Fenster öffnete und die Arme ausstreckte, um in den Tag zu gehen.« Er blickte aus dem Fenster und setzte wehmütig nach: »Aber das ist eigentlich schon lange nicht mehr so.« Beim Gedanken daran, wie sie früher in mein Zimmer kam und die Fenster öffnete, um mich zu wecken, schießen auch mir die Tränen in die Augen, und einen Moment lang schluchze ich zusammen mit meinem Vater.

Neben dem mir vormals unbekannten ›weinenden Vater‹ erlebte ich jüngst auch den für mich neuen ›Vater der grimmigen Selbstbekenntnisse‹. Am Telefon legte er neulich bei seinem jüngsten Bruder eine Art Beichte ab:

»Ich habe einfach die Kurve nicht richtig gekriegt bei Gretels Pflege: Von der Achtung ihres Eigenwillens hin zur vollständigen Verantwortung für sie. Ihr Wohlergehen hätte Entscheidungen über ihren Kopf hinweg verlangt. Sie hat sich ihr Leben lang zu Gymnastik gezwungen, hat sehr diszipliniert jeden Morgen geturnt und da immer wieder ihren inneren Schweinehund überwinden müssen. Als sie sich nicht mehr von alleine aufraffte, wäre es dann meine Aufgabe gewesen, sie dazu zu zwingen. Das war aber nicht einfach. In ihrem Pflegeprotokoll im Krankenhaus steht jetzt noch: ›Patient ist eigenwillig.‹«

Ich saß während des Telefonats nebenan in der Küche und konnte das Gespräch mithören. Mein Vater und ich hatten zwar grundsätzlich keine Geheimnisse voreinander, aber wenn wir miteinander sprachen, ging es selten um Gefühle, sondern meist wurde über Gott und die Welt philosophiert und ewig um den heißen Brei geredet. Mit seinem Bruder redete mein Vater jetzt Tacheles und ich erhielt Einblick in seine Gefühlswelt: »Ich habe auch nicht regelmäßig einen Arzt kommen lassen, das war sicherlich ein Fehler. Ich war einfach frustriert von all den Spezialisten. Medikamente halfen bei Gretel gar nicht, es gab nur Nebenwirkungen wie schlechte Verdauung. Wir wurden aber dann vom Hausarzt gelobt, der sagte, eine so gute Behandlung wie hier bei uns könne man auch im besten Pflegeheim nicht kriegen. In diesem Gefühl habe ich mich dann gesonnt und die pflegerischen Aspekte vernachlässigt. Ich dachte, wir wursteln uns da schon alleine irgendwie durch.«

Mein nächtlicher Nachhauseweg führt mich vorbei am Bad Homburger Schloss mit seinem Wahrzeichen, dem ›Weißen Turm‹. Mir kommt eine Szene aus Heinrich von Kleists Theaterstück ›Prinz Friedrich von Homburg‹ in den Sinn. Ich hatte die Rolle des Prinzen mit Hilfe meiner Mutter einst für die Aufnahmeprüfung an einer Schauspielschule eingeübt:

O Gottes Welt, o Mutter, ist so schön!
Lass mich nicht, fleh ich, eh die Stunde schlägt,
Zu jenen schwarzen Schatten niedersteigen!

Das Stück und besonders die berühmte ›Todesfurcht-Szene‹ gefielen meiner Mutter und mir sehr gut. Wir konnten uns mit dem verträumten Prinzen bestens identifizieren, der angesichts seiner nahen Hinrichtung sein ganzes stolzes Heldentum vergisst und einfach nur noch leben will.

Seit ich mein Grab sah, will ich nichts, als leben,
Und frage nicht mehr, ob es rühmlich sei!

Am nächsten Morgen bin ich wieder in der Klinik und beobachte die blutjunge, frisch ausgebildete Logopädin, wie sie meiner Mutter vorsichtig das Zahnfleisch massiert und mit einem Löffel sanft auf ihre Zunge drückt, um die Speichelbildung zu stimulieren. Den ersten Löffel Apfelmus nimmt Gretel bereitwillig auf und schluckt ihn herunter. »Wenn man merkt, dass es ansatzweise funktioniert«, erklärt die Logopädin leicht sächselnd, »sollte man eine gröbere Substanz nehmen, weil das leichter zum Kauen und Schlucken ist. Wasser oder Suppe kann einem auch schnell in den falschen Hals kommen.«

Die nächste Stufe ist Pfannkuchen, der mit dem Apfelmus zusammen wirklich lecker schmeckt. Ich habe mich als Vorkoster höchstselbst davon überzeugt. »Am besten sorgt man dafür, dass sie immer alles zweimal schluckt«, befindet die Therapeutin, während sie Gretels Kehlkopf aufmerksam beobachtet. Seit ihrer Einlieferung ins Krankenhaus vor einer

Woche ist es das erste Mal, dass Gretel wieder eine ordentliche Portion durch den Mund zu sich nimmt. Die Sonne scheint freundlich durch die weit geöffneten Fenster, und Gretel zeigt richtig Appetit. Sie murmelt etwas wie: »Ich möchte, möchte, möchte«, dann schließt sie die Augen und dämmert weg. Eine Gefahr besteht darin, dass sie während des Essens einschläft und beim Atmen Nahrung in ihre Luftröhre bekommt. Doch die Logopädin ist insgesamt zufrieden mit Gretels Schluck-Leistung und drückt mir den Löffel in die Hand: Ich darf weiterfüttern. Wie ist das Leben doch schön – besonders wenn man helfen kann, es zu erhalten!

Aber ein Zuckerschlecken ist es auch nicht eben, ohne professionelle Kiefermassage öffnet Gretel nur widerwillig ihren Mund. Man braucht viel Geduld und Spucke für eine ganze Mahlzeit. Besonders, wenn man ständig Angst hat, sie könne sich verschlucken. Ein harmloser Löffel Pfannkuchen wird plötzlich zur tödlichen Gefahr – eine Zitterpartie. Als ich etwas Apfelmus auf ihr Kinn kleckere, öffnet Gretel die Augen und stellt fest: »Das ist schlimm.« Erfreut sehe ich zu, wie sie sich selbst mit dem Finger das feuchte Kinn abwischt und dabei »Ich kann, kann aber« murmelt.

Als wenig später Gabija kommt, um mich abzulösen, ist auch ihre Freude groß: Endlich kann sie wieder etwas Handfestes für Gretel tun! Auch wenn es anderthalb Stunden dauert, ihr einen Pfannkuchen zu verfüttern: Die Hauptsache ist, dass es wieder bergauf geht! Gabija steckt mich mit ihrem Optimismus an: »Jetzt bald große Gretel-Krise vorbei!«

Ich schreibe eine SMS an Malte und meine Schwestern:

›Frohe Botschaft: Gretel isst Pfannkuchen mit Apfelmus ☺‹

›Praise the lord‹, schreibt mein Vater zurück.

›Super!‹ antwortet meine ältere Schwester, und die Jüngere ruft mich unter Tränen an:

»Glaubst du, dass wir sie jetzt nach Hause holen können?«

Als ich nach dem ›Festmahl‹ auf dem Rückweg vom Krankenhaus an meiner früheren Grundschule vorbeikomme, läutet gerade die Glocke zum Schulschluss. Ich fühle mich ähnlich erleichtert wie die Kinder, die da erwartungsvoll dem Rest des schulfreien Tages entgegenstürmen. Zu Hause lege ich mich für einen Mittagsschlaf hin – Hausaufgaben habe ich schon gemacht!

Doch als ich zwei Stunden später verschlafen in die Küche wanke, um Kaffee zu trinken, sind schon wieder schlechte Nachrichten eingetroffen: »Gretel hat sich übergeben und Schleim hochgewürgt«, berichtet mein Vater. »Sie hat kräftig gehustet und wurde wieder abgesaugt. Jetzt schläft sie.« Als meine Schwester mit Mann und Kindern zu Besuch gekommen sei, habe Gretel schon wieder am Tropf gehangen. Als meine Schwester nachfragte, was passiert sei, wurde sie angeschnauzt: »Ihre Pflegerin hat sie gefüttert, und da hat sie sich wieder verschluckt!« Auf keinen Fall dürften wir ihr wieder etwas zu trinken oder zu essen geben. In dem Moment kehrt Gabija aus dem Krankenhaus zurück und beteuert uns ihre Unschuld: »Gretel geschluckt, ich genau geguckt!«

Nach dem kurzen Höhenflug heute Mittag fühlt es sich jetzt wie bei einer Bruchlandung an. Ich fühle mich bleischwer und trotz Mittagsschlaf unendlich müde. Der Abend naht, und mein Vater bricht zu Gretel ins Krankenhaus auf; ich soll ihn dann später zur Nachtschicht ablösen.

Doch schon lange vor dem Schichtwechsel kommt Malte wieder zurück und berichtet, dass Gretel eine neue Zimmernachbarin habe, die nachts keinen Besuch im Zimmer dulde, weil sie dann nicht schlafen könne. »Ich habe dann eine Krankenschwester gefragt, ob es ein Einzelzimmer gebe, wo wir weiter unsere Nachtwache halten könnten. ›Das wäre dann aber ein Privatpatienten-Zimmer‹, erklärte sie mir, für das man einen Aufschlag von 95 Euro zahlen müsse. Für Begleitpersonen nach 22 Uhr müssten aus versicherungstechnischen Gründen zusätzlich 65 Euro entrichtet werden.« Als mein Vater entgegnete, seine Frau sei aber doch privat versichert, warum man denn dann einen Aufschlag zahlen müsse, schüttelte sie energisch den Kopf: Das könne nicht sein, das stehe nicht in der Akte. Als sich in den Unterlagen aber kein Eintrag zur Versicherungsart fand und mein Vater ihr den Namen des privaten Unternehmens nannte, bei dem er und seine Frau versichert waren, rief die Schwester entsetzt: »Oh Gott, das heißt ja Chefarztbehandlung und Einzelzimmer für sie!«

Am nächsten Morgen, als Gretel auf die Privatstation verlegt werden soll, ist auf der ›Normalstation‹ der Teufel los. Mein Vater und ich dürfen nicht zu Gretel ins Zimmer, da ihre Dekubitus-Wunde gerade versorgt werde – als ob Malte und ich das nicht schon zigmal gesehen hätten. »Wahrscheinlich ist es ihnen peinlich«, scherze ich, aber es ist tatsächlich makaber: Jetzt, wo Gretel ›Chefsache‹ ist, kommt plötzlich Leben in die Bude. Mir läuft ein Schauer über den Rücken beim Gedanken an die Auswüchse der Zweiklassenmedizin: Angenommen, wir hätten die Chefarztbehandlung in der Privatabteilung von Anfang an bekommen – wäre dann nicht längst ein Krankengymnast bei Gretel aufgetaucht?

Nach einer Weile kommt ein Pfleger aus Gretels Zimmer und holt eine Schwester herein. Die kommt schon bald wieder heraus und fragt eine Kollegin auf dem Gang:

»Warst du schon mal bei Frau Sieveking?«

»Ja.«

»Und hast du ihre Wunde versorgt?«

»Nee.«

»Was soll man denn da auf den Dekubitus draufftun?«

»Keine Ahnung. Sollen wir nicht lieber Katja rufen?«

Der Belegschaft scheint es egal zu sein, dass es Zuschauer

gibt: Ich fühle mich wie in einer 3D-Krankenhaus-Soap. Als ich mir im Gang mit heißem Wasser Tee aufgieße, höre ich durch die einen Spaltbreit geöffnete Tür des Stationsbüros, wie sich zwei Krankenschwestern ankeifen.

»Muss hier denn jeder, sobald er einen Fehler entdeckt, wutentbrannt herumlaufen und den Schuldigen suchen?«

»Ich versteh' nicht, warum das nicht gemacht wurde!«

»Aber man kann es doch dann einfach selbst erledigen. Und man kann doch auch einen anderen Ton wählen! Das ist doch der Grund, warum die Stimmung hier so schlecht ist. Früher war das anders!«

Ich kann nicht beurteilen, ob das Gespräch mit meiner Mutter zu tun hat, sicher ist aber, dass in ihrem Zimmer weiterhin reger Verkehr wie in einem Bienenstock herrscht. »Wo ist eigentlich Frau Babel?« schnappe ich die Frage einer Schwester auf, die aus dem Zimmer eilt.

»Die ist doch am Samstag gestorben«, antwortet ihr eine Kollegin im Vorbeigehen.

Als endlich Katja, die Wundpflegerin, auftaucht, kommt Form in das Gewusel. Sie scheint ein anerkannter Vollprofi auf ihrem Gebiet zu sein, und der Schwarm ordnet sich ihr bereitwillig unter. Als Schwester Katja nach einer Viertelstunde mit der Behandlung fertig ist, lässt sie uns wissen, dass die Wunde in einem relativ guten Zustand sei und unsere Pfleger zu Hause gute Arbeit geleistet hätten. Das hören wir natürlich gerne, nur klingt es, als wäre Gretel erst gestern und nicht schon vor einer guten Woche hier eingeliefert worden. Wie hatte man sich denn bisher hier auf der Station für Kassenpatienten um die Wunde gekümmert? Ich will es lieber gar nicht wissen.

Im hellen Privatpatienten-Trakt fühlt sich gleich alles besser an – fast zu gut. Die Wände sind in zarten, warmen Farben gehalten und mit deutlich schöneren Bildern behängt. Es herrscht eine freundliche, beinahe gemütliche Atmosphäre. Im Gang begegnet man lächelnden Praktikanten in fliederfarbener Uniform, die einem Tee und Kaffee anbieten. Die Tür zum Stationsbüro steht weit offen, daneben ist ein kleines Buffet mit Früchten und Keksen aufgebaut. Es gibt sogar einen eigenen Aufzug für diesen Teil der Station, der direkt vor Gretels neues Einzelzimmer führt. Der sonnendurchflutete Raum bietet einen wunderbaren Ausblick auf die grünen Hügel des Taunus. Auf dem Tisch liegen verschiedene aktuelle Tageszeitungen. Hier möchte man sofort einziehen!

Nur leider schmeckt der plötzliche Luxus schal nach dem, was wir vorher auf der Station gleich gegenüber erlebt haben. Es ist schon bitter: Obwohl Zimmer im gleichen Stockwerk frei sind, bekommt ein sterbenskranker Kassenpatient, der in einem Dreibettzimmer liegt, nicht die Möglichkeit, in ein Einzelzimmer zu ziehen, selbst wenn die Angehörigen Wache halten wollen. Erst wenn man nachhakt, wird die Möglichkeit eingeräumt – aber nur mit einem satten Aufpreis!

Während ich darauf warte, dass man Gretel in ihr neues Gemach bringt, trete ich ans Fenster, und mein Blick fällt auf das in der Sonne glänzende Homburger Schloss. Wieder kommen mir Zeilen aus dem ›Prinzen‹ in den Sinn, als der gebrochene Held über das Jenseits nachdenkt:

Zwar, eine Sonne, sagt man, scheint dort auch,
Und über buntre Felder noch, als hier:
Ich glaubs; nur schade, dass das Auge modert,
Das diese Herrlichkeit erblicken soll.

Kapitel 12
Die Mächte des Lichts

Der Vormittag ist herrlich hell, und Gretel scheint ihr neues Einzelzimmer auf der Privatstation mit dem weiten Ausblick sichtlich zu genießen. Ihr Gesicht hat eine gesunde, rosige Farbe, und sie braucht keinen zusätzlichen Sauerstoff mehr. Guter Laune und wach wie schon lange nicht mehr lässt sie ihren Blick von mir über Gabija bis zu meinem Vater wandern, der ihr gegenüber am Fußende des Bettes steht.

»Wer bist denn du?«, fragt sie ihn charmant.

»Ich bin dein Mann.«

»Das wäre schön!«, strahlt sie ihn an und Malte kommt an ihre Seite, um sie zu umarmen.

»Oh, wie schön, dass es dir besser geht!«, bricht es aus mir heraus und ich trete ebenfalls näher an Gretels Seite. Sie reagiert, indem sie meinen überschwänglichen Tonfall nachäfft: »Oh, ooh!« Dabei guckt sie mich herausfordernd an und bringt mich zum Lachen.

Dann nuschelt sie etwas, dass sich nach »Ich hab Durst« anhört. Auf ihrem Beistelltisch steht, neben diversen Utensilien wie feuchten Wattestäbchen und Mullbinden, die sie braucht, um ihren ständig trockenen Mund zu befeuchten, auch ein Becher Wasser. Allerdings gibt es damit ein Problem: Hier im Krankenhaus werden sogenannte ›Schnabelbecher‹ benutzt, das sind grellbunte Plastikbecher mit einem Deckel, der sich zu einem schmalen Ausläufer verjüngt, der wie ein dicker Strohhalm aussieht. Gretel saugt aber nicht daran wie vorgesehen, sondern fängt an zu beißen, wenn der spitze Deckel in ihren Mund kommt. Und wenn dann die Flüssigkeit aus dem Trichter hervorschießt, ist die Gefahr groß, dass sie sich verschluckt.

Gerade als ich versuche, den Deckel von dem Becher abzuschrauben, erscheint die Logopädin in der Tür. Die quirlige junge Frau trägt ein Tablett mit einem Mittagessen vor sich her und hat die Szene blitzschnell erfasst. »Ich sage den Schwestern immer wieder: ›Nehmt nicht diese Schnabelbecher!‹ Aber sie wollen einfach nicht hören. Dabei ist ein ganz normales Glas viel praktischer.«

Dass Gretel sich gestern, nachdem sie gegangen war, beim Füttern kräftig verschluckt hat und ihr der Schleim abgesaugt werden musste, scheint die tatkräftige Logopädin nicht zu kratzen. Heute hat sie Erbseneintopf mit Würstchen dabei. »Ich hab mich mit der Küche gestritten«, erklärt sie die mutige Essenswahl, »denn so eine Mischung aus festen und flüssigen Bestandteilen wie in einem Eintopf ist eigentlich nicht optimal bei Schluckschwierigkeiten. Aber wir lassen einfach die Wurststückchen weg, dann geht das schon!« Sie stellt das Tablett ab und beugt sich über Gretel, die mit geschlossenen Augen und zugesperrtem Mund daliegt. Als ihr die Therapeutin zart über die Wange streicht, öffnet sie wie von Zauberhand den Kiefer und lässt sich bereitwillig das Zahnfleisch massieren. Gabija, die keine Gelegenheit auslässt, sich pflegerisch fortzubilden, postiert sich gegenüber und beobachtet aufmerksam jeden Handgriff. Ab und zu öffnet Gretel die Augen und lächelt die beiden freundlich an. Gabija tauscht nach ein paar Minuten mit der Logopädin die Seiten und übernimmt den Löffel, um das Füttern zu trainieren. Als Gretel wieder die Augen öffnet, guckt sie verwundert von der einen zur anderen Seite und stellt fest: »Oh, du bist jetzt da – und du –«, ihr Blick wandert wieder zurück, »– bist da!« Offenbar hat sie

Die Mächte des Lichts

sich das Gesicht gemerkt, das den Platz gewechselt hat. Ich bin ganz baff, dass Gretels Kurzzeitgedächtnis noch zu so einer Leistung fähig ist.

»Super! Ich finde, sie ist auf einem guten Weg«, schließt die Logopädin ihren Schnellkurs ab und verabschiedet sich. »Ich muss dann weiter.« Als sie schon aus der Tür ist, fällt mir ein, dass wir gar nicht über das Drama von gestern Nachmittag auf der anderen Station gesprochen haben, als sich Gretel wieder massiv verschluckt hat. Ist die Logopädin überhaupt informiert worden? Egal! Hauptsache, wir geben Gretel nicht auf! »Soll ich Gretel geben Joghurt?«, fragt mich Gabija und ich nicke. Warum nicht ein Joghurt als Nachtisch?

Aber das war wohl keine gute Idee. Gretel fängt kurz darauf an zu husten und keuchen, sie schnappt nach Luft und wird ganz bleich. Ich stürze auf den Gang hinaus und rufe um Hilfe. Als ich zurückkomme, hält mein Vater Gretels Hand und streicht ihr beruhigend über den bebenden Kopf. »Oh bitte, bitte«, keucht sie elend. Dann kommt die Oberschwester herein, und wir erklären ihr hastig, was passiert ist, während sie das Absauggerät in Betrieb nimmt und Gretel den Schlauch durch die Nase einführt. Gretel durch den Mund abzusaugen kommt nicht in Frage, weil sie automatisch auf den Plastikschlauch beißt, sobald er ihr zwischen die Zähne kommt. Also muss der Schlauch über die Nase in die Luftröhre bis in die Bronchien geschoben werden. Diesmal wehrt sich Gretel besonders vehement: »Nein!«, ruft sie panisch und zieht der rüstigen Schwester kräftig an ihrem Haarzopf. Die schreit laut auf und kann sich nur mit Maltes Hilfe aus dem Klammergriff meiner Mutter befreien. Während die Schwester weiter absaugt, halten wir Gretels Arme fest. Sie japst und schnauft verzweifelt, ist bald schon zu schwach, um sich überhaupt noch zu wehren. Durch das Absauggerät wird eine Menge Sekret zutage gefördert, die Oberschwester ist ganz schockiert: »Was ist das? Erbsensuppe? Das gibt's doch gar nicht! Also, so etwas habe ich in 30 Jahren noch nicht erlebt!«

Als sich die Chefarzt-Visite einstellt, ist Gretel weggetreten, ihre Stirn fiebrig heiß, sie zittert am ganzen Körper und ihr Atem ist flach und hektisch. Die Mediziner bauen sich vor ihrem Bett nebeneinander auf wie Orgelpfeifen: Chefarzt, Oberarzt, Stationsärztin und eine Krankenschwester.

Der Chef schielt kurz auf Gretel und fragt meinen Vater: »Was wollen Sie?«

»Wie meinen Sie das?«

»Normalerweise würde ich Ihre Frau in diesem Zustand sofort auf die Intensivstation bringen lassen, aber das wird ja nicht mehr gewünscht. Also sollten wir zunächst klären, was Ihrer Meinung nach noch hier bei uns geschehen soll.«

»Wir hoffen, dass wir sie möglichst bald zu uns nach Hause nehmen können«, versucht mein Vater eine klare Antwort. »Am besten ohne Schläuche, und natürlich wünschen wir uns, dass es mit dem Füttern wieder klappt.«

»So bringen wir sie aber um«, stellt der leitende Arzt fest.

Mein Vater fragt ihn, was genau denn beim Schlucken nicht funktioniere. »Egal was die Ursache ist, Fakt ist, dass es jetzt zweimal nach dem Essen zu einer lebensbedrohlichen Situation kam. Gefüttert wird sie hier nicht mehr!« Der Chefarzt empfiehlt dringend zur Ernährung eine PEG-Magensonde, die mit einem Schlauch durch die Bauchdecke gelegt werde. »Doch jetzt müssen wir erst mal die Lungenentzündung in den Griff bekommen. Wie steht es denn um den Dekubitus?«

Mein Vater erklärt, dass wir von dem ursprünglich geplanten Wundverschluss absehen wollen, da wir Gretel nicht eine Reihe von OPs mit Vollnarkosen zumuten möchten. Der Chefarzt nickt mit versteinerter Miene und verabschiedet sich. Als das Team abgezogen ist und wir wieder mit der elend schlotternden Gretel allein sind, fragt mein Vater betrübt: »Haben wir wirklich die Intensivstation ausgeschlossen?«

»Ich glaube ja«, antworte ich. »Wenn wir nicht mehr wollen, dass sie reanimiert und künstlich beatmet wird, bedeutet das wohl so viel wie: Keine Intensivstation mehr.«

Nach der Visite gehe ich hinunter in die Krankenhauskantine, um mir etwas Süßes zu holen und auf andere Gedanken zu kommen. Doch das Erste, was mir ins Auge springt, ist die Bildzeitung in der Auslage eines Kiosks, die titelt: »Alzheimer Drama *Assauer* ›Auf einmal ist alles vorbei!‹ ... und kein Mensch kann dir HELFEN« – gleich darunter in einem gerahmten Kasten die weltbewegende Frage: »76,8 Kilo – Jauch zu dünn?« Trotz meiner innerlichen Abwehr gegen das Blatt siegt meine Neugier, und ich kaufe die Ausgabe, um den im Verhältnis zur Schlagzeilengröße winzigen Text zu lesen. Rudi Assauer, ehemaliger Schalker Fußballmanager und Zigarren-rauchender Macho, ist 68 und geht unter großem Mediengetöse mit seiner Alzheimer-Erkrankung an die Öffentlichkeit. ›Auf einmal ist alles vorbei‹, wird er zitiert. Aber wieso soll alles vorbei sein für einen pensionierten Fußballmanager, der gerade seine Biografie veröffentlicht und geistig noch so klar ist, dass er Fernsehauftritte und Galaveranstaltungen meistert? Das klingt doch eher nach einer interessanten neuen Lebensphase.

Bei der Lektüre von Auszügen aus Assauers Buch stoße ich auf interessante Parallelen zu meiner Mutter. Gretel war ungefähr im gleichen Alter wie Assauer, als sich ihre Demenz bemerkbar machte. Beide hatten eine Mutter, die ebenfalls schwer dement war und an den Folgen starb. Assauers Mutter war wie meine Großmutter im Pflegeheim gestürzt, hatte sich einen Oberschenkelhalsbruch zugezogen und war anschließend operiert worden. Beide stürzten dann erneut, und für beide kam dann bald das Ende. Assauers Mutter fiel aus dem Bett und starb anschließend auf dem OP-Tisch. Der ehemalige Fußballmanager berichtet, dass er gerade auf dem Weg war, um seiner Mutter ein ›tödliches‹ Medikament zu besorgen, als er die tragische Nachricht hörte. Meine Großmutter kam nach ihrer Oberschenkelfraktur in den Rollstuhl und fiel in einem unbeobachteten Moment bei dem Versuch, wieder aufzustehen, erneut. Daraufhin wurde sie vollständig bettlägerig und fing sich eine Lungenentzündung ein, an der sie schließlich starb, da sie nicht auf die Antibiotika ansprach.

Mit Gretel sind wir jetzt in einer ganz ähnlichen Situation. Am Abend sitze ich wieder an ihrem Bett und halte ihre Hand – draußen geht die Sonne unter und taucht das Zimmer in ein warmes Licht. Immer wieder hustet sie, ihr Atem rasselt und klingt schwach. Die schöne Beleuchtung macht die Szene umso trauriger. »Der große, große Brocke – große, große Brockele –«, lallt sie mit geschlossenen Augen. »Ich versuche, suche –« Sie streckt mir ihre durch den Katheter geschwollene Hand entgegen, ich ergreife und streichele sie. Da öffnet sie kurz die Augen und spricht: »Das ist doch gut. Das ist gut. Oh, das ist gut.« Draußen wird es stetig dunkler, und mir schießen Tränen in die Augen. Wird die Sonne für meine Mutter noch einmal aufgehen?

Es ist vertrackt! Erst wenn es soweit ist, dass man einen Menschen, dem man sehr nahesteht, nichts mehr fragen kann, fällt einem ein, was man eigentlich alles von ihm wissen wollte. Doch dann ist es zu spät. Während ich heute Nacht an der Seite meiner fiebrigen Mutter sitze, kommen mir Episoden aus unserem Leben in den Sinn, über die ich versäumt habe, mit ihr zu sprechen.

Eine dieser Geschichten spielte sich ab, als ich ein zehn Jahre alter Bücherwurm war und einen Fantasy-Wälzer nach dem anderen verschlang. Ich hatte den ›Kleinen Hobbit‹ und die ›Herr der Ringe‹-Trilogie bereits durch, als mich der Roman ›Wintersonnenwende‹ in seinen Bann schlug. Das Buch war Teil der englischen ›Lichtjäger‹-Reihe. Hauptptfigur war, schon 20 Jahre vor ›Harry Potter‹, ein schmächtiger Junge, der seine Zauberkräfte entdeckt. Die Geschichte nahm mich so gefangen, dass ich gar nicht mehr aus dem Bett wollte und mich krank stellte, um nicht in die Schule zu müssen. Der Junge im Buch war genau in meinem Alter und wurde vor seinem elften Geburtstag von mysteriösen Ahnungen und Träumen heimgesucht. Ich las das Buch wie eine schicksalhafte Prophezeiung für mich. Es ging um den alles entscheidenden Kampf zwischen Gut und Böse, der bald in die finale Phase treten würde. Was ich im Unterricht lernen konnte, war lächerlich im Verhältnis zur Lektüre dieses Buches, aber es war klar, dass es schwierig sein würde, meine Mutter davon zu überzeugen, dass ich jetzt unmöglich in die Schule gehen konnte. Also klagte ich über Bauchschmerzen und behauptete, mir sei kalt, obwohl ich unter zwei Decken in einem gut beheizten Zimmer schwitzte. Meine Mami befühlte besorgt meine Stirn, und ich erzählte ihr von seltsamen Träumen, in denen ich von bösen schwarzen Reitern verfolgt wurde. Sie schien das ernst zu nehmen und verschwand, kehrte aber sogleich mit einem Fieberthermometer zurück. Ich sah meinen Plan schon ins Wasser fallen und steckte das Ding resigniert in den Mund.

Gretel ließ mich dann während der Messung wieder allein, und zufällig stieß ich beim Lesen auf eine Stelle, wo von den ›Zeichen des Lichts‹ die Rede war, die der junge Held als ›Auserwählter‹ finden musste, um die ›Mächte der Finsternis‹ zu besiegen. Konnte das Licht nicht auch meine Rettung sein? Mein Blick fiel auf meine Leselampe, und kurzentschlossen hielt ich das Thermometer an die Glühbirne. In kürzester Zeit schnellte das Messgerät in die Höhe. Es zeigte zur Bestürzung meiner Mutter über 40 Grad an.

Meine Rechnung ging jedenfalls auf und ich durfte zu Hause bleiben, kam sogar in den Genuss von Grießbrei mit etwas Zucker und Zimt, dazu geriebenem Apfel. Außerdem brachte mir meine Mami warmen Tee ans Bett – ich war im siebten Himmel.

Als mir Gretel ein paar Stunden später wieder das Fieberthermometer in die Hand drückte, hielt ich es schon fast automatisch an meine ›Wunderlampe‹, sobald sie aus der Tür war. In meinem Buch ging es mittlerweile richtig zur Sache. Der schwächliche Junge hatte an seinem elften Geburtstag erfahren, dass er einer der ›Uralten‹ war, ein Wächter des Lichts mit magischen Fähigkeiten, und dass er helfen sollte zu verhindern, dass die ›Dunkelheit‹ die Herrschaft über die Welt errang. Als Letzter einer langen Reihe von Auserwählten musste er den entscheidenden Kampf gegen das Böse ausfechten und die Zeichen des Lichts vor dessen Zugriff behüten. Ohne zu zögern stellt er sich dieser Aufgabe und – *PANG* – was war das? Überall im Bett und auf dem Boden kullerten silberne kleine Kügelchen um mich herum. In meiner Hand hielt ich das zerborstene Thermometer. Die Mächte des Lichts hatten es zum Platzen gebracht. Ich war von der Konsistenz dieser kleinen Zauberkügelchen ganz fasziniert, aber als meine Mutter kurz darauf ins Zimmer kam, war das Entsetzen groß. Sie erklärte mir aufgeregt, dass es sich um hochgiftiges Quecksilber handelte, das man nicht anfassen durfte. Natürlich wollte sie von mir wissen, was in aller Welt passiert war, und ich stotterte etwas zusammen. Das Thermometer hatte scheinbar verrückt gespielt, war wieder so seltsam hoch ausgeschlagen und ich wollte zur Sicherheit noch eine zweite Messung machen. Um den Pegel des Thermometers wieder zu senken, hatte ich versucht, es ›runterzuschütteln‹. Dabei war es an die Bettkante geschlagen und zersprungen. Gretel fragte nicht weiter nach, sondern half mir beim Einsammeln der Quecksilber-Kügelchen, die wir auf einem Stück Papier zusammenkehren konnten. Sie rollten darauf wie winzige glänzende Murmeln umher.

Gerne hätte ich meine Mutter heute gefragt, was sie damals eigentlich mit dem Quecksilber gemacht hat. Noch mehr würde mich interessieren, was sie von meiner abstrusen Geschichte mit dem ›geschüttelten‹ Thermometer gehalten hatte. Damals war ich heilfroh, das lästige Ding losgeworden zu sein und genoss den Rest des Tages im Leseparadies. Am Nachmittag stand meine Mutter allerdings schon wieder an meinem Bett, in der Hand hielt sie ein neues Fieberthermometer. Sie beschwor mich, ab jetzt vorsichtiger zu sein, da man ihr in der Apotheke noch einmal erklärt hatte, wie furchtbar giftig dieses Quecksilber sei. Es verdampfe schon bei Zimmertemperatur und könne Hirnzellen zerstören. Wieder benutzte ich in einem unbeobachteten Moment meine ›Wunderlampe‹, passte diesmal aber besser auf, und durch die erhöhte Temperatur überzeugt, erlaubte mir meine Mami, weiter im Bett zu bleiben.

Während der nächsten Messung am Abend spitzte sich die Handlung in meinem Buch zum Showdown zu. In der letzten entscheidenden Nacht brach ein fürchterlicher Schneesturm über das Heimatdorf des heldenhaften Jungen herein. Die Mächte der Finsternis holten zu ihrem finalen Schlag aus, und – *PLANG!* Oh nein! Die Mächte des Lichts hatten es wieder zu gut gemeint mit dem Thermometer. Zum zweiten Mal schwirrten die Zauberkügelchen in meinem Zimmer umher. Und wieder erzählte ich meiner verstörten Mutter, dass ich das Thermometer geschüttelt und aus Versehen an die Bettkante geschlagen hatte. Und wieder half sie mir beim Einsammeln und Einatmen der giftigen Substanz.

Rückblickend wundert mich, dass Gretel nicht *mich* mal kräftig durchgeschüttelt hat. Glaubte sie mir diese frechen

Lügen wirklich? Sie musste sich doch fragen: ›Warum in aller Welt schlägt mein angeblich von Krankheit geschwächter Junge ständig Fieberthermometer gegen seine Bettkante?‹ Vielleicht fügten sich in ihren Augen aber auch meine Albträume und das seltsame Verhalten zu einem besonders besorgniserregenden Krankheitsbild.

Jedenfalls hatte ich das Buch gerade ausgelesen, in dem das Böse schließlich unterlag, und war auf bestem Weg, mich von meinem Lesefieber zu erholen, als mir meine Mutter erklärte, sie würde mich »zur Beobachtung« in eine Kinderklinik nach Frankfurt bringen. Während ich noch überlegte, wie ich ihr erklären konnte, dass von dem Büchervirus, der mich befallen hatte, keine Gefahr mehr ausging, fuhr sie mich schon in das Krankenhaus. Die anderen meist sterbenskranken, kleinen Patienten auf meiner Station waren höchst erfreut, in mir einen quietschfidelen, anscheinend kerngesunden Spielkameraden zu finden. Mir wurde zum ersten Mal bewusst, wie gut es mir eigentlich ging. Am meisten Zeit verbrachte ich mit einem bleichen, stillen Jungen in meinem Alter, der an Leukämie erkrankt war. Wir lieferten uns exzessive *Monopoly*-Schlachten, und ich begeisterte ihn für meine Comic-Sammlung. Der sterbenskranke Junge erschien mir viel reifer und weiser als meine Altersgenoosen – war er einer der ›Uralten‹, ein ›Wächter des Lichts‹, der mit mir das Böse bekämpfen konnte?

Leider blieb mir nicht die Zeit, das herauszufinden. Denn als der Stationsarzt mir zum ersten Mal Fieber maß, ließen mich die ›Mächte des Lichts‹ vollends im Stich. Die Messung geschah anal und im Beisein des Arztes. Ein äußerst entwürdigendes Szenario, von Fieber keine Spur. Welch peinlicher Vorführeffekt!

Mir war das natürlich besonders meiner Mutter gegenüber unangenehm. Jetzt hatte sie diesen ganzen Aufwand betrieben, mich in diese Spezialklinik gebracht, und nun war alles umsonst: Kein Fieber mehr! Doch sie war gar nicht böse, sondern im Gegenteil sehr erleichtert und nahm mich am dritten Tag, an dem in der Klinik nichts Auffälliges an mir festgestellt werden konnte, wieder nach Hause. Der Arzt hatte, wegen meiner auffälligen Aufgekratztheit, lediglich den Verdacht auf Schilddrüsenüberfunktion geäußert. Im Kontrast zu all den schlappen, kranken Kindern auf der Station war das auch kein Wunder!

Leider habe ich die ganze Geschichte Gretel gegenüber nie aufgeklärt. Wie gerne hätte ich gewusst, wie sie die Ereignisse beurteilt hätte. War sie in ihrer mütterlichen Sorge damals blind für die Realität gewesen?

Vielleicht sind wir heute in unserer Liebe und Hoffnung auf eine Verbesserung von Gretels Zustand auch blind gegenüber dem, was eigentlich geschehen sollte.

Am Morgen kommt die Hoffnung in Gestalt der Krankengymnastin durch die Tür, die endlich, nach über einer Woche bei uns in der Klinik erscheint. Die große, kräftige Frau wird von einer Schwester begleitet. Die Physiotherapeutin ist nicht dafür, Gretel im Liegen ›durchzubewegen‹, wie das die Ergotherapeutin vor ein paar Tagen demonstriert hat.

»Das macht man heute nicht mehr«, erklärt die Krankengymnastin der verdutzten Schwester, die ihr helfen soll, Gretel aus dem Bett zu holen und in den ›Mobilisationsstuhl‹ zu setzen.

»Aber ich habe das ›Durchbewegen‹ in meiner Ausbildung gelernt«, wundert die Schwester sich.

»Ja, ja, früher hat man das auch so gemacht«, belehrt die Krankengymnastin sie.

»Aber ich bin doch erst vor fünf Monaten mit der Ausbildung fertig geworden!«

»Nun ja, jedenfalls unten in der Intensivstation machen wir sowas wie ›Durchbewegen‹ nicht mehr.«

Es sei erwiesenermaßen besser, den Patienten sich auf ›natürliche‹ Weise bewegen zu lassen, wie beim Aufstehen oder Hinsetzen. ›Gegen den Patienten‹ zu arbeiten wie beim Durchbewegen sei dagegen nicht so förderlich. Gretel wird also mit vereinten Kräften in den ›Mobistuhl‹ gesetzt. Sie wehrt sich nicht und wirkt auf einmal recht munter. Es ist das erste Mal hier im Krankenhaus, dass sie vom Liegen in eine sitzende Position gebracht wird. Eigentlich leuchtet es ein, dass Sitzen anregend auf ihren Kreislauf wirkt und weniger stressig ist, als mit viel Mühe gegen ihren Willen ihre Gliedmaßen zu knicken und zu strecken. Gretels Arme machen abgesehen von der infusionsbedingten Schwellung einen guten und kräftigen Eindruck. Ihre Beine erschrecken mich aber. Besonders der linke Unterschenkel ist ganz verkümmert. Es sieht nicht so aus, als ob sie noch darauf stehen, geschweige denn damit laufen könnte. Wir wollen sie ab jetzt als tägliche ›Gymnastik‹ zweimal am Tag für ein, zwei Stunden in den Stuhl setzen.

Nachmittags sticht die Stationsärztin während der Oberarzt-Visite eine neue Nadel in Gretels Hand. Die Infusion muss jetzt immer öfter von einer Seite zur anderen gewechselt werden, damit die Arme nicht zu sehr anschwellen. »Wir sind hier im Demenz-Endstadium«, erklärt der Oberarzt, ohne mit der Wimper zu zucken. »Aspiration, Lungenentzündung und Tod ist, was da typischerweise passiert. Mit einer Magensonde könnten wir diesen Prozess aufhalten und versuchen, sie zu stabilisieren. Wichtig ist jetzt natürlich erst einmal, die Lungenentzündung einzudämmen.« Wenn das Fieber unten bleibe, könne man die Magensonde legen, wahrscheinlich müsse man noch mit einer weiteren Woche Krankenhausaufenthalt rechnen. Die Stationsärztin, die mir weitaus sympathischer ist als der schroffe Oberarzt, berichtet, dass sie mit dem Neurologen im Haus gesprochen habe.

Der hat sich Gretel zwar nicht selber angeschaut, rate aber generell davon ab, ihr noch Essen durch den Mund zu geben. Aspiration sei ganz typisch bei einer fortgeschrittenen Demenz. Füttern sei über kurz oder lang bei dieser Erkrankung sowieso nicht mehr möglich. Der Oberarzt beschließt die Visite, indem er mich anhält, meinem Vater und meiner Familie auszurichten, dass eine Entscheidung bezüglich der Magensonde dringend anstehe. Nach der Visite folge ich den beiden noch auf den Gang hinaus und stelle der Stationsärztin eine Frage, während der Oberarzt schon ungeduldig weitereilt. »Gesetzt den Fall, man entscheidet sich für eine Magensonde, kann man dann irgendwann auch wieder sagen: ›So, jetzt nehmen wir die Sonde wieder raus?‹ Vielleicht lernt sie ja doch wieder zu schlucken?« Die Ärztin guckt verwundert und antwortet: »Theoretisch ja. Aber ich habe das ehrlich gesagt noch nie erlebt oder gehört, dass ein Demenzkranker mit einer Magensonde wieder angefangen hat zu essen. Entschuldigen Sie, aber ich muss jetzt wirklich weiter.«

Und was, wenn man irgendwann gar nicht mehr will, dass Gretel ernährt wird? Wenn man sie einfach nur friedlich einschlafen lassen möchte? Mit einer Maßnahme erst gar nicht anzufangen fühlt sich einfacher an, als mit etwas aufzuhören.

Ratlos setze ich mich auf einen Stuhl im Gang gegenüber von Gretels Zimmer. Auf dem Beistelltisch liegt ein gerolltes Zettelchen, das jemand hat liegenlassen. Unwillkürlich nehme ich es in die Hand und entrolle das kleine Papier. Darauf steht eine biblische Losung: ›Das geknickte Rohr wird er nicht zerbrechen, und den glimmenden Docht wird er nicht auslöschen‹ (Jesaja 42, Vers 3). Obwohl ich mir nie viel aus der Bibel gemacht habe und nicht getauft bin, sprechen die Worte mich an. Sie kommen genau im richtigen Zeitpunkt, um mir Trost zu spenden. Irgendjemand hat diesen Spruch hier für mich bereitgelegt, und das ist schön!

Ich denke an Gretels Beziehung zum Christentum: Auch etwas, worüber ich gerne noch mit ihr gesprochen hätte. Sie ist sehr fromm aufgewachsen, da ihr Vater einer pietistischen Bruderschaft angehörte, aber ich kenne sie nur als kirchenkritische Atheistin. Mir ist aufgefallen, dass sie im fortgeschrittenen Stadium ihrer Demenz häufiger als früher »Oh Gott« oder »Um Gottes Willen« sagte. Auch »Jeggersch« – wohl eine schwäbische Verballhornung von ›Jesus‹, habe ich eine Zeit lang häufiger als gewöhnlich von ihr gehört. Diese christlichen Bezüge scheinen bei ihr ganz tief zu sitzen. Wenn sie wirklich verärgert war, sagte sie früher manchmal: »Himmel Herrgott sakra kruzitürken nochmal«. Schon stark an Demenz erkrankt, entfuhr ihr noch ab und an die Kurzform »Herrgott sakra«.

Nicht lange vor ihrer schicksalhaften Hüftoperation schickte mir Gretel einen Brief mit Material über ihren Vater, als ob sie geahnt hätte, dass sie bald ihre Erinnerung verlieren würde. ›Ich geb's Dir weiter!‹, schrieb sie begleitend, und erklärte, dass sie mir nie etwas über ihren Vater erzählt habe, weil sie fast nichts von ihm wisse, außer seinem traurigen Ende im Mai 1945. Als schon alle dachten, der Krieg sei vorbei und die Kapitulation Deutschlands bereits verhandelt wurde, fiel er noch einem sinnlosen Gefecht zum Opfer.

Gretel hatte immer mit großem Respekt von ihrem Vater gesprochen, und ich verbinde etwas strahlend Heldenhaftes mit ihm. Besonders deutlich wurden mir Gretels Gefühle für ihren Vater in den letzten Jahren, als sie ihr konkretes Gedächtnis schon verloren hatte. Ihre Mutter, mit der sie zeitlebens in Kontakt war, und um die sie sich bis zu ihrem Ende Mitte der 90er-Jahre gekümmert hatte, erkannte sie auf Fotos nicht mehr. Aber sie hielt regelmäßig andächtig vor dem Bild ihres Vaters inne, das bei uns im Flur aufgehängt war. Er blickt darauf in klassischer Bergsteigermontur entschlossen in die Ferne und erinnert an Louis Trenker. Bei diesem Anblick erklärte sie immer wieder feierlich: »Das ist mein Vater.« Und einmal verriet sie mir noch: »Wenn er nur auch noch leben würde, würde ich ihn sehr lieben.« Sie hatte da schon jegliche Orientierung in Raum und Zeit verloren, aber über ihren Vater wusste sie noch relativ gut Bescheid, obwohl sie ihn im Alter von fünf Jahren zum letzten Mal gesehen hatte. »Er war, und dann war er nicht mehr«, stellte sie fest. Ich stimmte ihr zu und erwähnte, dass er im Krieg gefallen war. Sie erwiderte: »Aber da hat er doch gar nicht mitgemacht!«

Tatsächlich war mein Großvater ein überzeugter Pazifist gewesen und hatte sich auch aufgrund seiner christlichen Überzeugung den Nazis und dem von ihnen angezettelten Krieg soweit es ging verweigert. Dreimal wurde er vorgeladen, um der Partei beizutreten. Zur ›Strafe‹, dass er nicht mitmachte, bekam er keine öffentlichen Aufträge mehr als Architekt und wurde noch in dem ungewöhnlich hohen Alter von 37 Jahren eingezogen, obwohl das bei einem Vater von vier Kindern normalerweise nicht üblich war. Da er keinen Befehl zum Töten geben wollte, lehnte er eine Offizierslaufbahn ab und wurde als gemeiner Soldat an die Ostfront geschickt. Er überlebte den Russlandfeldzug und war bei Kriegsende auf dem Weg nach Hause, als ein junger Offizier aus seinen Reihen das Feuer auf eine amerikanische Panzerdivision eröffnete. Augenzeugen aus dem österreichischen Dorf, in dessen Nähe das anschließende Blutbad stattfand, berichteten, dass man unter den Toten auch einen ›Weißhaarigen‹ gesichtet habe, den man im Massengrab beisetzte.

Meine Mutter hat nicht nur die auffällig weißen Haare, die sich schon in jungen Jahren entwickelten, von ihrem Vater geerbt, sondern auch ihren starken Gerechtigkeitssinn und ihren Willen, für Ideale einzutreten. Das ging in ihrem Falle zwar nicht auf religiöse Überzeugungen zurück, aber das Beispiel ihres Vaters könnte die Triebfeder ihres Einsatzes für den Sozialismus und das jahrzehntelange Engagement für politisch Verfolgte gewesen sein. Auf der anderen Seite setzte die Emanzipation von der strengen Frömmigkeit des Vaters auch ihre ersten rebellischen Impulse frei.

Mein Großvater war ein passionierter Bergsteiger gewesen und ursprünglich keineswegs fromm. Aber als er bei einer Bergtour von einer Lawine erfasst und verschüttet wurde, hatte er ein Erweckungserlebnis. Er schwor, sich im Falle seiner Rettung zu Gott zu bekennen und einer christlichen Bruderschaft beizutreten. Als er tatsächlich gerettet wurde, blieb er seinem Gelübde treu. Für meine Mutter bedeutete das eine Kindheit mit Bibelstunden und frommen Regeln der Demut sowie strenge Frisurvorschriften: Zopf oder Knoten. Gretels Mutter war eigentlich modebewusst, aber trug selbst nachdem ihr Mann offiziell für tot erklärt worden war, noch züchtig ein Kopftuch: »Der Papa hat's so gewollt.«

Gretel dagegen versuchte, sich von den Vorschriften ihrer eng umgrenzten Herkunftswelt zu befreien. Sie erzählte mir, wie sie als 16-Jährige eines Tages mit dem Fahrrad ihres Vaters von Stuttgart nach Nürnberg gefahren war und sich dort beim Friseur feierlich die Haare hatte abschneiden lassen. Im Studium wurde sie zunächst durch ein evangelisches ›Studienwerk‹ gefördert, aber bald ließ sie auch dies hinter sich und sorgte dafür, dass sie als Studentin ganz auf eigenen Beinen stand. Sie trat aus der Kirche aus und lehrte mich später ein ›Vaterunser‹ von ihrem ›Heim- und Herddichter‹ Robert Gernhardt:

Lieber Gott, nimm es hin,
dass ich was Besond'res bin.
Und gib ruhig einmal zu,

dass ich klüger bin als du.
Preise künftig meinen Namen,
denn sonst setzt es etwas. Amen.

Wenn ich an die Spiritualität meiner Mutter denke, denke ich vor allem an Kunst und Kultur. Wir pilgerten sonntags gerne ins *Museum für Moderne Kunst* nach Frankfurt oder in den Sendesaal des Hessischen Rundfunks zu Avantgarde-Konzerten. Sie liebte das Theater, die Oper und das Kino. Wenn gute Musik geboten wurde, ging sie selbstverständlich auch gerne in die Kirche. Sie brachte mir auch bei, eine Art Mantra zu benutzen, das mir bei schwierigen Entscheidungen und wichtigen Prüfungen helfen sollte, mich nicht zu verlieren: »Ich bin ich. – Ich bin ich. – Ich bin ich …«

Mein Vater erzählte mir, dass Gretel, nach ihrer Demenz-Diagnose schon schwer verwirrt, ihn eines Morgens aufforderte: »Sei Dududu, sei einfach Dudududu!«

Gretels ›Ich-bin-ich-Mantra‹ hilft mir auch heute im Krankenhaus, mich wieder aufzurichten, und ich gehe zurück in ihr Zimmer. Ich bin schließlich an der Reihe, bei ihr Wache zu halten. Aber was würde ich eigentlich tun, wenn sich ihr Zustand plötzlich verschlechterte? Es ist seltsam, an diesem Ort zu sein, aber all die vorhandenen medizinischen Möglichkeiten im Notfall gar nicht zu nutzen. Gretel sieht noch so jung und frisch aus, gerade scheint ihr die Sonne ins Gesicht, und sie liegt mit einem Lächeln da wie eine zufriedene Katze. Darf man jemanden, der so aussieht, verhungern lassen? Als könnte sie meine Gedanken lesen, fragt sie plötzlich:

»Glaubst du, es geht weiter?«

»Äh – ja, klar«, stottere ich, und sie strahlt mich an.

»Wirklich? Das ist gut. Endlich ist es soweit. Gott sei Dank, Gott sei Dank.«

Kapitel 13
Bauchgefühl und Magensonde

»Hallo, ich bin die Karin«, stellt sich die ›Übergangsschwester‹ bei meinem Vater und mir vor, als sie sich am Bett meiner Mutter im Krankenhaus einfindet. Sie soll uns helfen, den Übergang vom Spital nach Hause zu organisieren, nachdem Gretel sich wieder einigermaßen von ihrer Lungenentzündung erholt hat. Es geht unter anderem darum, welche Geräte wir brauchen und welcher Pflegedienst eingebunden werden soll. Schwester Karin arbeitet auch in einem Sterbehospiz, und während des Gesprächs kriege ich das Gefühl, dass der ›Übergang‹, um den es hier geht, auch schon die Schwelle vom Diesseits ins Jenseits ist. Die Schwester hält jedenfalls unsere Entscheidung, Gretel eine Sonde zu legen, gar nicht für selbstverständlich.

»Sind Sie sich da ganz sicher?«, fragt sie meinen Vater eindringlich. »Haben Sie sich auch gut überlegt, was es bedeutet, Ihre Frau so zu behandeln?«

Ich werde innerlich wütend: Jetzt quälen wir uns schon über eine Woche und haben uns endlich zu einer Entscheidung durchgerungen, und dann kommt diese ›Übergangsschwester‹ daher und stellt wieder alles infrage?

»Hier im Krankenhaus haben uns aber alle Ärzte zu einer Sonde geraten«, erkläre ich trotzig. »Gerade weil wir sie zu uns nach Hause holen wollen.«

»Wir können doch ein Wunder nicht ausschließen!«, fügt mein Vater hinzu.

»Der Eingriff ist ja auch praktisch ungefährlich«, halte ich der weiterhin skeptischen Schwester entgegen. »Und wenn sie erst einmal anständig ernährt ist, geht es ihr sicher auch insgesamt besser. Dann lernt sie vielleicht wieder laufen, und wer weiß, ob sie das mit dem Essen nicht auch wieder hinkriegt!« Ich hole kurz Luft und bringe noch ein schlagendes Argument vor: »Und wenn wir die Sonde nicht mehr wollen, lassen wir sie einfach wieder weg!«

Doch die Übergangsschwester bleibt kritisch:

»Hätte Ihre Mutter das denn gewollt?«

»Gretel möchte bestimmt gerne bei uns zu Hause sein«, weicht mein Vater der Frage aus.

»Aber muss man sie dafür künstlich ernähren?«, bohrt Schwester Karin weiter. »Ich habe das jedenfalls bei meiner Mutter nicht gemacht. Viele Menschen wollen am Lebensende einfach kein Essen mehr zu sich nehmen. Darauf kann man Rücksicht nehmen und nur noch Flüssigkeit geben, soweit es geht.«

›Könnt ihr euch auf dieser verdammten Station nicht mal einig werden!‹, denke ich und erwidere kämpferisch: »Sie reden vom Ende, aber meine Mutter ist doch noch lebendig! Vor einem guten Monat ist sie gelaufen und hat mit ihren Enkeln Kekse gebacken!«

Die Schwester nickt verhalten, als wüsste sie, dass ich da ein wenig übertrieben habe. Sie könne unsere Entscheidung natürlich verstehen. Aber wir sollten bedenken, dass eine Magensonde auch nicht ganz unkompliziert sei, daran müsse sich der Körper erst gewöhnen, und es dauere immer eine Zeit, bis die Nahrungsaufnahme richtig funktioniere.

Doch wir sind nicht von unserem Plan abzubringen, zu verlockend scheint uns die Chance einer Lebensverlängerung für unsere geliebte Gretel. Malte hat die Einverständniserklärung für die OP schon unterschrieben. Die Argumente der

Mediziner im Krankenhaus hatten uns davon überzeugt, dass man künstliche Ernährung nicht unversucht lassen sollte.

Meine Tante zeigt sich höchst erfreut über die Nachricht, dass wir ihre Schwester über eine Magensonde ernähren wollen. Sie erzählt mir von einer Freundin, die schon einige Jahre mit einer solchen Sonde lebt und damit gut zurechtkommt. Sie stelle das Gerät einfach über Nacht an. Allerdings sei sie auch nicht schwer demenzkrank wie Gretel, sondern ihre Speiseröhre arbeite nicht mehr, sodass sie Nahrung nicht mehr durch den Mund aufnehmen könne.

Doch als ich in der Nacht vor Gretels Operation meiner Freundin am Telefon von unserem Entschluss erzähle, kriegen wir uns kräftig in die Haare. Sie findet es schrecklich, dass wir unsere Meinung geändert haben und Gretel ohne ihren ausdrücklichen Willen einen Schlauch in den Magen legen lassen wollen. Alle meine guten Argumente verpuffen. Ich fühle mich angegriffen und unverstanden. Soll sie denn verhungern? Ich will doch nur das Beste!

Nach dem hitzigen Telefonat arbeitet es stark in mir. Meine ältere Schwester hatte ähnlich wie meine Freundin reagiert, als sie von unserem neuen Plan hörte: »Wollt Ihr Gretel das wirklich antun? Ich dachte, wir waren gegen künstliche Ernährung?« Und dann auch noch die ›Übergangsschwester‹ heute im Krankenhaus. Wie kann es sein, dass es so viel Widerspruch gibt? Wir haben doch Für und Wider sorgfältig abgewogen und die Sonde für die vernünftigste Lösung befunden. Doch intuitiv fühlt es sich jetzt plötzlich falsch an.

Die Stationsärztin im Krankenhaus hatte mir gesagt, sie glaube, Gretel könne mit einer PEG-Sonde noch einige Zeit mit gewisser Lebensqualität zu Hause verbringen. Wenn wir sie dagegen im jetzigen Zustand ohne ›Schläuche‹ zur Ernährung nach Hause nähmen, würde sie mit Sicherheit sehr bald sterben. So war mir die Sonde schmackhaft gemacht worden.

Aber als ich nach dem Streit mit meiner Freundin im Internet recherchiere, stellt sich die Sachlage längst nicht so eindeutig dar. Im Gegenteil: PEG-Sonden sind speziell bei schweren Demenzfällen sehr umstritten. Viele grundsätzliche Fragen sind im Krankenhaus gar nicht angesprochen worden. Wann darf ein Mensch sterben? Bedeutet Lebensbegleitung auch Sterbebegleitung oder das Ermöglichen des Sterbens?

Demenzkranken, die Nahrung verweigern oder Schluckstörungen haben, wird im deutschen Pflegealltag gerne eine Magensonde gelegt, einmal, um der anstrengenden, zeitintensiven Fütterung zu entgehen, aber auch, um sich nicht den Vorwurf der Vernachlässigung einzuhandeln, sollte jemand in der Pflegeeinrichtung verhungern oder verdursten.

Mitten in der Nacht liege ich wach und wälze mich im Bett. ›Was hätte Gretel selbst gewollt?‹ Diese Frage kreist in meinem Kopf wie eine lästige Mücke, die mich nicht schlafen lässt. Ehrlich gesagt, glaube ich nicht, dass meine Mutter eine Magensonde gewollt hätte. Die Frage bei ihr ist ja auch, ob ›das Leben verlängern‹ nicht auch bedeutet: ›die Qualen verlängern‹. Wie wäre es, wenn ein Schlauch aus *meiner* Bauchdecke käme und ich nicht wüsste, warum, und wenn ich zudem keine Ahnung hätte, wo ich überhaupt bin? Würde ich nicht versuchen, mir den Schlauch zu entfernen? Den Katheter an ihrer Hand hatte sich meine Mutter im Krankenhaus schließlich mehrmals herausgezogen.

Auf der anderen Seite hatte Gretel nie grundsätzlich etwas gegen medizinische Technik. Sie kümmerte sich jahrelang liebevoll um ihre Freundin, die im Koma lag und künstlich ernährt und beatmet wurde. Der Mann einer ihrer besten Freundinnen konnte nur dank einer Herztransplantation weiterleben, und Gretel nahm daran stark Anteil und freute sich sehr über die Zeit, die sie noch mit ihm verbringen konnte. Sie war also bestimmt nicht grundsätzlich gegen lebensverlängernde Maßnahmen!

Und was war mit ihrer eigenen Hüftoperation, zu der sie sich entschieden hatte? War so eine Magensonde nicht eine Art ›Prothese‹, anstatt eines künstlichen Gelenks eben ein Ersatz für den nicht mehr funktionierenden Schluckapparat? Es ist doch nur ein dünner Schlauch. Sollten wir das nicht wenigstens einmal probieren? Ob man sie nun durch den Mund füttert oder etwas direkt in den Magen leitet, ist doch eigentlich gleichgültig – solange sie noch selber atmet, halten wir sie doch gar nicht künstlich am Leben!

Im Halbschlaf stelle ich mir vor, dass Malte, Gabija, meine Schwestern und ich uns solidarisch zu Gretel auch eine PEG-Sonde legen lassen. Das soll gar nicht so teuer sein! Und die Nahrung gibt es gleich hier um die Ecke bei *Fresenius*! Dann können wir uns abends vor dem Fernseher einfach einen Beutel aufhängen, an den wir alle gemeinsam unsere Mägen anschließen. Dafür kann man bestimmt einen Mehrfachadapter auftreiben.

Wäre das nicht überhaupt die Idee? Nie mehr Zeit verlieren beim Arbeiten durch Essenspausen: einfach die PEG anschließen. Das würde mir doch gegenüber meinen Regiekollegen einen deutlichen Wettbewerbsvorteil verschaffen! Meine Gedanken werden immer abstruser, bis ich mich mit meiner Freundin beim romantischen Candlelight-Dinner sehe. Neben dem Tisch baumelt ein Sack mit Indian-Curry, der direkt mit unseren Bäuchen verbunden ist: Ich habe sie schließlich doch noch von den Vorteilen einer Sonde überzeugt – Liebe geht eben durch den Magen!

Als mein Wecker klingelt, habe ich gar kein gutes Gefühl im Bauch. Ich stehe auf und beeile mich, zu meiner Mutter ins Krankenhaus zu kommen. Dort begegne ich Gabija, die mir in Höchststimmung berichtet: »Greteltschik mir heute sagen: ›Schöne Frau!‹« Sie geht zu meiner Mutter ans Bett und gibt ihr einen dicken Kuss auf die Wange: »Du mein Liebling!«

Gretel schlägt die Augen auf und sagt in ihrer typischen übertriebenen Verwunderung, indem sie ihre Augenbrauen weit hochzieht: »Was?! Ich?«

Ich komme auch an ihre Seite: »Gretel, wie geht es dir?«

»Gut«, antwortet sie und schließt die Augen wieder. Wären ihre Wangen nicht ganz so rot, würde sie einen gesunden Eindruck machen. Gabija erzählt mir, sie sei heute während ihrer Nachtwache kurz eingenickt und habe geträumt, dass sie Gretel wie ein kleines Baby in ihrem Arm gehalten habe. Sie deutet das als ein gutes Zeichen. Bald werde meine Mutter bestimmt wieder laufen lernen, wie ein Kleinkind. Ich wünschte, ich könnte Gabijas Optimismus teilen. Ich habe eher das Ende als einen Neuanfang vor Augen, wenn ich Gretel friedlich und mit einem Lächeln auf den Lippen vor mir liegen sehe.

Gut gelaunt verabschiedet sich Gabija und macht sich auf den Nachhauseweg. Die bevorstehende Operation für die Magensonde scheint für sie nichts Erschreckendes zu haben.

Sollten wir diese Sonden-Operation nicht einfach abblasen und meine Mutter sofort nach Hause holen, so wie sie ist? Doch dafür ist es eigentlich zu spät, mein Vater hat die Einverständniserklärung unterschrieben. Und gerade ist er zu Hause und schläft tief. Soll ich versuchen, ihn anzurufen, oder Gabija sagen, sie solle ihn wecken, um meine Bedenken mit ihm zu teilen? In diesem Moment geht die Tür auf und ein Pfleger erscheint, um Gretel abzuholen. Stumm sehe ich mit an, wie sie hinausgeschoben wird. Ich bin unfähig, mich zu verabschieden, ich will, dass es kein Abschied ist!

Ich rufe meine jüngere Schwester an, die meine Bedenken gut verstehen kann. Sie erzählt mir von einer Freundin, die Erfahrungen mit einer Magensonde bei ihrem schwerkranken Kleinkind gemacht hat. So eine Sonde führe anfangs oft zu Erbrechen. Man brauche eine Weile, bis die richtige, verträgliche Nahrung gefunden sei. Warum wurden wir hier im Krankenhaus gar nicht auf diese Probleme hingewiesen?

»Mit der Magensonde wird Gretel dann stabiler, hat mir die Ärztin gesagt«, versuche ich unsere Entscheidung zu rechtfertigen. »Und vielleicht kann sie dann doch wieder anfangen, durch den Mund zu essen.«

Meine Schwester ist gerne bereit, nicht weiter zu problematisieren, und gibt sich optimistisch: »Ich habe die Hoffnung, dass wir sie dann am Dienstag oder Mittwoch nach Hause holen können – dann machen wir eine Willkommens-Party!«

Doch schon nach einer halben Stunde öffnet sich die Tür, und Gretel wird zurück in ihr Zimmer geschoben. Die Schwester sagt, sie hätten die Sonde nicht gelegt und die Ärztin würde gleich kommen, um das zu erklären.

»Das heißt, heute wird sie nicht operiert?«, frage ich verwirrt.

»Sie war bei einer Voruntersuchung, und jetzt ist sie wieder hier. Alles Weitere erklärt Ihnen die Ärztin.« Die Schwester lässt mich mit meiner Mutter allein, die mit weit aufgesperrtem Mund schnarcht. Ich bin aufgewühlt und mir kommen die Tränen. Hat man sie aufgegeben – ist dies das Ende? Ich setze mich neben sie, streichele ihre Hand und seufze:

»Ach, Gretel ...« Da schlägt sie die Augen auf und fragt:
»Was brauchst du?«
»Ich? Na dich, Gretel, dich!«

Gretel guckt mich gütig an und sagt mit ruhiger, klarer Stimme: »Wenn du noch was haben möchtest, kannst du es dir jetzt nehmen.«
»Und du?«
»Ich? Ich brauche nichts.«

Bauchgefühl und Magensonde

Während die Ärztin mir erklärt, warum die OP abgesagt wurde, denke ich, dass wir wieder mal unverschämtes Glück gehabt haben. Dem Operateur in der Endoskopie war ihre Fieberkurve nicht geheuer, da sie noch am Vortag 37,6 Grad gehabt hatte. Er wolle lieber das Wochenende abwarten und am Montag operieren, wenn sie dann fieberfrei geblieben sei. Ihr im jetzigen Zustand einen Fremdkörper einzusetzen, wäre gefährlich gewesen. Die Ärztin sieht den Verlauf aber gerade positiv, denn Gretels Temperatur sei ohne fiebersenkende Mittel weiter zurückgegangen. Das bedeute, dass das Antibiotikum gut anschlage. Das Wochenende könne sie mit der Infusion noch gut überstehen, am Montag müsse dann die Sonde gelegt werden.

Bisher hatte ich die Wochenenden im Krankenhaus immer als bedrohliche Zeit des Stillstands und der Vernachlässigung empfunden. Aber diesmal bin ich froh über die gewonnene Zeit, in der wir über unsere Entscheidung nachdenken können.

Am nächsten Tag sind Maltes Bruder und dessen Sohn, der auch Mediziner ist, zu Besuch im Krankenhaus, um sich ein Bild von Gretel zu machen. Sie nehmen eine ganz andere Position ein als die Ärzte hier im Haus.

Mein Cousin referiert, dass Magensonden statistisch gesehen bei Patienten, die in einem Zustand wie Gretel sind, nicht lebensverlängernd, sondern im Gegenteil eher lebensverkürzend wirken. Es könne nämlich zu Komplikationen wie Erbrechen oder Reflux kommen, sodass Mageninhalt in den Rachen gerate und dort wiederum verschluckt werden könnte. Sowieso aspiriert so ein Patient nicht selten den eigenen Schleim, den er abgehustet hat. Gelangten Fremdkörper in die Bronchien, könnte sich schnell wieder eine Lungenentzündung entwickeln. Dieses Risiko werde durch die Sonde keineswegs verringert. Außerdem könne sie durch den Patienten manipuliert werden und sich die Bauchdecke an der Anschlussstelle des Schlauches infizieren. Wenn kein ›Kostaufbau‹ mehr betrieben, also gar nicht mehr der Versuch gemacht werde, einem Menschen Nahrung über den Mund zuzuführen, bräche damit meist auch ein letzter Bereich der Hinwendung zu diesem Menschen weg, und damit auch seine Mobilisierung und Motivation zu leben. Auf diese Weise könne eine Sonde sogar einen früheren Tod begünstigen.

Mein Onkel, Facharzt für Innere Medizin mit einer Ausbildung als Psychotherapeut, beleuchtet die Sache von einer anderen Seite: »Nehmen wir mal den Idealfall an und sagen, dass die Sonde Gretel wieder richtig aufpäppelt. Wie lebenswert ist denn ihr Leben eigentlich noch? Wird ihr Dekubitus jemals abheilen? Wie groß ist die Zeitspanne am Tag, in der sie bewusst am Leben teilnimmt? Die Wahrscheinlichkeit ist sehr hoch, dass sie sich auch mit einer Sonde sehr bald wieder so etwas wie eine Lungenentzündung einfängt. Wie viel wollt ihr Gretel noch zumuten? Ich rate euch: Holt sie so schnell wie möglich zu euch nach Hause, um Abschied zu nehmen.«

Ganz anders als mein Onkel sieht es die Schwester meiner Mutter, deren Freundin mit einer Sonde lebt und mit der ich später wieder telefoniere. Ich berichte ihr, dass Gretel nicht operiert werden konnte und wir uns nun nicht mehr sicher sind, ob wir die Sonde überhaupt noch wollen. Gretels Schwester reagiert erschüttert. Damals, als ihre schwer demente Mutter nach einem Sturz mit einer Lungenentzündung im Sterben lag, hatte sie den Arzt gefragt: »Haben Sie auch wirklich alles für sie getan?« Der Arzt erklärte ihr, dass keine Hoffnung mehr bestünde.

Gretel dagegen ist gerade dabei, sich wieder von ihrer Lungenentzündung zu erholen. Aber besteht deswegen wieder Hoffnung für sie? Von ihrer Demenz wird sie sich bestimmt nicht mehr erholen, und wahrscheinlich auch nicht von ihrem Dekubitus. Hat sie nun ein ›Recht zu sterben‹? Oder ist es unsere Pflicht, sie am Leben zu erhalten? Diese Fragen sind natürlich heikel. Aus unserer Verwandtschaft höre ich von einem christlichen Arzt, der sich wundert, wie wir es überhaupt in Erwägung ziehen können, Gretel ›verhungern‹ zu lassen.

Ich versuche, mich umfassend kundig zu machen. Meine Recherchen im Bereich Palliativmedizin lassen ein immer deutlicheres Bild entstehen, das gegen eine Sonde für Gretel spricht. Bei Demenzerkrankten im fortgeschrittenen Stadium wird beispielsweise in Holland eine PEG-Sonde nur als Ausnahme in ganz speziellen Einrichtungen zugelassen, und im Kanton Zürich in der Schweiz soll diese Maßnahme grundsätzlich untersagt sein. Je mehr ich erfahre, desto absurder erscheint mir die unreflektierte ›Aufklärung‹ der behandelnden Ärzte im Krankenhaus. Wozu eine Sonde, wenn die Wahrscheinlichkeit groß ist, dass sie das Leben meiner Mutter nicht einmal verlängert, geschweige denn, dass dieses verlängerte Leben überhaupt erstrebenswert ist?

Zu guter Letzt telefoniert mein Onkel noch mit dem Oberarzt von Gretels Station. Unter den Kollegen kommt es zu einem offenen Gespräch, während dem der Oberarzt meinem Onkel bestätigt, dass die meisten Dementen am Ende ihres Lebens einer Lungenentzündung durch Aspiration zum Opfer fallen und eine Ernährungssonde dieses Risiko sogar noch vergrößern könne. Am Ende des Gesprächs sagt mein Onkel dem Kollegen, dass er uns geraten habe, Gretel ohne Sonde nach Hause zu holen. Der Oberarzt gibt daraufhin sogar zu: »Ich hätte das auch so gemacht.«

Spätestens nach diesem Gespräch ist die Entscheidung für meinen Vater sonnenklar und er setzt ein Schreiben auf: ›Ich möchte den Termin für die Legung der Magensonde aussetzen, da ich und meine Kinder dabei sind, unsere Entscheidung zu revidieren.‹ Noch am Sonntagabend macht er sich auf den Weg ins Krankenhaus, um die Operation am nächsten Morgen abzuwenden. Auf der Station gibt er der Oberschwester die schriftliche Erklärung, die den Text überfliegt und erbost reagiert: »Aha! Gestern so, heute so?« Und Malte dann herausfordernd anblickt: »Dann können Sie Ihre Frau eigentlich auch gleich mitnehmen!«

Mein Vater sagt ihr, dass er nichts dagegen habe. Doch die Schwester schüttelt den Kopf. Das gehe natürlich nicht so einfach. Heute Nacht sei ja niemand mehr da, um so etwas zu entscheiden. Sie werde Maltes Erklärung hinterlegen, und er solle sich am nächsten Morgen mit den Ärzten besprechen.

Am Montag früh kommen mein Vater und ich wieder auf die Station. Der Oberarzt und die Stationsärztin begegnen uns schon im Gang. Der leitende Arzt fragt meinen Vater knapp: »PEG oder nicht?«

»Keine PEG.«

»Gut, dann ist ja alles klar.« Mit diesen Worten lässt er uns stehen. Offenbar ist das Thema damit für ihn erledigt: ›Klappe zu, Affe tot.‹

Als wenig später die Stationsärztin zum Blutabnehmen ins Zimmer meiner Mutter kommt, zeigt sie sich sensibler als ihr Vorgesetzter: »Sie haben sich umentschieden, was ja zeigt, wie schwer Sie sich mit der Entscheidung für oder gegen eine Sonde tun. Ich habe dafür natürlich Verständnis.« Sie findet, es spreche eigentlich nichts dagegen, Gretel in ihrem jetzigen Zustand nach Hause zu nehmen, die Lungenentzündung sei soweit behandelt und wir könnten ja immer noch zurückkommen, wenn wir doch noch eine Magensonde wollten. Wir sollten noch die Entzündungswerte der Blutanalyse abwarten, aber Gretel habe kein Fieber mehr, und ihr Atem klinge in

Ordnung. Ich frage die Ärztin, wie lange Gretel ihrer Meinung nach ohne künstliche Ernährung überleben könne? Natürlich komme es stark darauf an, ob unsere Mutter überhaupt noch etwas zu sich nehme, aber sie glaube, sie könne auch mit wenig Nahrung noch mehrere Wochen leben. Sie sei schließlich gut genährt und erscheine zäh; ihr Körper wirke noch nicht so alt, und für ihre 74 Jahre sei sie physiologisch eigentlich in einem guten Zustand.

Der Oberarzt gibt mir seine Prognose in gewohnter Knappheit: »Ohne Essen: Wochen – ohne Flüssigkeit: Tage.«

Mein Onkel glaubt, Gretel habe noch mit etwa vier Wochen zu rechnen, wenn man ihr noch das zu essen und trinken gebe, was sie annehme. Er sagt, wir sollten ihren Körper und ihre Bedürfnisse nicht ignorieren; man könne ihr noch etwas Babynahrung geben und darauf achten, ihren Gaumen feucht zu halten, so dass sie kein Durstgefühl habe.

Gabija wiederum hat ganz andere Vorstellungen und ist weiterhin fest entschlossen, Gretel wieder gesund zu pflegen. Zur Einschätzung meines Onkels sagt sie: »Er lügt, er meinen nicht vier Wochen, sondern vier Jahre!« Sie hat wieder geträumt, dass sie mit Gretel zusammen im Park spazieren war. Irgendwie bringt es keiner übers Herz, ihr reinen Wein einzuschenken und zu erklären, was uns jetzt bevorsteht.

Die Übergangsschwester begrüßt unsere Kursänderung und empfiehlt, Gretels Blasenkatheter beizubehalten. Sie will für Absaug- und Sauerstoffgerät zu Hause sorgen.

Am Nachmittag ist Gretel so guter Dinge wie schon lange nicht mehr. Fast habe ich den Eindruck, sie freut sich darüber, dass wir in letzter Sekunde noch die Magensonde abgewendet haben. Sie lacht, zeigt auf Malte und erklärt:

»Ist doch schön, wie er da sitzt!«

Ich stimme ihr zu, und dann fragt sie mich:

»Was machst du eigentlich?«

Malte und ich sind völlig baff – so eine geistesgegenwärtige Frage haben wir schon lange nicht mehr von ihr gehört.

»Nun ja«, stottere ich, »eigentlich bin ich gerade dabei, einen Film über dich zu machen.«

»Über mich? Wirklich?«

»Ja, und ich hoffe sehr, dass Du ihn noch sehen wirst!« Aber da hat Gretel schon wieder die Augen geschlossen und erinnert mich daran, wie unwahrscheinlich das ist.

Als mein Vater und ich draußen auf dem Gang vor dem Stationsbüro einen Kaffee trinken, zweifelt er schon wieder: »Schließen wir jetzt nicht ein Wunder aus, wenn wir ihr den ›Hahn‹ zudrehen?«

Eigentlich bedeutet die Entscheidung gegen die Sonde auch, dass wir Gretel ohne Umschweife nach Hause holen können. Doch mein geistig flexibler Vater stellt nun auch das wieder infrage: »Das Zimmer im Krankenhaus ist doch viel schöner als das zu Hause. Es gibt hier viel mehr Sonne und außerdem diesen wunderbaren Blick, den Gretel bestimmt genießt. Das Pflegebett hier ist auch viel praktischer als das zu Hause.« Vor allem müssten wir uns hier nicht um die pflegerischen Belange kümmern, sondern könnten uns ganz auf Gretels seelisch-körperliches Wohlbefinden konzentrieren, ihre Hände halten, sie streicheln, ihr etwas vorsingen oder erzählen. Wir hätten auch nicht den Stress, sie rund um die Uhr umzulagern. »Die Trauerfeier ist doch noch gar nicht vorbereitet«, stöhnt er in Gedanken an die Zukunft. »Ich habe den Ehrgeiz, dass das ein schöner Abschied wird. Was soll auf dem Programm stehen? Welche Musik soll gespielt werden, brauchen wir einen Organisten? Gretels Freundinnen vom Streichquartett haben sich noch nicht zurückgemeldet. Auch die Liste der Leute, die wir benachrichtigen müssen, ist noch nicht erstellt. Und wir wissen noch nicht einmal, wie sie überhaupt bestattet werden soll!«

Mein Vater bringt auch mich zum Nachdenken: Wollen wir unser Zuhause wirklich in ein Sterbehospiz verwandeln? Wären wir überhaupt fähig, mit dem Absauggerät umzugehen, wenn es darauf ankommt?

Als ich zur Nachtschicht in Gretels Zimmer komme, empfängt sie mich gutgelaunt:

»Mir geht's schon ein bisschen besser.«

Im Fernseher flimmert gerade eine Talkshow, die meine Mutter offenbar verfolgt, und ich stelle den Ton lauter.

»Was bedeutet die Diagnose ›Alzheimer‹ für den Betroffenen und natürlich auch für die Angehörigen?«, fragt der Moderator in die Kamera.

»Ich weiß das nicht«, antwortet Gretel.

»Welche medizinischen Fortschritte gibt es überhaupt im Kampf gegen das schleichende Vergessen? Und ist unser Gesundheits- und Pflegesystem auf eine rapide alternde Gesellschaft ausreichend vorbereitet?«

»Nee, nee, nee, ich kann das überhaupt nicht«, ist Gretels Kommentar. Als zum Applaus im Publikum geschnitten wird, stellt sie beseelt fest: »Da sind ganz freudige Leute.«

Ich nehme die Hand meiner Mutter und verfolge mit ihr zusammen die Sendung. Einer der Studiogäste ist ein älterer Herr, der erzählt, dass sich die Demenz seiner Frau als allererstes durch Wortfindungsstörungen bemerkbar machte.

»So ist es leider, leider, leider, so ist es weiter, weiter, weiter«, murmelt Gretel, als folge sie all dem sehr genau. »Ich muss mal gucken, ob das überhaupt. Ob das überhaupt –« Dann klappen ihre Augen zu, und sie ist weg. Ich stelle den Fernseher aus, streiche ihr die Haare aus der Stirn und ziehe ihr die Decke etwas höher über die Arme.

Eigentlich lebt Gretel schon seit geraumer Zeit gar nicht mehr für sich, sondern für uns, die wir noch Erinnerungen aufbauen. Wie eine wunderschöne Pflanze pflegen und hegen wir sie, bewahren sie vor dem Vertrocknen. Dürfen wir diese Blume verwelken lassen?

Am nächsten Tag zur Mittagszeit löse ich Gabija im Krankenhaus ab und bemerke zu meinem Schrecken, dass Gretel nicht mehr an der Infusion hängt. Ich rufe eine Krankenschwester und bitte um eine Erklärung. Sie sagt, dass sie Anweisung habe, meine Mutter nicht mehr zu ernähren, aber nicht wisse warum. ›Einen Tag vor ihrer Entlassung wird sie einfach abgehängt?!‹, denke ich: ›Eine Sparmaßnahme? Warum in aller Welt hat uns niemand gewarnt oder wenigstens Bescheid gesagt?‹ Ich verlange die Stationsärztin zu sprechen. Sie kommt wenig später genervt ins Zimmer und beschwert sich, dass ich die Chefarzt-Visite verpasst hätte: »Jetzt bin ich heute schon zum dritten Mal hier! Warum können Sie sich nicht an die Visitenzeiten halten, wenn Sie Fragen haben? – Aber gut, dann mache ich eben noch mehr Überstunden! Was wollen Sie denn unbedingt wissen?«

»Warum wurde meine Mutter von der Infusion getrennt?«
»Ihre Arme sind zu entzündet und dick. Und auf einen Tag mehr oder weniger kommt es ja jetzt auch nicht mehr an.« Mit einem kurzen Nicken verabschiedet sich die Ärztin. Ich bin sprachlos. Wenn einem nur noch wenige Tage und Stunden bleiben, ist ein Tag mehr oder weniger doch dramatisch viel! Gretels Sanduhr läuft sowieso schon seit einer Weile viel schneller ab als normal. Aber heute ist aus dem leise rieselnden Sand ein Erdrutsch geworden!

In meinem Hals hat sich ein dicker Kloß gebildet. Ich mache mich daran, meiner Mutter ein Gläschen Wasser zu verabreichen. Das Unterfangen dauert über zwei Stunden. Ständig in der Angst, sie könnte sich verschlucken, bin ich äußerst vorsichtig und mache immer wieder kleine Sprachtests, um mich zu vergewissern, dass ihre Stimme noch normal klingt und ihr nichts in den falschen Hals geraten ist. Ist Gretel eingenickt, muss ich warten, bis sie wieder wach ist und das Wasser in winzigen Schlückchen annimmt: »Oh bitte«, flüstert sie ab und zu. Wie in aller Welt soll man jemandem auf diese Weise genügend Flüssigkeit verabreichen? Waren das nicht anderthalb bis zwei Liter pro Tag?

Als ich ein wenig Wasser auf Gretels Decke verschütte, sagt sie betrübt: »Oh, das ist so schade, schade, so schade.«

Mich überkommt ein Schwall von Gefühlen, und ich umarme sie: »Gretel, ich hab dich ganz doll lieb!«

»Warum?«, fragt sie mich verdutzt.

»Weil du meine Mutter bist.«

»Das stimmt.«

Dann lächelt sie und fügt hinzu:

»Das war sehr schön.«

Kapitel 14

Der letzte Reigen

Malte hat für Gretels Heimkehr das Treppenhaus mit lauter kleinen Blümchen geschmückt. Auch das Wohnzimmer ist mit Blumen, Figuren, Kerzen und Bildern festlich dekoriert. Hier hat das Pflegebett jetzt seinen Platz gefunden und wirkt beinahe hochherrschaftlich, da es nicht mehr in dem engen Schlafzimmer meiner Mutter eingepfercht steht. Ich habe auf dem Bett einen kleinen ›Hofstaat aus Stofftieren‹ für sie bereitgestellt, in der Hoffnung, die einst beliebten Kuscheltiere möchten ihr vertraut sein.

Aber als ich den beiden Sanitätern dabei behilflich bin, Gretel aus dem Krankenwagen in die Wohnung zu tragen, habe ich den Eindruck, dass ihr alles neu und ungewohnt vorkommt. Immerhin scheint sie sich wohlzufühlen und von nun an thront sie im Mittelpunkt unseres Zuhauses.

Am Abend empfängt Gretel strahlend ihre jüngere Tochter, die mitsamt Mann und den beiden Enkeln zu Besuch kommt. Kerzen brennen, die Stimmung ist festlich, fast wie an Heiligabend, zwar ohne Weihnachtsbaum, aber mit dem schönsten Geschenk: Unserer Gretel! Malte ärgert sich zwar weiterhin, dass sich das teure Pflegebett nicht wie im Krankenhaus auf eine geeignete Höhe herunterfahren lässt, aber zur Freude der *lego-technik*-begeisterten Enkel kann man die Großmutter mit dem elektrischen Bettgestell nun auf erstaunliche Höhe hochfahren. Ich frage mich bei dem Anblick, ob man das Bett für drei Meter große Pflege-Riesen konstruiert hat. Jedenfalls schwebt Gretel plötzlich auf Kopfhöhe unter der Decke und genießt den neuen Ausblick. Mit weiß aufgewirbeltem Haar sitzt sie wie ein erleuchteter Magier auf einem fliegenden Teppich. Keiner weiß, wohin ihre Reise geht.

Mein Schwager hat einen guten Rotwein dabei und wir wollen anstoßen. Er hat die Idee, Gretel per Wattestäbchen etwas vom hoch geschätzten Rebensaft auf die Zunge zu kredenzen. Meine Schwester zaubert eine Hühnerbrühe hervor, die Gretel bei Kräften halten soll. Äußerst vorsichtig flößt sie ihr die Bouillon mit einem kleinen Löffel ein.

»Oh je, das ist schwierig«, sagt Gretel und hat große Mühe beim Schlucken.

»Das machst du super!«, lobe ich, aber sie schüttelt skeptisch den Kopf:

»Das ist gar nicht so leicht.«

»Aber du machst es trotzdem sehr gut!«

Da guckt sie mich an und stellt fest:

»Du bist interessant, ich nicht.«

Nach dem Essen stehen wir um Gretels Bett herum, noch zu vorgerückter Stunde ist sie munter und aufgeweckt. Als eine kleine Gesprächspause entsteht, sagt sie zu meiner Schwester: »Erzähl doch mal was!«

Etwas überrumpelt beginnt sie: »Nun – also, ich habe heute die Kinder abgeholt, und dann haben wir die Hühnerbrühe für dich gemacht.«

»Das habt ihr gut gemacht!«, lobt meine Mutter sie und wir lachen.

Bald darauf kommt es zu einer Weltpremiere, als mein Vater zum ersten Mal in unserer Familiengeschichte den Chorleiter mimt und uns zu einem Kanon anleitet, den Gretel früher gerne mit uns anstimmte, wenn wir im Auto in die Ferien aufbrachen:

A-l-l-e-s s-c-h-w-e-i-g-e-t, N-a-c-h-t-i-g-a-l-l-e-n,
locken mit süßen Melodien
Tränen ins Auge, Schwermut ins Herz ...

Spät nachts beim beschaulichen ›Feierabend-Bier‹ in der Küche wundert sich mein Vater:

»Seltsam: Ich habe über all dem Treiben heute ganz meine Verzweiflung vergessen. Es ist so viel Leben im Haus.«

Am nächsten Morgen gibt es eine weitere Weltpremiere: Ich füttere meine Mutter mit Babybrei, so wie sie das früher bei mir gemacht hat. Es wurde auch Zeit, dass ich mich bei ihr revanchiere! Zwischen den Löffeln, die ich ihr vorsichtig verabreiche, murmelt sie: »Ich hab Angst«, oder: »Ich kann das nicht«, aber dann klappt es doch recht gut. »Das ist richtig, glaube ich«, findet sie und schöpft Selbstvertrauen beim Schlucken. Wieder stelle ich mir vor, dass Eltern eines neugeborenen Kindes sich ähnlich stolz und glücklich fühlen wie ich in diesem Moment, wenn das geliebte Wesen etwas zu sich nimmt, das es dringend benötigt. Natürlich gibt es bei einem Kind eine ganz andere Zukunftsperspektive als bei meiner Mutter. Bei ihr ist auch gar nicht sicher, ob das Füttern nicht mehr Probleme bringt, als dass es hilft – aber im Moment scheint es, dass sie es gerne annimmt, und ich nehme alle Gefahren in Kauf. Als ich nach knapp drei Stunden fertig bin mit dem halben Glas Babybrei, sagt sie:

»So, und was machen wir jetzt?«

Am nächsten Tag bin ich Zeuge einer Liebesszene zwischen meinen Eltern und ärgere mich zum ersten Mal seit Langem, keine Kamera dabei zu haben!

Malte beugt sich über Gretel, umarmt sie und flüstert: »Meine Liebste!«

»Hast du das überhaupt schon mal?«, wundert sich da Gretel, und Malte ist schwer beeindruckt.

»Ich glaub', Gretel kann Gedanken lesen!«, sagt er zu mir gewendet. »Gerade als ich ›Meine Liebste‹ gesagt habe, dachte ich: ›So was hab ich doch noch nie zu ihr gesagt?‹«

Wie um meinem Vater zu verdeutlichen, dass sie seine Gedanken bestimmt nicht immer erraten kann, fragt Gretel ihn einen Moment später:

»Was denkst du?«

»Ich freu mich, wenn du lächelst.«

»Das ist doch schön.« Die beiden umarmen sich. Es ist ein inniger Moment. Dann steht Malte auf und geht in die Küche. Gretel blickt ihm hinterher und zieht anerkennend die Augenbrauen hoch: »Der war aber nett!«

Zum ersten Mal, seitdem Gretel nach ihrer Aspiration ins Krankenhaus kam und die ›atemlose‹ Zeit begann, in der ihr Leben ständig am seidenen Faden hing, habe ich das Gefühl, etwas durchatmen zu können, und ich fühle mich stark genug, weiter an meinem Film zu arbeiten. Ihn so zu belassen, wie er ist, und die letzte Phase in Gretels Leben einfach zu ignorieren oder nur durch eine Texttafel zu erwähnen, scheint mir nicht richtig. Die Ereignisse im Krankenhaus konnte und wollte ich nicht mit der Kamera dokumentieren, es war alles zu aufwühlend für mich. Aber jetzt, da Gretel wieder zu Hause ist, kann ich mir vorstellen, noch etwas zu filmen. Meine Familie ist einverstanden, und so lade ich am Wochenende meinen Kameramann zu uns ein. Adrian ist über die Jahre nicht nur mein engster Mitarbeiter, sondern auch ein sehr guter Freund geworden. Der Film über meine Mutter und meine Familie ist in dieser Form nur möglich gewesen, weil er sich über längere Zeit hinweg in meine Familie eingelebt hat und für mich wie ein Bruder geworden ist.

Wir drehen zunächst lange Einstellungen von Gretel in ihrem Pflegebett und dokumentieren die Sisyphusarbeit, ihren ständig offenstehenden Mund feucht zu halten. Doch als meine jüngere Schwester mit ihren beiden Söhnen zu Besuch kommt, ergibt sich eine viel bessere Szene.

Es schließt sich ein Kreis: Die Kinder waren beim letzten gemeinsamen Dreh vor anderthalb Jahren noch zwei kleine Rabauken gewesen, die meiner Mutter arg auf die Nerven gingen. Der Jüngere wetzte als grunzendes Wildschwein durchs Wohnzimmer und lärmte so misstönend mit einer Mundharmonika, dass es Gretel ein Graus war.

Diesmal verhalten sich die kleinen Kerle, mittlerweile elf und neun Jahre alt, viel reifer und zeigen sogar Interesse an pflegerischer Fürsorge. Als meine Schwester Gretel zu füttern beginnt, wollen die beiden Jungs es auch einmal probieren. Unter der Anleitung ihrer Mutter verabreichen die Enkel ihrer Großmutter vorsichtig ein paar Löffel der Bouillon. Ein Bild für die Götter!

Mit fortschreitender Demenz wurden für meine Mutter der Radius und die Zeitspanne ihrer Aufnahmefähigkeit immer geringer. Für mich als Filmemacher wurde es dadurch einfacher, sie zu beobachten, da sie sich nicht mehr durch das Filmteam ablenken ließ. Aber ich erweckte in ihr auch nicht mehr automatisch die vertrauten mütterlichen Gefühle. Wie der Rest der Welt rückte ich immer weiter weg und wurde ihr fremder. So fiel uns das dokumentarische Arbeiten zwar leichter, aber dafür wurde mir das Herz immer schwerer. Die ganz spezielle Liebe meiner Mutter zu mir, ihrem Letztgeborenen, war während der Dreharbeiten noch einmal ganz stark aufgeflammt, doch dann langsam ausgebrannt – ist die Flamme nun ganz erloschen?

Nachdem sich meine Schwester mit ihren Kindern wieder verabschiedet hat, sitzen wir am Abend unseres letzten

Drehtags Gretel gegenüber. Sie ruht in ihrem Sessel, von den sanften Strahlen der untergehenden Sonne beschienen. Ihre Augen sind geschlossen. Adrian filmt ihr schönes, rosiges Gesicht, das durch ihre radikale ›Diät‹ scharfe Konturen bekommen hat. Ich sitze mit Kopfhörern und Mikro neben dem Kamerastativ am Boden und nehme ihren gleichmäßigen, aber flachen Atem auf. Da kommt plötzlich mein Vater ins Bild und beugt sich spontan zu ihr, um sie zu umarmen:

»Gretel, Du siehst so schön aus. Du bist 'ne Schönheit!« Er kniet sich an ihre Seite. Sie freut sich über die Zuwendung und murmelt etwas Halbverständliches:

»Wo ist denn der, der auskommt?«

Malte gibt ihr einen Kuss, und ich bemerke, wie meine Mutter mich liebevoll ansieht. Wieder sagt sie etwas Kryptisches:

»Ach, die Beinilige.«

Ich ziehe die Kopfhörer ab, lege das Mikrofon zur Seite und fasse ihre Hand, die sie zu sich zieht. Ich küsse ihre Hand und sage:

»Hallo Gretel.«

Sie lächelt und erwidert klar verständlich:

»Das ist ja schön.«

Mein Vater hat Gretels Freunde und Verwandte ausdrücklich eingeladen, uns besuchen zu kommen, um sich von ihr zu verabschieden. Aber viele können es zeitlich oder aus gesundheitlichen Gründen nicht einrichten. Manche sagen auch ganz offen, sie wollten Gretel lieber so im Gedächtnis behalten, wie sie früher war. Eine nahe Verwandte erklärt sich genauer: »Ich möchte nicht, dass das Bild, das ich von Gretel habe, durch das Bild der kranken Gretel verstellt wird.« Eine gute Freundin erklärt meinem Vater, sie wolle lieber zur Beerdigung kommen, als Gretel in diesem Zustand zu sehen.

»Dabei verpassen die hier wirklich etwas!«, findet mein Vater, der die Erfahrung gemacht hat, dass sich viele Freunde im Angesicht von Gretels Erkrankung abgewendet haben. »Sie sagen: ›Ihr wollt jetzt sicher auch viel Ruhe haben, wir denken viel an Euch.‹ Und dann hat es sich damit. Ein guter Freund, der gar nicht weit weg wohnt, versprach mir ein halbes Jahr lang: ›Nächsten Montag komm ich zu Besuch!‹ Irgendwann hat er wohl ein schlechtes Gewissen bekommen und sich dann gar nicht mehr gemeldet.«

»Aber warum, denkst du, scheuen sich die Leute so sehr?«, frage ich ihn.

»Ich glaube, es ist vor allem Angst. Ein Kollege hat mir gesagt, er habe große Sorge, in etwas hineingezogen zu werden. Er denkt, wenn man dem Kranken den kleinen Finger reicht, dann packt er gleich die ganze Hand. Was gar nicht stimmt! Aber das ist irgendwie typisch. Ich kenne eine Frau mit einem an Alzheimer erkrankten Mann und eine andere, die sich um ihren herzkranken Mann kümmert. Die sagen beide, ihre Freunde hätten sie verlassen.«

Eine gute Freundin meiner Eltern hat mir vor einiger Zeit erzählt, es sei für sie unerträglich, dass Malte, wenn sie zu Besuch komme, nicht dafür sorge, dass seine Frau anständig angezogen sei. Gretel sei beim Kaffeetrinken in schlabbriger Pyjamahose aufgetaucht, hatte mehrere T-Shirts um den Hals gewickelt und sei barfuß herumgelaufen »wie ein Penner«. Meinem Vater war das nicht wichtig, und Gretel hatte da schon lange aufgehört, sich um ihr Äußeres zu scheren.

»Aber es ergeben sich zum Glück auch neue Verbindungen«, lässt mein Vater mich wissen. »Einige Verwandte, mit denen wir früher wenig am Hut hatten, haben sich uns jetzt zugewendet. Ich habe auch neue Kontakte hier in der Nachbarschaft. Ich glaube, Menschen, die Gretel nicht so gut von früher kennen, fällt es generell leichter, mit ihrer Demenz umzugehen.«

Während der Recherche für meinen Film habe ich letzten Sommer in der Schweiz die ehemals beste Freundin meiner Mutter getroffen. Sie war, als meine Eltern zwischen 1969 und '75 in Zürich lebten, mit Gretel in der *FBB* (Frauenbefreiungsbewegung) aktiv gewesen, und die beiden hatten sich unter anderem für die Aufnahme von politischen Flüchtlingen aus Chile in der Schweiz eingesetzt. Nachdem meine Familie wieder nach Deutschland zurückgekehrt war, blieben die beiden über Jahrzehnte in Verbindung.

Ich fragte diese Freundin während eines Interviews, warum der Kontakt abgebrochen sei und ob das mit Gretels Erkrankung zusammenhänge.

»Ich habe das erst gar nicht geglaubt«, erzählte sie mir nachdenklich. »Ich habe wirklich gedacht: Wenn einer *nicht* Alzheimer bekommen kann, dann Gretel! Die glauben jetzt vielleicht, dass sie Demenz hat, weil sie mal eine Schwäche zeigt, aber das kann unmöglich sein. Mir ist erst klar geworden, dass ich mich täuschte, als ich keine Briefe mehr von ihr bekam. Ich schickte ihr eine Karte von unserem Lieblingsort in den Bergen, den wir unser ›Paradies‹ nannten, und schrieb: ›Gretel, weißt du noch da oben?‹ Aber es kam gar nichts zurück. Und dann habe ich es gemerkt.« Sie stockte hier im Erzählen und verdrückte eine Träne. »Ja, das hat mir viel ausgemacht. Ich habe sie nie gesehen, nachher. Ich habe mich davor gescheut. Ich weiß gar nicht, wie sie jetzt aussieht, wie sie sich verändert hat. Das macht mir richtig Angst, sie zu sehen, in einer so anderen Situation. Vielleicht sollte ich mich doch überwinden und mal nach Bad Homburg fahren? Obwohl sie mich wahrscheinlich nicht mehr erkennen würde. Aber Malte hätte vielleicht Freude daran, wenn ich käme.«

Aufgetaucht ist sie nach unserem Gespräch nicht mehr.

Eine andere sehr gute Freundin von Gretel, die sie ebenfalls in der Schweiz kennengelernt hatte, ist Olivia, die ehemalige Kindergärtnerin meiner jüngeren Schwester. Mit ihr zusammen hat Gretel Anfang der 70er in Zürich einen autoritätskritischen Kinderladen aufgebaut. Es ging darum, den jungen Müttern an der Universität die Chance zu geben, ihre Karriere weiterzuverfolgen. Die beiden hatten ähnliche Ansichten über Kindererziehung, und sie blieben auch nach ihrer beider Umsiedelung von der Schweiz nach Deutschland in engem Kontakt. Gretel verschlug es nach Bad Homburg, und Olivia zog nach Hamburg, wo meine Eltern sie gerne besuchten. Unsere Familien verbrachten viele gemeinsame Urlaube, und zwischen den Frauen bürgerte es sich ein, mindestens einmal pro Woche zu telefonieren, meistens am Sonntag.

Bis Gretel vor drei, vier Jahren auch ihre beste Freundin nicht mehr richtig einordnen konnte und das Telefonieren aufgab. Für Olivia war der ›Verlust‹ jener Gretel, die sie von früher kannte, sehr schmerzlich. Als Leiterin einer Schauspielschule war sie auch schwer abkömmlich, und die gegenseitigen Besuche wurden immer seltener. Die sporadischen Begegnungen in den letzten Jahren fielen ihr immer schwerer und oft kamen ihr die Tränen.

Malte und ich freuen uns sehr, dass sich Olivia nicht vor Besuch scheut und sich am ersten Wochenende, das Gretel wieder zu Hause verbringt, angekündigt hat. Sie wird von ihrem Sohn begleitet, der wie ich Mitte 30 ist und mit dem ich schon im Sandkasten gespielt habe. Er geht mit Gretel ohne Berührungsängste um und hat seinen großen beigen Labrador dabei, der sich schwanzwedelnd und hechelnd vor Gretel aufbaut. »Fabelhaft!«, ruft Gretel begeistert, als das Tier sie beschnüffelt, und befindet: »Toller Hund!«

Später sitzen wir beim Abendessen, Gretels Sessel haben wir in unsere Richtung gezogen und zu uns gedreht, sodass sie sich nicht ausgeschlossen fühlen muss. Sie ist bester Laune und ruft immer wieder Kommentare dazwischen wie: »Find' ich super!« oder »Macht weiter!« Als sie jemand fragt: »Möchtest du Sekt?«, antwortet sie jedoch abwehrend: »Nein!«

Nach ›gutem alten Brauch‹ tupfen wir ihr ein wenig Rotwein per Wattestäbchen auf die Zunge. Olivias Sohn sieht die Situation erfrischend gelassen: »Eigentlich ist es so wie immer: Früher war Gretel beim Essen ja eigentlich auch nie mit am Tisch, sondern ständig in der Küche.« Sie hatte tatsächlich ihren sogenannten ›Sprungplatz‹ am Kopfende des Tisches, von dem aus sie jederzeit in die Küche konnte. »Von da aus rief sie dann ihre Kommentare.«

»Ach, Quatsch!«, ruft Gretel in dem Moment dazwischen und alle lachen.

Am Morgen nach dem üppigen Abendessen ist mein Vater verstimmt: »Das ist doch absurd, was hier abläuft! Wir schlagen uns die Bäuche voll, schlemmen, was das Zeug hält, während die Person, um die es hier geht, wegen derer wir uns versammeln, überhaupt nichts isst und verdurstet.«

Als er mittags Besuch von einer Verwandten bekommt, ist er schon wieder etwas besser aufgelegt. Nach seinem Befinden gefragt, antwortet er: »Großartig! Schöner könnte es doch nicht sein, wie wir hier alle zusammen sind und feiern.« Die Verwandte ist etwas perplex und guckt ihn ungläubig an, während er fortfährt: »Schwierig wird es für mich sicherlich danach, wenn sie nicht mehr da ist. Dann kommt bestimmt ein Loch, denn es ist so völlig selbstverständlich, dass sie da ist.«

Eine andere Freundin von Gretel, die nicht weit weg von Bad Homburg wohnt, hatte zunächst mit besonderem Ehrgeiz auf Gretels Demenz-Diagnose reagiert und sich vorgenommen, sie regelmäßig zu besuchen. Die beiden kannten sich aus der ›Frauengruppe‹, einem feministischen Gesprächskreis, den meine Mutter Ende der 70er-Jahre mit aufgebaut hatte, in dem sich die befreundeten Frauen gegenseitig unterstützten.

Die ambitionierte Freundin tat sich dann aber im Umgang mit der durch die Demenz veränderten Gretel ziemlich schwer. Wenn meine Mutter unwirsch oder abweisend auf ihre Fürsorge reagierte, war sie schnell eingeschnappt.

Einmal sagte Gretel ihrer Freundin gleich nach der Begrüßung: »Du kannst jetzt gehen!«

»Was hast du denn?«, fragte sie daraufhin unsicher.

»Hau ab!«, war Gretels deutliche Antwort.

Die Freundin aber gab nicht auf, sondern besuchte nach diesen Erfahrungen sogar einen Altenpflege-Kurs an der Volkshochschule. Doch auch das führte nicht zum gewünschten Erfolg: Sobald sie auftauchte, bekam Gretel schlechte Laune. Ganz bestimmt wollte sie nicht von ihr umsorgt werden. Auch der Vorsatz, Gedichte vorzulesen, stieß nicht auf Gegenliebe: »Ist doch Quatsch!«, war Gretels Kommentar zu den lyrischen Anwandlungen der Freundin, die verletzt entgegnete: »Dann eben nicht!«

Ich erklärte ihr, dass Gretel auch auf mich und meine Familie teils sehr schroff reagierte. »Lass mich in Ruhe!« oder »Verschwinde!« hörte ich nicht selten, wenn ich sie etwa zu einem Spaziergang überreden wollte. Aber das hieß nicht, dass man ein paar Minuten später nicht wieder sehr willkommen war. Meistens war die Abwehr ein Reflex darauf, dass man etwas von ihr forderte. Sobald man sie aber nicht mehr drängte, etwa aufzustehen, kam sie oft ganz von allein auf die Beine. Vielleicht reagierte Gretel auf ihre besorgte Freundin auch deshalb besonders allergisch, weil sie spürte, dass die sich ihr gegenüber irgendwie verpflichtet fühlte. Gretel konnte es nicht ausstehen, wenn sich jemand mitleidig um sie bemühte.

Als diese wohlmeinende Freundin nun zu ihrem letzten Besuch bei Gretel antritt, ist ihre Anspannung förmlich sichtbar. Sie hat eine bunte Stoffblume mitgebracht, die in seltsamem Kontrast zu all den echten Gewächsen in der Wohnung steht. Gretel, die im Sessel neben ihrem Bett im Wohnzimmer sitzt, zuckt bei der Begrüßung nicht einmal mit der Wimper, sondern klappt einfach die Augen zu. Anstatt sich mit ihr zu beschäftigen, verwickelt die Freundin daraufhin meinen Vater in ein tiefenpsychologisches Gespräch und wendet Gretel eine halbe Stunde lang den Rücken zu. Malte lässt sie schließlich unter einem Vorwand allein und kommt zu mir in die Küche, verdreht die Augen und sagt: »Ich glaube nicht, dass die beiden noch einmal zueinander finden.«

Doch nach ein paar Minuten kommt die Überraschung: Gretels Freundin erscheint in der Küchentür. »Ich hatte ein intensives Erlebnis mit Gretel! Ich habe mich zu ihr gesetzt und eine Zeit lang einfach geschwiegen. Dann hat sie meine Hand genommen und an ihren Mund geführt. Und dann ist sie mit meiner Hand an meinen Mund gegangen.« Wir sind alle schwer beeindruckt von dem liebevollen Ritual, das sich Gretel zum Abschied von ihrer Freundin ausgedacht hat, die nun ganz beseelt nach Hause fährt.

Tags darauf hört man Gretel mehrmals am Tag klar und deutlich nach »Eri« rufen, ihrer zweitältesten Schwester. Irgendwann in den letzten Wochen hat sie nach jeder ihrer drei Schwestern gerufen. »Ise-Eri-Gretel-Adel« hatte ihre Mutter früher immer gerufen, in der Hoffnung, mindestens eine der vier Töchter möge reagieren. Aber die Schwestern sind auch nicht mehr die Jüngsten, und eigentlich hatten sie unisono erklärt, ein letzter Besuch bei Gretel in diesen schweren Tagen sei ihnen zu belastend. Aber als mich heute meine Tante Eri anruft und ich ihr erzähle, dass Gretel mehrmals ihren

Namen gerufen habe, gibt sie sich einen Ruck und entschließt sich doch noch zu einem Besuch.

Als sie am nächsten Tag erschöpft von der Reise bei uns ankommt, ist sie beim Anblick ihrer jüngeren Schwester, die ganz abgemagert vor ihr daliegt, sehr betroffen und steht eine Zeit lang einfach schweigend an ihrer Seite.

Ich schiebe ihr einen Stuhl heran und sie setzt sich mit Tränen in den Augen. Dann beginnen Erinnerungen aus ihr hervorzusprudeln. Sie berichtet von der gemeinsamen Kindheit im Zweiten Weltkrieg, als sich Gretel schrecklich fürchtete, in den dunklen Luftschutzkeller zu flüchten. Ich hatte mir früher nie Gedanken darüber gemacht, was meine Mutter damals alles erlebt haben musste. Die Bilder von zerbombten deutschen Städten, diese Endzeitstimmung, die ich nur aus Dokumentationen kenne, das waren ihre Kindheitserinnerungen. Eines der letzten Bücher, mit denen sie sich beschäftigte, ehe sie das Interesse am Lesen gänzlich verlor, war ›Der Brand‹, in dem der verheerende Bombenkrieg in Deutschland aufgearbeitet wird. Stuttgart hatte es besonders hart getroffen. Die Schwestern sammelten damals Bombensplitter als Souvenirs. Einmal war durch den Druck einer Detonation ein Stück vom Bordstein durch das Dach ins Schlafzimmer der Eltern geschleudert worden.

Auch von der Evakuierung auf dem Land weiß meine Tante zu berichten, und ich erinnere mich, dass mir Gretel einmal erzählt hatte, wie sie als Kind auf einem Bauernhof untergebracht worden war, wo es oft nichts anderes zu trinken gab als gegorenen Apfelmost. Warum sie da war und warum es nichts anderes zu trinken gab, das habe ich sie damals merkwürdigerweise nie gefragt. Vielleicht lag auch der Grund dafür, dass sie mit ihrer Demenz eine so starke Butter-Obsession entwickelte, in ihren Nachkriegserfahrungen. Butter war in ihrer Kindheit ein äußerst kostbares Gut, wie ich erfahre. Warum hatte Gretel mir von all dem nie etwas erzählt? Und warum habe ich nicht nachgefragt?

»Gretel war die Schönste von uns Schwestern und Muttis Liebling«, erzählt meine Tante weiter. Schließlich war der Krieg vorbei, aber der Schrecken ging weiter: Der Vater war nicht von der Front zurückgekehrt, und die Mutter wollte seinen Tod jahrelang nicht akzeptieren. Sie wurde depressiv, schloss sich heulend im Badezimmer ein. Ohne Beruf, allein mit den vier Töchtern, fühlte sie sich völlig überfordert, musste ständig Anträge stellen und Bittbriefe schreiben. Eri erzählt, dass sie genau wie ihre Mutter noch lange nach Kriegsende hoffte, der Papa möge eines Tages doch einfach wieder aus der Straßenbahn steigen und nach Hause kommen.

Meine Tante erinnert sich aber auch an wunderschöne Radtouren und abenteuerliche Bergwanderungen, die sie in ihrer Jugend mit Gretel unternommen hat. Und während sie jetzt am Bett neben ihrer Schwester sitzt, streichelt sie liebevoll ihre schöne Hand: »Ach Gretelchen, ach Gretelchen.«

Daraufhin schlägt sie die Augen auf und antwortet schnippisch: »Pass auf, sonst sag' ich Erilein!«

Als ich abends an Gretels Bett vorbeigehe, höre ich Malte, der andächtig davor steht, zu sich sagen:

»Sie hat sich nie beschwert. Sie hat sich nie beklagt.«

Im Weitergehen denke ich: ›Na klar! Wenn die eigene Mutter sich ständig als Opfer stilisieren und lauter Bittbriefe schreiben musste, in denen sie ihr Leid klagte, um für ihre Töchtern sorgen zu können, musste Gretel doch in ihrem Leben versuchen, ein Gegenprogramm zu entwickeln.‹

So angenehm es für meinen Vater sicher war, dass ihm seine Frau keine Vorwürfe machte und sich nie beschwerte – das Ganze hatte einen Nachteil für ihre Beziehung: Man wurde nicht so recht schlau auseinander. Indem man es unbedingt vermied, »Besitzansprüche« auf den Partner zu erheben und den anderen, wie meine Mutter es ausdrückte, nicht durch »seine Gefühle manipulierte« oder »emotional erpresste«, wurde vieles nicht ausgesprochen, was einem auf dem Herzen lag.

Durch die Demenz von solchen Hemmungen und ideologischen Barrieren befreit, zeigte Gretel plötzlich ungeniert ihr Innenleben. Sie reagierte sogar offenkundig eifersüchtig. Malte berichtete mir, wie Gretel eine Zeit lang seine Telefongespräche mit anderen Frauen »sabotierte« oder ihn argwöhnisch überwachte, als er einer Untermieterin Blumen aus dem Garten aufs Zimmer brachte.

Aber erst als mein Vater vor anderthalb Jahren begann, die Tagebücher meiner Mutter zu lesen, wurde ihm klar, dass sie auch früher derartige Gefühle gehabt, sie ihm nur nie offenbart hatte. »Gretel war eigentlich ein sehr verschlossener Mensch«, erzählt mir Malte während einer dieser offenen Vater-Sohn-Gespräche, die sich seit Gretels Erkrankung zwischen uns eingebürgert haben. »Sie hat nie gesagt: ›Jetzt bin ich traurig oder jetzt bin ich so und so und in solcher Stimmung.‹ Sie hat aber immer sehr darauf geachtet, was für Stimmungen andere Leute haben. Jetzt mit ihrer Demenz sagt sie Sachen, die sie früher nie so direkt geäußert hätte.«

»Und würdest du sagen, dass Euer Beziehungskonzept gut geklappt hat?«

»Für mich ja, für Gretel nicht.«

»Aber sie war doch einverstanden mit der ›offenen Ehe‹?«

»Vielleicht war sie einverstanden, aber es war trotzdem nicht richtig. Sie hat nicht die Liebe gekriegt, die sie verdient hat. Ich hatte mehrere Beziehungen zu anderen Frauen, und Gretel – nun ja, das war ungleichgewichtig. Ich dachte einfach, wenn sie nicht protestiert, dann mache ich das. Aber es war unrecht, sowohl ihr als auch den anderen Frauen gegenüber, weil die immerzu gehofft haben, dass ich mich von Gretel trenne, auch wenn ich im Grunde nie wirklich daran gedacht habe. Und so habe ich den anderen Frauen Zeit gestohlen, in der sie sich einen richtigen Partner hätten suchen können, den sie heiraten und mit dem sie Kinder hätten haben können. Ich wollte auch nie mit anderen Frauen noch einmal Kinder haben. Das hätte ich Gretel nicht angetan.«

»Wie hat sie denn eigentlich auf deine Freundinnen reagiert?«

»Meine letzte Affäre war eine Norwegerin. Ich hatte ein Forschungssemester in Bergen, wo ich sie getroffen habe, eine Malerin, viel jünger. Ich war tüchtig in den 50ern, und sie noch in den 20ern. Da hat Gretel gesagt: ›Wenn ich einmal tot bin, kannst du die heiraten.‹«

Schweigend trinken wir beide unser Bier aus.

»Ich habe Gretel lange Zeit sehr alleingelassen«, fährt mein Vater mit seiner Lebensbilanz fort. »Die letzten zehn Jahre vor ihrer Erkrankung haben wir aneinander vorbeigelebt. Wir haben uns auch kaum noch richtig unterhalten. Anstatt mit ihr etwas zu unternehmen, dachte ich: Ist doch toll, dass sie alleine verreist! Ich wollte ihr unbedingt meine geistreichen Wortspiele und philosophische Reflexionen vermitteln, während sie mir mit ihrem *Spiegel*-Wissen kam, das mich völlig kalt ließ. Ich habe mich lange Zeit darüber geärgert, dass Gretel nachts in ihrem Zimmer immer das Radio laufen ließ. Ich verstand nicht, dass sie sich einsam fühlte. Jetzt empfinde ich Liebe für Gretel, wie ich sie früher nicht empfunden habe.«

Einen Moment lang schweigt er und atmet tief durch. Dann sagt er: »Eigentlich bin ich der Demenz dankbar. Dafür, dass ich die Liebe neu entdeckt und erkannt habe, wie schön es ist, für jemanden da zu sein.«

Kapitel 15

Die Amsel

Heute ist Valentinstag. Mein Vater lässt sich nicht blicken. Gabija ist damit beschäftigt, meiner Mutter Babynahrung einzuflößen, und redet dabei lauthals auf sie ein:

»Greteltschik, Greteltschik, du bitte machen Mund auf!«

Ich entdecke Malte schließlich in seinem Zimmer. Finsterer Mine sitzt er mit Bleistift und Papier auf seinem Bett und macht Mathematik, eine Schreibunterlage auf den Knien.

Eine gute Freundin meiner Eltern, die einen Kollegen meines Vaters geheiratet hat, erzählte mir einmal, dass Malte und ihr Mann sich in der politisch aufgewühlten Zeit 1968 gerne an der Uni in »ihre Formeln zurückzogen«, anstatt auf die Straße zu gehen. Etwas Ähnliches passiert wohl auch jetzt, geht es mir durch den Kopf.

»Malte, ich bin jetzt schon über einen Monat hier«, spreche ich ihn an. »Heute ist Valentinstag, und ich will zu meiner Freundin nach Berlin fahren. Du bist hier der Boss und musst dir überlegen, wie du das mit Gretels Ernährung handhaben willst. Man sollte Gabija damit nicht allein lassen. Vielleicht ist sie beim Füttern auch etwas zu ehrgeizig.«

Mein Vater seufzt und erklärt, dass er gerade große Schwierigkeiten mit der Situation habe. Gabija sei ihm gegenüber besserwisserisch und lasse sich nichts von ihm sagen. Er fühle sich durch ihr ständiges ›Greteltschik, Greteltschik‹ genervt und glaube, dass es auch Gretel auf den Wecker gehe.

»Vielleicht ist Gabija ja nur deswegen so energisch, weil du nicht sagst, wo es langgeht«, versuche ich eine Erklärung. »Sie überspielt ihre Unsicherheit und markiert dabei selbst den Chef. Wie siehst du es denn mit dem Füttern?«

»Nun ja, ich denke, wir sollten Gretel nicht dazu zwingen, und ihr einfach das geben, was sie noch annimmt. Wir wollen ein Wunder ja auch nicht ausschließen, oder?«

»Gut, aber was passiert, wenn Gretel sich wieder verschluckt? Hast du mit dem Hausarzt gesprochen? Traust du dir zu, Gretel abzusaugen, wenn sie Atemnot hat? Wenn wir nicht aufpassen, ist sie nämlich ganz schnell wieder im Krankenhaus. Und wenn du auf ein Wunder hoffst, solltest du vielleicht auch selbst daran arbeiten.«

»Na, dann werde ich mir heute am Valentinstag eben einen Ruck geben«, bemerkt er mit deutlichem Zynismus, während er seinen Bleistift zur Seite legt. »Und mich *ausnahmsweise* einmal wirklich um meine Frau kümmern – einmal ganz für sie da sein!«

Als Ehemann, der sich seit sechs Jahren um seine kranke Frau kümmert, und ihr ständig Blumen aus dem Garten bringt, muss ihm so etwas wie Valentinstag ja auch komisch vorkommen. Während der nächsten paar Stunden versucht er, Gretel ein Tässchen Hühnerbrühe einzuflößen. Doch sie hält den sonst ständig geöffneten Mund fest verschlossen wie in stummem Protest. Er küsst und streichelt sie, aber sie lässt sich nur ganz selten erweichen, ihre Lippen einen Spaltbreit zu öffnen. Je eindringlicher Malte sie auffordert, desto fester verschließt sie sich. Irgendwann gibt er es auf und streichelt sie einfach nur noch. Da entspannt sich Gretel und öffnet den Mund, um zu sagen:

»Ist er aber angenehm.«

Als Jürgen, der Pfleger von der Diakonie, eintrifft, um Gretel zu versorgen, klagt mein Vater, ihm sei es nicht einmal gelungen, ihr ein Viertelgläschen von der Brühe zu verabreichen: »Das sind doch nur ein paar Moleküle. Wie soll sie da überleben?«

Jürgen wendet sich an Gretel und fragt laut:
»Wie geht's?«
»Nichts gegessen«, erwidert sie düster.

Jürgen blickt auf den Beutel des Blasenkatheters, der seitlich am Bett hängt: unerbittliche Anzeige der spärlichen Ausbeute. Ihr Urin ist zudem auffällig dunkel.

»Das ist ein Zeichen von Dehydrierung. Klar, dass das passiert«, sagt Jürgen, leicht sächselnd. »Was hier passiert, ist palliativ, nicht kurativ. Endstadium Demenz. Das wird von Tag zu Tag weniger werden.«

Während er zusammen mit Gabija meine Mutter wäscht und ihre Wunde versorgt, frage ich den Pflegeprofi nach der Situation bei uns hier zu Hause. Jürgen findet, bei einem so fortgeschrittenen Fall von Demenz habe es keinen Sinn, den ambulanten Pflegedienst aufzustocken und dreimal täglich jemand kommen zu lassen. Die Pfleger hätten ja immer nur zwanzig Minuten Zeit, trotzdem koste das dann über 1200 Euro im Monat und fresse das ganze Pflegegeld auf. Und sämtliche Arbeit drumherum müsse ja trotzdem gemacht werden. Das könne einem kein Pflegedienst abnehmen. Mit einer festen häuslichen Hilfe wie Gabija sei es viel besser. Klar müsse täglich ein Profi die Wunden versorgen, aber die Grundpflege könne Gabija schon sehr gut allein bewältigen.

»Gibt es denn eine Beratungsstelle, die uns sagen kann, ob wir alles richtig machen?«, frage ich ihn.

Er schüttelt den Kopf:
»Nein, nicht dass ich wüsste. Das ist eine Phase, wo man im Grunde keine richtige Beratung mehr bekommen kann, sondern von Tag zu Tag sehen muss, was am besten ist.«

Die Amsel

Als ich am Nachmittag auf dem Weg nach Berlin im Frankfurter Hauptbahnhof den Zug verpasse, schlendere ich durch eine Buchhandlung, und mir fällt zufällig ein aktueller Bestseller in die Hand: ›Über das Sterben‹ von dem Palliativmediziner Gian Domenico Borasio. Ich kaufe das Buch und lese es auf der Fahrt durch. Darin bestätigt sich eigentlich alles, was wir unabhängig von den behandelnden Ärzten im Krankenhaus erfahren haben, und es untermauert unsere Entscheidung gegen die Ernährungs-Sonde. Vor allem interessieren mich die Passagen, in denen ausgeführt wird, warum ein Tod durch Verhungern oder Verdursten für einen alten und sterbenskranken Menschen nicht qualvoll sein muss. Wenn es auf das Ende zugehe, sei es nämlich gar nicht angenehm, wenn man die gleiche Menge Nahrung und Flüssigkeit zugeführt bekomme, wie man im gesunden Zustand zu sich genommen hätte. Es könne dadurch verstärkt zu Unverträglichkeiten, Übelkeit, Bauchschmerzen und Erbrechen kommen. Verminderte Flüssigkeits- und Nahrungszufuhr bringe dagegen Vorteile im Sterbeprozess: Weniger Erbrechen, Verringerung von Husten, weniger Schmerzen, weniger Einlagerung von Wasser und somit weniger Atemnot durch Ödeme. Eine natürliche Dehydrierung und das Fehlen von Nährstoffen kann im Körper am Lebensende sogar betäubend und euphorisierend wirken, also das Sterben leichter machen. Außerdem erfahre ich, dass eine Sauerstoff-Nasenbrille Mund- und Nasenschleimhäute austrocknet und möglichst nicht eingesetzt werden sollte.

Unglaublich, dass die Informationen aus diesem Buch, das offenbar von Zehntausenden in Deutschland gelesen wird und sich wochenlang in der Bestsellerliste hält, bei uns im Krankenhaus gar nicht zur Sprache gekommen sind.

Zurück in Bad Homburg erscheint mir Gretel auf den ersten Blick wie ein heiliger Asket. Sie hat in den letzten drei Tagen vielleicht zweieinhalb Becher Tee getrunken, und ihr Gesicht, von ihrem schlohweißen Haar umrahmt, hat durch die hervortretenden Backenknochen und die markante Stirn eine ganz eigene neue Schönheit gewonnen. Ihr Blick ist klar wie schon lange nicht mehr. Als sie mich sieht, versucht sie sich aufzurichten, bringt Spannung in den Körper, aber sie kommt nicht hoch, bleibt einen Moment aufgestützt, gibt dann auf und flüstert müde: »Ich kann nicht mehr, bin tot, tot, tot.«

Ich lasse mich erschüttert neben ihr nieder und stütze den Kopf in die Hände. Dann kommt meine Schwester dazu, kniet sich neben uns und schluchzt: »Ich bin so traurig, wenn du gehst und nicht mehr da bist, Gretel.«

»Das kann man auch verstehen«, erwidert sie und lächelt verständnisvoll.

Ich versuche diese Nacht in Gretels ehemaligem Zimmer, das ans Wohnzimmer angrenzt, zu schlafen, um in ihrer Nähe zu sein. Ich bin nachts eingeteilt, sie umzulagern. Gretels Zimmer ist Abstellraum für medizinische Geräte und Lager von Pflegematerial geworden. Neben dem Bücherregal steht der Rollstuhl, vor dem Bett das klobige Sauerstoffgerät, daneben die kleine Absaugpumpe, die wir zum Glück noch nicht benutzen mussten.

Wieder einmal habe ich einen Albtraum: Gretel ist eine zerbrechliche Puppe, die ich in den Händen halte. Aber sie ist zu schwer und unhandlich, knickt hie und da ab, gleitet mir aus den Fingern, fällt auf den Boden und zerspringt. Zwischen den Scherben läuft ihr Inneres aus, wie bei einem zerbrochenen Honigglas, aus dem das kostbare Lebenselixier quillt.

Es ist nun über eine Woche vergangen, seit Gretel aus dem Krankenhaus nach Hause kam, und meine Schwestern und ich sprechen mit meinem Vater darüber, ob wir versuchen sollten, mit Gretel über ihren nahen Tod zu reden. Meine ältere Schwester hat das Gefühl, dass sich Gretel nach ihrem Ende sehnt. Vielleicht bleibe sie nur noch am Leben, weil wir das so wollten, wir uns so sehr an sie klammerten. Sie habe in Gretels Lächeln in letzter Zeit so eine traurig-wehmütige Note wahrgenommen, und wolle jetzt versuchen, sich final von ihr zu verabschieden, um sie gehen zu lassen.

Malte erinnert sich daran, wie es mit seinem Vater zu Ende ging: »Als Mami mit Papi über den Tod sprechen wollte, sagte er: ›Ich bin noch nicht soweit!‹« Und das Gesprächsangebot einer esoterischen Familienfreundin, die mit ihm über das Jenseits reden wollte, wehrte mein Großvater ebenfalls scharf ab: »Darüber kannst du ein Buch schreiben und viel Geld verdienen.«

Am Abend überrascht mich Malte mit einer Erkenntnis: »Gretel ist gar nicht dement!« Er zitiert aus einem Wörterbuch über den Begriff ›Demenz‹: »Das Wort kommt von dem lateinischen ›de mente‹ und heißt wörtlich übersetzt ›ohne Geist‹. Das bedeutet ›unvernünftig, wahnsinnig, sinnlos.‹« Dann schaut er vom Buch auf: »Daraus folgt: Gretel ist nicht dement.«

Mein Vater ist in philosophischer Stimmung. »Ein Zustand wie der Gretels bringt doch eigentlich unser Menschsein erst wirklich zutage.« Wenn ein Leben durch eine solche kognitive Veränderung von jedem vordergründigen Zweck, jedem offensichtlichen Ziel befreit werde, bleibe nur das Wesen an sich übrig, und ein erhellender Nihilismus mache sich breit. Selbst Gretels vergebliche Bemühung, uns etwas mitzuteilen, eine scheinbar sinnlose Geste, wenn sie nach etwas Nichtvorhandenem in der Luft greift oder wenn sie vergeblich Anstalten macht, aufzustehen – selbst diese herzzerreißenden Versuche der Kontaktaufnahme sieht Malte als etwas Schönes, Poetisches an. Gretels »Oh bitte –« lade die Mitmenschen zur Assoziation ein und könne einerseits als »Oh bitte, *bleib*« oder als »Oh bitte, *geh*« interpretiert werden. In dieser offenen Form schwinge eigentlich beides gleichzeitig mit:

»Einerseits wünscht sich Gretel bestimmt, dass wir bei ihr bleiben, andererseits ist sie, so wie ich sie kenne, sicherlich auch froh, wenn wir uns nicht blockieren und selbstständig unserer Wege gehen, so wie sie das ihr Leben lang gemacht hat.«

Es kommt jetzt immer öfter vor, dass Gretel mit offenen Augen daliegt, aber nichts wahrnimmt. Wenn ich mit meiner Hand über ihre Augen wische, blinzelt sie nicht und zeigt keine Reaktion. Aber sie atmet noch.

Meine Mutter hat mir in meiner Kindheit viele Märchen vorgelesen. Ich erinnere mich jetzt wieder an ›Die Boten des Todes‹. Darin ist der leibhaftige Tod ein bleicher, schmaler Mann, der versucht, einen Riesen zu überwältigen, aber zu Boden geschlagen wird und im Graben liegen bleibt, bis ein junger Mensch des Weges kommt und dem müden Tod wieder auf die Beine hilft. Dieser stellt sich dem Hilfsbereiten vor, und als dieser erschrickt, erklärt er ihm, dass er niemanden verschonen könne und leider auch bei ihm keine Ausnahme machen werde. Er will sich aber dankbar erweisen und ihm erst seine Boten schicken, bevor er ihn holt.

Die ›Boten‹ sind in Gretels Fall schon deutlich zu erkennen: Nach gut zwei Wochen, in denen es Gretel auffallend gut ging und wir miteinander eine wunderbare Zeit voller Musik und mit vielen Besuchen verbrachten, geht es ihr jetzt wieder schlechter. Immer wieder röchelt sie, ihr Atem geht schnell und flach, sie ist nicht ansprechbar. Wenn ich ihren brodelnden Atem höre, wächst meine Angst, dass sie sich wieder verschluckt. Wir müssen Gretel jetzt wohl oder übel absaugen. Irgendwie hatte ich die Hoffnung gehabt, das würde uns erspart bleiben. Wir haben das Absauggerät ja für diesen Zweck da, aber keiner von uns hat bisher gewagt, es zu benutzen.

Jürgen, der Pfleger, erklärt, dass bei Gretel wahrscheinlich durch das viele Liegen und die bestehende Herzinsuffizienz Wasser in die Lunge gekommen sei, sodass sich Schleim gebildet habe, den sie nicht mehr ordentlich abhusten könne. Er bringt uns aber nicht die ersehnte Hilfe, denn er brauche zum Absaugen einen eigenen ›Auftrag‹ von der Pflegestation, für den man aber erst einen ›Antrag‹ stellen müsse. Das gehöre nicht zum normalen Repertoire. Er sei nur zur Grundversorgung und Wundpflege bei uns gebucht. Er wolle mit dem Absaugen eigentlich auch gar nicht erst anfangen, weil das erfahrungsgemäß ein ›Fass ohne Boden‹ sei. Dann riefen die Angehörigen ständig an, man solle zum Absaugen kommen, und das könne kein Pflegedienst leisten.

Jürgen ist schon wieder weitergeeilt, als wir das Absauggerät holen, das wie ein Handstaubsauger mit einem langen elastischen Schlauch funktioniert. Zaghaft probieren wir, Gretel durch den Mund abzusaugen, so ähnlich, wie wir es vom Zahnarzt kennen. Doch sobald wir den Schlauch in ihren Mund geschoben haben, beginnt Gretel kräftig darauf herumzukauen, als wäre es ein großes Gummibärchen. Mit einiger Mühe und viel Fingerspitzengefühl gelingt es uns, den Schlauch wieder aus dem Mund herauszuziehen. Gretel röchelt weiterhin, atmet schnell und heftig, aber wir trauen uns nicht, ihr den langen Schlauch durch die Nase zu schieben. Ratlos stehen wir um sie herum.

Ich rufe den Hausarzt Dr. El-Tarek an. Er hatte mir erklärt, dass wir kein ›spezialisiertes ambulantes Palliativ-Team‹ (SAPT) bräuchten, das ich eigentlich beantragen wollte, um zu verhindern, dass Gretel im Notfall wieder ins Krankenhaus eingeliefert werden muss. Der Hausarzt sagte, so ein Team sei sinnvoll, wenn es um komplizierte Schmerztherapie ginge, zum Beispiel bei Krebspatienten, aber ansonsten könne er uns genauso gut helfen.

»Aber was ist am Wochenende oder in der Nacht?«, frage ich ihn. Er antwortet: »Ich werde eine Ausnahme machen und rund um die Uhr erreichbar sein. Wissen Sie, was Hausarzt auf Englisch heißt? – *Family Doctor*.«

Er gibt mir seine Handynummer und macht sich nach meinem Anruf heute, obwohl es Samstag ist, gleich auf den Weg zu uns, um uns beim Absaugen zu helfen.

Als er wenig später bei uns eintrifft und meine Schwestern und mich mit meinem Vater vor Gretels Pflegebett antrifft, ruft er begeistert: »Oh! So viele Kinder, wie schön! Das wusste ich gar nicht.« Dr. El-Tarek findet Gretels Lage gar nicht dramatisch, er bleibt ausgesprochen ruhig und entspannt. Alles normal, meint er, sie sei schließlich dehydriert und natürlich ohne Ernährung stark geschwächt, müsse viel atmen und könne den vielen Schleim nicht abhusten. Er zeigt uns, wie man mit dem Absauggerät durch die Nase arbeitet. Wir erfahren von ihm, dass sich beim Absaugen durch den Mund auch die Gefahr erhöhe, mit dem Schlauch in der Speiseröhre zu landen. Nach El-Tareks Einführung probiert sich auch mein Vater und schlägt sich ganz gut. Gretels Atem ist jetzt hörbar freier und weniger gehetzt.

Der Arzt ist zufrieden und nimmt mich in der Küche zur Seite. Er sei etwas überrascht, denn nach seinem letzten Besuch habe er gedacht, wir wollten Gretel gar keine Nahrung und Flüssigkeit mehr geben. Jetzt hätten wir eine Art Mittelweg gewählt – sie habe zu wenig Flüssigkeit um zu überleben und zu viel um einfach zu sterben. Es sei seine Pflicht, uns nochmals darauf hinzuweisen, dass sie intravenös ernährt werden könne, und dass, wenn wir das partout nicht wollten, er ihr auch Flüssigkeit unter die Haut spritzen könne.

»Wir wollen Gretel einfach noch das geben, was sie annimmt«, erkläre ich ihm. »Sie hat ja manchmal noch selbst nach dem Becher gegriffen und teils sogar selbstständig etwas zu sich genommen.«

Im Grunde ist das Wenige an Flüssigkeit, was sie noch kriegt, ja auch eher symbolisch, und eher noch eine Form der Zuwendung, etwas, dass man noch miteinander macht, wenn es geht.

El-Tarek sagt, dass es schwierig sei, sich als Angehöriger in solch einer Situation konsequent zu verhalten. Wir würden schon das für uns Richtige und Angemessene tun, aber er rate dazu, Gretel wieder mit dem Schmerzpflaster zu behandeln, um sicher zu gehen, dass sie nicht leiden müsse. Beim Abschied sagt er uns, dass er sehr gerührt sei, eine so liebevolle, umsorgende Familie zu erleben. Leider müsse er bei seiner Arbeit viel Einsamkeit und Vernachlässigung im Alter erleben. Nicht selten überweise er Patienten ins Krankenhaus, weil es einfach niemanden gebe, der sich zu Hause um sie kümmere.

Gretel ist nach dem Absaugen relativ ruhig, aber wir bleiben in Alarmbereitschaft und halten besorgt Wache an ihrer Seite. Allein ihren Mund einigermaßen feucht zu halten, ist eigentlich eine Vollzeitarbeit – ständig betupft und benetzt man Zunge und Gaumen.

Wir diskutieren die Frage, ob Gretel jetzt wirklich wieder das Schmerzpflaster bekommen soll, das wir ihr vor der Einlieferung ins Krankenhaus gegeben hatten, und das vielleicht mit dafür verantwortlich war, dass sie sich so dramatisch verschluckt hatte.

Im Laufe des folgenden Tages und der Nacht wird auch das Absaugen für uns zur Routine. Wir entschließen uns, Gretel wieder das *Fentanyl*-Pflaster zu geben. Es soll neben der Schmerzlinderung auch den Atem beruhigen.

Vor dem Schlafengehen suche ich im Regal meiner Mutter das alte Märchenbuch heraus und lese die Geschichte von den ›Boten des Todes‹ nach, die mir gestern durch den Kopf gegangen ist. Man bekommt beim Lesen geradezu Mitleid mit dem Tod, wie er nach seiner Niederlage im Kampf mit dem Riesen elend daliegt und unfähig ist, sich zu erheben:

> *›Was soll daraus werden‹, sprach er, ›wenn ich da in der Ecke liegen bleibe? Es stirbt niemand mehr auf der Welt, und sie wird so mit Menschen angefüllt werden, dass sie nicht mehr Platz haben, nebeneinander zu stehen.‹*

Nachdem der nette junge Wanderer dem Tod wieder auf die Beine geholfen hatte, lebte der Mensch wieder munter in den Tag hinein, bis er eines Tages krank wurde und einige qualvolle Tage und Nächte verbrachte. Als er sich wieder erholt hatte, schob er den Gedanken an den Tod zur Seite und lebte freudig weiter. Bis ihm eines Tages jemand unvermutet auf die Schulter klopfte:

> *Er blickte sich um, und der Tod stand hinter ihm und sprach: ›Folge mir, die Stunde deines Abschieds von der Welt ist gekommen.‹ ›Wie,‹ antwortete der Mensch, ›willst du dein Wort brechen? Hast du mir nicht versprochen, dass du mir, bevor du selbst kämest, deine Boten senden wolltest? Ich habe keinen gesehen.‹ ›Schweig,‹ erwiderte der Tod, ›habe ich dir nicht einen Boten über den andern geschickt? Kam nicht das Fieber, stieß dich an, rüttelte dich und warf dich nieder? Hat der Schwindel dir nicht den Kopf betäubt? Zwickte dich nicht die Gicht in allen Gliedern? Brauste dir's nicht in den Ohren?*

Nagte nicht der Zahnschmerz in deinen Backen? Ward dir's nicht dunkel vor den Augen? Über das alles, hat nicht mein leiblicher Bruder, der Schlaf, dich jeden Abend an mich erinnert? Lagst du nicht in der Nacht, als wärst du schon gestorben?‹ Der Mensch wusste nichts zu erwidern, ergab sich in sein Geschick und ging mit dem Tode fort in das unbekannte Land.

Am nächsten Morgen stehe ich mit meinen beiden Schwestern an Gretels Bett. Meine ältere Schwester reist heute ab, sie muss arbeiten und sich um ihr Kind kümmern.

Unter all den Tausenden Fotos, die mein Vater über Jahrzehnte aufgenommen und liebevoll in Fotoalben geklebt hat, gibt es kein einziges klassisches Familiengruppenbild, wie in den alten Fotoalben meiner Großeltern. 1941, kurz bevor der Vater in die Armee eingezogen wurde, entstand ein Gruppenbild von Gretel mit ihren Geschwistern und den Eltern. Das Foto war als Andenken für die Hinterbliebenen gedacht, falls dem Vater im Krieg etwas passieren sollte.

Jetzt stehen wir vor Gretel nebeneinander, als solle von uns auch ein solches Gruppenbild aufgenommen werden, und es ist, als sei auch sie nun an eine Art Front befohlen und verbringe ihre letzten Tage hier bei uns. Jede Nacht ist mittlerweile gefährlich, jederzeit kann es sie erwischen.

Jetzt öffnet sie die Augen – nimmt sie wahr, dass wir uns zum Abschiedsbild vor ihr versammelt haben? Ihr Blick ist leer. Sie ist wie eine Kamera, doch ohne Fotograf dahinter. Niemand betätigt den Auslöser, es ist nicht mal ein Film eingelegt. Dann merke ich, dass es doch noch einen aufmerksamen Betrachter gibt: Mein Vater blickt durch die Tür hinter Gretels Bett, tritt nun zwischen mich und meine Schwestern und legt die Arme um uns. Mit Tränen in den Augen blickt er auf Gretel:

»Ich bin so stolz, diese Frau gehabt zu haben, die mir diese Kinder geschenkt hat.«

In dieser Nacht versucht Malte neben seiner Frau im Bett zu schlafen. Eigentlich ist es absurd: Ein Leben lang hatten die beiden getrennte Schlafzimmer, und jetzt auf der Wechseldruckmatratze finden sie auf einmal zueinander? Doch Romantik kommt kaum auf beim ständigen Zischen des Auf- und Abpumpens der Matratze und beim Brummen des Pumpmotors. Vor allem aber lässt Gretels rasselnder Atem Malte keine Ruhe. Mehrmals in der Nacht saugt er sie ab, doch das Röcheln wird immer nur für kurze Zeit besser. Erst am nächsten Morgen ist sie etwas ruhiger, doch ihr Atem geht ungewöhnlich flach und schnell.

Meine jüngere Schwester fährt heute in ihr Büro, wo sie Berge von liegen gebliebenen Sachen aufarbeiten muss. Außerdem verlangen die Kinder zu Hause nach ihr. Auch ich habe heute das starke Bedürfnis, mich wieder einmal um mein eigenes Leben zu kümmern, mit meiner Freundin zu telefonieren, E-Mails zu beantworten und an meinem Film zu arbeiten. Die Cutterin hat inzwischen eine Version unseres letzten Drehtages von vor einer Woche geschnitten. Als ich die Szenen betrachte, bin ich froh, denn auf einmal werden all die Informationen überflüssig, die ich geplant hatte in einem langen Voice-Over-Kommentar zu erzählen. Warum soll ich an dieser Stelle von all den Querelen im Krankenhaus berichten? Die Bilder sprechen für sich: Gretel mit geschlossenen Augen wird von ihren Enkelkindern gefüttert.

Am späten Nachmittag hebe ich zusammen mit Gabija meine Mutter in ihren Sessel und verabreiche ihr vorsichtig ein paar Löffel Tee. Ab und an sagt sie »Aua« oder »Oh, bitte –«.

Ich spiele ihr *Suzanne* auf der Gitarre vor, und prompt schläft sie wieder tief und fest ein. Dabei sinkt ihr Kopf zur Seite, und ich versuche, ihn aufzurichten. Dann kommt meine Schwester dazu. »Gretel ist ja ganz bleich!«, stellt sie besorgt fest. Stimmt! Das war mir gar nicht aufgefallen. Ihr Atem geht jetzt wirklich sehr schnell, die Brust hebt und senkt sich eher wie bei einem kleinen Hund als wie bei einem Menschen. Wir zählen die Atemzüge pro Sekunde, aber es ist doch nicht so bedenklich, wie wir dachten. Der Arzt hat uns gesagt, wenn sie nicht öfter als einmal pro Sekunde einatmet, sollten wir uns keine Sorgen machen. Wir legen sie wieder ins Bett und überlegen, ob wir sie noch mal absaugen sollen. Aber das ist immer sehr anstrengend für sie, und da sich der Atem nicht so schlimm anhört, warten wir lieber ab.

Zusammen mit Malte und Gabija setzen wir uns zu Tee und Kaffee an den großen Tisch im Wohnzimmer, von dem aus man Gretel im Auge behalten kann. Wir reden darüber, ob das zweite Schmerzpflaster schon anschlägt, und ob wir vielleicht sogar noch ein drittes verabreichen sollten, um Gretels Atem zu beruhigen. Oder sollen wir den Arzt rufen? Da sagt Gabija: »Pst! – Gretel Atem jetzt besser?« Ich zähle im Geist mit: »Einatmen – 21 – 22 – Ausatmen – 23 – 24 …« Tatsächlich! Ihr Atem ist viel ruhiger geworden. Gott sei Dank! Erleichtert halten wir unsere Dreitropfen-Wodka-Zeremonie ab. Das ›Wässerchen‹ brennt mir wohlig in der Kehle, und ich beginne, an ganz alltägliche Dinge wie das Abendessen zu denken.

Malte will Gemüse machen, und ich gehe los, um noch Salat zu kaufen. Ich lande in einem ›biologischen‹ Supermarkt, der viel zu viel Auswahl hat. Ich kann mich nicht entscheiden. Minutenlang vergleiche ich die Preise und vertrödle die Zeit, sinniere über das Wort ›Kopfsalat‹, das mich auf ›Vokabelsalat‹ bringt, ein guter Ausdruck für das, was ich manchmal mit Gretel erlebt habe.

So! Jetzt muss ich mich aber entscheiden: Eisbergsalat, Chicorée, Feldsalat oder Rucola? Gretel mochte doch diesen roten, bitteren, wie heißt der noch – Endivien? Nein, Quatsch: Radicchio – genau! Den mischte sie dann gerne mit einem grünen Salat. Von meiner Mutter habe ich auch gelernt, eine Balsamico-Senf-Soße zu machen, eigentlich das Einzige, womit ich in der Küche bei meiner Freundin Begeisterung auslöse. Schade, ich hätte Gretel gerne mal gezeigt, wie ich ihr Soßen-Rezept mit Honig oder Marmelade anstatt Zucker weiterentwickelt habe. Gibt es noch Nüsse zu Hause?

An der Kasse fällt mir ein, dass wir noch Tomaten brauchen, und ich laufe zurück zum Gemüse. Nachdem ich endlich bezahlt habe und dabei bin, die Tüten zu packen, erreicht mich der Anruf meiner Schwester. »David, kommst du schnell nach Hause?«, fragt sie weinend. Ich beeile mich, verfalle in der Fußgängerzone aus meinem schnellen Schritt-Tempo immer wieder in einen leichten Dauerlauf. Es ist kalt und die Einkaufstüte schneidet mir in die Finger. Soll ich die Tüten stehen lassen und losrennen? Warum hat meine Schwester mir nicht gesagt, was los ist, und warum habe ich sie nicht gefragt? Weil es eigentlich klar ist: Gretel liegt im Sterben, und wenn ich mich nicht beeile, ist es zu spät.

Ich biege in unsere Straße, sehe die Kirche in unserer Nachbarschaft und die Häuser, an denen ich schon so oft vorbeigelaufen bin: Alles sieht unverschämt normal aus – auch unser Haus macht von außen einen ganz unauffälligen Eindruck. Kein Mensch würde ahnen, welches Drama sich darin gerade abspielt. Ich schließe die Tür auf und stürze die Stufen hinauf. Durch den Luftzug verlöscht flackernd die Kerze auf einer Kommode im Treppenhaus. Als ich durch die Wohnungstür komme und um die Ecke ins Wohnzimmer biege, ist mir sofort klar: Es ist passiert.

Meine Schwester weint, mein Vater hat die Hände vorm Gesicht, Gabija starrt leer vor sich hin, und Gretel liegt bewegungslos da. Sie hat ausgehaucht, ihren letzten Atemzug gemacht – unglaublich, denke ich: Wir atmen nur so und so oft in unserem Leben ein und dann irgendwann ein letztes, finales Mal aus. Draußen singt eine Amsel auf dem Balkon. Meine Schwester kommt mit rot verheulten Augen auf mich zu: »Sie hat gewartet, bis du weg warst.« Auch mir schießen Tränen in die Augen: Seit Wochen bin ich Tag und Nacht da, und ausgerechnet, wenn ich kurz zum Salatkaufen weg bin, geht meine Mutter einfach – für immer.

Hat sie tatsächlich gewartet, bis ich aus dem Haus war, um mir den Abschied nicht so schwer zu machen? Ich trete an Gretels Bett und fasse ihre Hand. Sie ist noch warm. Das macht es noch unwirklicher, dass meine Mutter nicht mehr atmet. Ihr Mund steht weit offen, irgendwie scheint es, als lächle sie und wolle sagen: »Puh – es ist geschafft!« Draußen auf dem Balkon singt die Amsel munter ihr Lied weiter.

Gretel hatte mir einmal eine Kurzgeschichte von Robert Musil gegeben, ›Die Amsel‹. Am Ende der Geschichte, in der immer wieder eine Amsel auftaucht, spricht der Vogel plötzlich zur Hauptfigur und sagt: »Ich bin deine Mutter.«

Ich stelle mir vor, dass der Vogel auf dem Balkon jetzt Gretels Seele mitnimmt in eine andere Welt.

Jetzt ist sie frei, kein Röcheln, kein Stöhnen und kein Klagen mehr.

Stunden später bin ich vom Weinen ganz ausgetrocknet und stehe auf. Wieder berühre ich die Hand meiner Mutter. Sie ist jetzt ganz kalt geworden. Mir fährt ein Schauer über den Rücken und ich wende mich ab. Auf dem Wohnzimmertisch liegen Gretels alte Schulaufsätze herum. Ich schlage eines der Hefte auf und stoße zufällig auf den Titel ›Ein Gang durch den schweigenden Winterwald‹, ein Aufsatz, den sie als 15-Jährige verfasst hat. Beim Lesen habe ich das Gefühl, als hätte meine Mutter die Geschichte damals Anfang der 50er für mich geschrieben, um mir heute in dieser kalten Februarnacht Trost zu spenden:

... Es ist, wie wenn am Eingang des Waldes eine kleine Tafel stünde, durchaus nicht für jeden sichtbar: Tritt ein, aber schweige! Ich finde es merkwürdigerweise gar nicht schwer, zu schweigen – auch, oder besonders, innerlich. Ich, die ich es liebe, viel zu viele Worte zu machen. Ruhig schlafen die Bäume unter ihrer Last, große wie kleine; man darf sie nicht stören ... Eigenartig ist, dass trotz des vielen Weiß, das ja eine tote Farbe ist, der Wald nicht blendend, kalt oder gestorben ist, sondern angenehm halbdunkel und warm. Ganz auffallend wirken jetzt kleine und kleinste Dinge. Dies winzige Tüpfelchen Rot dort, von der Hagebutte, ist gar nicht wegzudenken, kein noch so unscheinbares Moospolster, kein dunkler Riss in der Rinde, kein Vogeltritt darf weggenommen werden. Der Schnee auf den Ästen drückt die Bäume zu Boden und bringt sie mir näher; er schafft Brücken und Tore über den schmalen Weg, er macht die starren Senkrechten der jungen Bäume weich. Es fällt mir auf, dass ich weder das leise Rascheln von Tiertritten hinterm Gestrüpp, noch den hellen Vogelsang vermisse, und trotzdem ist Leben in allem, aber es ist, wie wenn alles den Finger an den Mund legte: Die großen Bäume – der alte Felsblock – die Spitzen der Gräser, die der Winter nicht zugedeckt hat, und sogar der kleine Vogel dort auf dem Erlenzweig. Ja, wenn ich sehr still bin, kommt die Waldes-Winterruhe auch über mich, und vielleicht wird sie mich das kleine Stückchen Wegs nach Hause begleiten.

HERDER spektrum Band 6528

Einige Namen wurden aus personenrechtlichen
Gründen geändert.

Foto S. 4 © Adrian Stähli; S. 6 privat

© Verlag Herder GmbH, Freiburg im Breisgau 2014
Lizenz Herder
Alle Rechte vorbehalten
www.herder.de

Umschlaggestaltung: buxdesign | München
Umschlagmotiv: © Malte Sieveking

Satz: post scriptum, Emmendingen / Hinterzarten
Herstellung: CPI books GmbH, Leck

Printed in Germany

ISBN 978-3-451-06528-6